［特集］学研グループ
特任講師が語る！

大学合格のヒケツ

これまで数多くの受験生を志望校合格へと導き、
圧倒的な人気と実力を誇る学研プライムゼミの講師陣に、
合格のための「とっておきのヒケツ」を伺いました。

英語 竹岡広信《たけおかひろのぶ》・・・P.2

数学 小山功《こやまいさお》 ・・・・P.6

現代文 池上和裕《いけがみかずひろ》・・・P.10

古文 荻野文子《おぎのあやこ》・・・P.14

物理 高橋法彦《たかはしのりひこ》・・・P.18

生物 山川喜輝《やまかわよしてる》・・・P.22

日本史 野島博之《のじまひろゆき》・・・P.26

世界史 斎藤整《さいとうひとし》 ・・・・P.30

●学研プライム

「使える英語」を意識して日々の「自主練」を大事にしよう！

たけおか・ひろのぶ
「日本の英語教育をよくしたい」という熱い思いの詰まった授業は、数多くの学生に大絶賛されている。その活躍は『プロフェッショナル 仕事の流儀』（NHK）をはじめとしたメディアでもよく取り上げられ、漫画『ドラゴン桜』（講談社）に登場する英語教師のモデルとしても有名。受講生からの「英語が好きになった」という言葉が、何よりのパワーの源である。

英語 竹岡 広信先生

実際のコミュニケーションで使える英語力が問われている

「受験英語」といえば、かつてはほぼ「読む」と「書く」だけで成り立っていました。読む問題では長文読解、書く問題では和文1文を英訳するような形式で、細かい文法の知識や単語力を問うパターンが定番でした。しかし、平成に入ってその傾向は大きく変わり、現在は受験生の「使える英語」の力を総合的に問う入試問題が増えてきました。英語の4技能（読む・書く・話す・聞く）を均等な配分で測るまでには至っていませんが、それでも今や受験英語とは「外国人とのコミュニケーションで役立つ英語」を目指しているといってもよいと思います。

受験英語の世界では、古典的名著とされる参考書があり、学校の先生や親などが「私が受験勉強したときは、この参考書が役立ったよ」と受験生にすすめることがよくあります。ですが、そうした本は昔の大学入試のデータや傾向に基づいているため、時代遅れであることもしばしば。大学側が「使える英語」の力を測ろうとしている以上、受験生側もその意識で、新しい参考書を選ぶことが重要です。もっというと、受験を意識しなくても「実践的な英語を身に付けよう」と思って勉強すれば、必ず受験にも役立つということです。

現在の英語力で楽しめる英語の本を読む習慣を

「使える英語」の力を高めるコツですが、まず「読む」力に関しては、とにかく数多く読むこと。国語が得意で語彙《い》が豊富な人は、どうやってその力を身に付けたと思いますか？「本が好きで、たくさん読んだから」ですよね。基本的な単語や文法を学ぶことも重要ですが、それだけで読む力は付きません。長文問題で読む英語は、本に換算するとせいぜい3ページほど。1週間に何回かそんな量に触れる程度では、本当の読解力を養うには不十分です。好きなテーマで構いません。日本語で読みたい本や記事を探すのと同じような感覚で、好きな英語の文章を読む習慣を身に付けましょう。

英語力を高める努力は、スポーツや楽器の練習に似ています。体育の授業だけを受けて運動部のレギュラーになることや、レッスン時間だけ楽器を弾いてコンクールに入賞する

竹岡先生おすすめ！

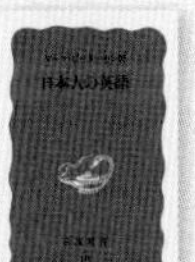

『日本人の英語』
マーク・ピーターセン／著　岩波書店／刊

『語源でわかった！英単語記憶術』
山並陞一《しょういち》／著
文藝春秋／刊

「『日本人の英語』は、日本では見落とされがちな英語感覚を米国人の著者が教えてくれます。『語源でわかった！英単語～』は、語源のイメージで複数の単語を関連付けて覚えるコツを学べます」。

ことは、なかなか難しいですよね。やはり放課後や休日にたくさん自主的に練習して初めて、競争に勝つ実力が養えるのです。英語力も、授業を受けるだけで上達することはありません。学校の授業のほかに「自主練」が必要です。といっても、背伸びをして難しい内容の本を選ぶ必要はありません。自分の好きなもの、興味のあるもので、やさしい英語の本から読み始めましょう。もちろん、つまらなかったらやめてOK。そのあたりは、日本語の本を選んで読むのと、全く同じ感覚です。

Q 単語力を付けるには?

語源のイメージで単語をつなげていく

green（緑色、草地）やgrass（草、芝生）は、いずれも「育つ」を意味するgrowが語源。語源のイメージを意識すると、複数の単語を一度に覚えられる。

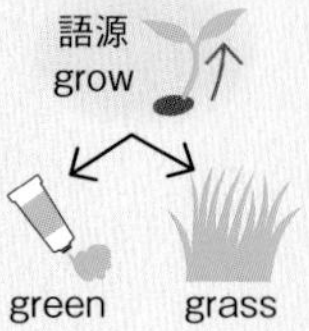

単語の暗記は長期間、繰り返す

単語を覚えるときは、「1日20回見る」よりも「20日間、毎日見る」ほうが効果的。長期間反復すると、忘れにくい。

「聞く」力は「話す」と伸びる 日本式の発音を捨てよう

「聞く」力と「話す」力は表裏一体なので、一緒に伸ばしていくことができます。というのも、聞き取れない音は発音できない、という関係があるからです。逆に、発音できる音は聞き取れるようになります。お手本になる音声をまねして言い、正しい発音の練習を積み重ねましょう。日本式の英語では、standを「スタンド」、nightを「ナイト」のように、語尾の子音に母音を付けて発音してしまう傾向がありますが、これを「スタンッ」「ナイッ」のように英語らしく発音する練習をします。Let it go.は、「レットイットゴー」ではなく「レリゴー」ですよね。そんなふうに「聞こえた音をそのまま繰り返す」ことが大事。英語が苦手な人も、このような発音練習から始めると、意外と楽しめると思いますよ。

好きな表現を盗んで使ってみよう

最後に「書く」練習では、自分がきちんと理解できている単語やイディオム（慣用句）を駆使して、伝えたいことを書くトレーニングが必要です。やたら和英辞典を引いたり、あやふやに覚えている単語やイディオムを使ったりすると、おかしな英語になってしまいます。例えば「昨日、会議に出た」と書きたいとき、「『出る』は『参加する』ということだから、take part inだ」と機械的に考えてI took part in a meeting yesterday.とすると、日本語とは異なる文意になってしまいます。take part inは「自分がその一部となって役割を果たす、活動する」というニュアンスの「参加する」ですから、「ボランティアに参加する」「育児に参加する」といった文脈なら適切ですが、「会議に出る」にはふさわしくありません。ここでは実は、I went to a meeting yesterday. で十分。つまり、単語やイディオムは、前後にどんな言葉が来るのかという組み合わせと一緒に覚えていないと、正しく使うことはできないのです。

また、「実家は千葉にある」と書きたいとき、つい「実家って何て言うんだろう?」と考えてしまいますが、My parents live in Chiba. とすれば、同じ意味が伝わります。こんなふうに、表面的な日本語にこだわらず、伝えたいことの中身を自分が使いこなせる英語で表現する、という練習が必要です。

そのためにも、たくさん英語を読んで、気に入った表現をそのまま使ってみることを繰り返していきましょう。それが、今後、重要視されるとみられるエッセイ（小論文）を書く力につながっていきます。

英語をマスターするための心得5つ

1. 予習を大切にしよう。授業が楽しくなるし、新しい疑問もわき、プラスαの勉強につながる
2. 先生を質問攻めにしよう。先生はじっくり質疑応答に付き合ってくれるはず
3. 英語の本を毎日読もう。好きなテーマで、楽しく読めるレベルの本を読み続ける
4. 聞こえた通りに発音練習しよう。発音がよくなると、リスニング力も向上する
5. 英語の本を読んでいて、気に入った表現があったら、積極的に英作文で使ってみよう

Message!

人生ではいつ、どんな力が
役に立つかわかりません。
「勉強していてよかった」と思えるか
どうかは君次第。英語力は将来の
職業に広がりを持たせてくれます。
頑張って損はありませんよ。

 インタビュー：神崎宏則／撮影：斉藤秀明

数学ならではのコツを覚え 問題にじっくり取り組む クセをつけよう!

こやま・いさお
数学をこよなく愛す熱血講師。磨きがかかったトークがさく裂する、情熱あふれる授業は、数学が苦手な受講生の間でも人気が高い。数学が得意な人はさらにレベルアップすることが望める。定理や公式をきちんと説明したうえで、丁寧に解法をひも解く。

数学 小山 功先生

数学が得意になるには3つのコツが必要

数学が苦手な人は、解くコツがわかっていないのだと思います。例えば、サッカーをプレーするとき、球をける角度のほか、ドリブルはこうする、パスはこうする、シュートはこうするといった、さまざまなコツがあります。適当に球をけっているわけではないですよね。数学も学び方のコツがわかったら、問題を解くことが楽しくなってくるんです。

1つ目に大切なのが、「予習、復習をしっかり行うこと」。特に予習では、初めて見る問題に対して、どうアプローチしていくかを考え、時間をかけて解くことがとても大事です。ただ、まだ数学が得意でなくて、テーマの指針や手の動かし方などがつかめていないなら、復習を中心にしてもらっても構いません。

2つ目のコツは、「明文化すること」。つまり、筋道を立てて自分の言葉で説明できるくらいに理解を深めることです。答えがわかっている問題の復習はできても、模試などで初めて見る問題には、手がつけられないという人が多いです。なぜかというと、正解へと導くアイディアがわからないから手が動かないのです。

数学が苦手な人は、特にこの「明文化」への意識を持ってほしいと思います。「このテーマなら、この考え方で解いていく」ということを言葉で表せないと、未知の問題に対して適応できません。できたポイントも、できなかったポイントも、ちゃんと言葉で説明できるようにすることが、重要なのです。そうすることで、新しい問題を解くときにも、「この問題は、あの問題と同じアイディアで解けるのではないか」と応用が

小山先生おすすめ！
「望ましい心のあり方を理解するための本」4冊

『3つの真実』
野口嘉則／著
サンマーク出版／刊
小説仕立ての自己啓発書。“幸せとは何か?”“本当の豊かさとは何か?”などを問いかける。「早いうちに読んでおけば、これからの人生を変えてくれる一冊になるかもしれません」。

『スタンフォードの自分を変える教室』
ケリー・マクゴニガル／著
大和書房／刊
スタンフォード大学での著者の人気講義をまとめた内容。「やる力、やらない力、望む力の潜在能力を引き出すと、無意識に自分をコントロールできることを教えてくれます」。

『嫌われる勇気』
岸見一郎、古賀史健／著
ダイヤモンド社／刊
「“他人の課題を背負わない話（課題の分離）”が画期的でした。人に何かをやってあげても、相手がどう思うかは相手の問題。だから、相手に反応を求めてはいけないと言っています」。

『私が一番受けたいココロの授業』
比田井和孝、比田井美恵／著
ごま書房新社／刊
長野県にある専門学校での著者の授業の内容をまとめた本。「これを読んで、とても感動しました。目標と目的は違うことや、日々、目の前のことを一生懸命やっていくことが大事だと教えられました」。

利くようになります。

3つ目は、「自分なりの解き方を見つけること」。私はテーマごとに指針を学んでいくのがよいと思っていますが、それだけではなく、自分なりにアレンジをしていくと、初めて見る問題でも手が動きやすいと思います。同じ問題でもアプローチは色々あるので、ある考え方では無理だと思ったら、違う考え方を探してみることも大切です。

大学入学共通テスト攻略の3つのポイント

1つ目は、「分野ごとに基礎学力をつけること」。これによりアウトプットのスピードが上がり、思考力を要する問題にも十分に時間を割くことができるようになります。

2つ目は、「特別な学習は必要ない」ということ。二次試験対策と同様に通常の数学の力をつけることが大切です。一問ごとに、なぜ解けたか、なぜ解けなかったかを明確にし、他の問題につながるようにしていく姿勢が不可欠です。

3つ目は、「誘導を読める力を身につけること」。問題文中でどのような議論をしているか、何をさせたいのか、何が分かっているのか、どうつながるのかなど考える癖をつけておきましょう。

先生の板書も話もすべて書く とにかくメモ魔になれ

教室で学生たちを見ていると、わかったことしかメモしない人が多いですが、とにかくすべてメモを取ることをおすすめします。わかったことも、わからなかったことも書きとめるんです。板書も、先生が話したこともノートに書きます。メモ魔になるくらいでいいと思います。

授業で習っているときには、すぐには理解できないことも多いですが、メモを取っておけば、復習のときに「ああ、あれは、こういう意味だったんだ」と気が付く瞬間が絶対にあるはずです。そのうち、メモを取ること自体が楽しくなってきますし、書きながら、「そういうことか」と頭の中でつぶやいたりするようになったら、思考力が付いてきたということです。そもそも人は書かないと考えられないのではないかと、よく思いますね。

自分の目標と目的をしっかり把握する

みなさんには、自分の目標と目的をしっかり持ってほしいです。目標とはチェックポイントのようなもので、目的とは終わりを定めず、ずっと続けていくものです。大学に受かることを目的のように思っている人もいますが、それではそこで終わってしまいます。もっと大きな目的を達成するために、大学合格は目標であるべきだと思います。

野球選手のイチローさんは、「将来、一流の野球選手になりたいから、中学、高校で活躍しないといけない。そのためには毎日の練習が必要だ。今、３６５日中、３６０日激しい練習をしている。だから大丈夫だ」といったことを小学校の卒業論文に書いています。これは、目的をしっかり持っていたことの表れだと思います。

生徒を見ていると、ただ大学に行きたい人と、将来やりたいことが決まっていて通過点として大学に行きたい人とで、授業中の反応も大きく異なります。目的があることで、１日あたりの学習の質が高まるんですね。何となくやるのでは、勉強は続きません。やり方だけではなく、なぜ大学へ行きたいか、将来何をしていきたいのか、といった心のあり方も重要だと思います。

数学が得意になるコツ3つ

1 予習、復習をしっかりやる
特に予習が大切。できない問題が出てきたら、どのようにアプローチしたら正解へ導けるか、じっくり時間をかけて解く

2 明文化する
問題が解けたらその解き方を、解けなかったらその理由を、自分の言葉で説明できるようにする。そうすることで、応用力が付いてくる

3 自分なりの解き方を見つける
ある問題に対して、ひとつの方法でうまくいかなかったら、異なる切り口を見つけて、答えを導き出す

Message!

「馬を水辺に連れていくことはできるが、水を飲ませることはできない」という言葉があります。馬が水を飲むかは馬次第、つまり先生たちのアドバイスを生かすか生かさないかは、君たち次第です。

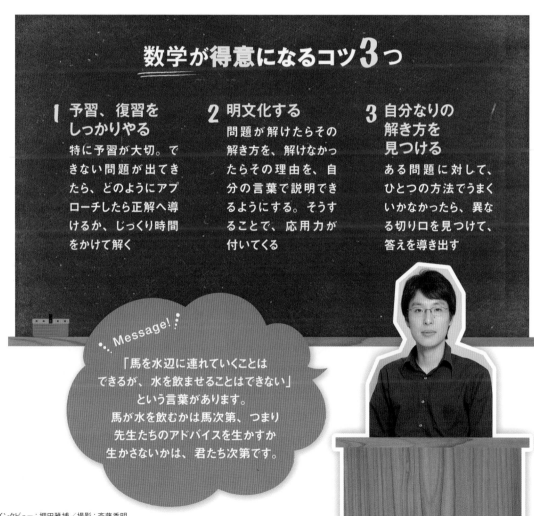

書いて表現力を付けよう。出題の形式を問わず書く力が土台になる

いけがみ・かずひろ
熱い授業と親しみやすい人柄で、絶大な人気を博す。どんな文章にでも対応できる、普遍的な方法論を解説する。現代文を学ぶおもしろさを実感させてくれる実力派。

現代文 池上 和裕先生

記述問題はとにかく書いて先生に添削してもらうこと

大学入試改革の流れから見ても、これからの入試現代文は、間違いなく「表現力」を求める問題が増えるでしょう。受験者が自分の意見を述べるときにどういう表現を使うか、いかに効果的な言葉で相手に伝えられるか、その力を問うような問題です。

選択肢から答えを選ぶ設問でも、問われる力は同じで、本質は変わりません。たとえ記述式の出題が少ない大学が志望校であっても、ふだんから記述で解答するつもりで考えて解いていくことが大事です。

生徒から「記述問題って、どう書いていいかわからない」「そもそも書けない」と相談されることがあります。その場合、僕は「見てあげるから、とにかく書いて持っておいで」と答えています。最初のうちは指定された文字数からはみ出しても足りなくてもいいし、下手な文でも構いません。まず書いて、それを先生に添削指導してもらうことを繰り返すうちに、徐々によくなっていきます。先生側はダメな答案なんて山ほど見ているから、恥ずかしいと思わずにトライしてみてください。

また、ある生徒から「今、過去問では6割しか正解できないけど、どうしたら本番で8割を超えられますか」と相談されたことがあります。でも、それに即答するのは難しい。なぜなら、弱点は個々に違うので、その生徒に足りないものが何か、わからないからです。だから、先生に相談に行くときは、必ず間違えた問題と答案を持っていきましょう。それを見て弱点を把握してもらうことで、効果的な指導が受けられるわけです。

さらにいえば、先生に質問するときに、「この問題がわからないです」と単に答えを教えてもらおうとするのはダメ。ちゃんと自分なりに考えてみて、納得がいかない部分を質問するほうが、実力は確実に伸びます。

池上先生おすすめ！

「『船口のゼロから読み解く～』と『現代文　読解の～』は、僕の師匠が書いた本です。前者は初心者でも理解しやすい、丁寧な解説が魅力。後者は上級者向けで、わかる人が読んだら、さらに学力が伸びるでしょう。『短文からはじめる～』は、評論文の「読み方」「解き方」を基礎から学べる一冊です。短めの文章から徐々にステップアップしていくので、長文読解が苦手な人にもおすすめです。

『船口のゼロから読み解く最強の現代文』
船口明／著
学研プラス／刊

『現代文　読解の基礎講義』
中野芳樹／著
駿台文庫／刊

『大学受験プライムゼミブックス　池上の短文からはじめる現代文読解』
池上和裕／著
学研プラス／刊

日本語が母語だからこそ意識的に解析しよう

現代文って、母語の日本語を読むのだから慣れているはずなのに、「試験問題となると解けなくて苦手だ」という人もいるでしょう。そんな苦手意識を克服する基本は、やはり「当たり前のことをしっかり実行する」ことに尽きます。

その方法のひとつが、問題文を読むときに線を引くこと。例えば「遠くまで話題のケーキを食べに行くほど甘いものが好きだ」という文があるとします。この文で大事なのは「甘いものが好き」という事実なので、ここに線を引きます。「遠くまで話題のケーキを食べに行くほど」という具体例は、好きな度合を説明する手段にすぎません。つまり重要度が一段落ちるので、線を引かなくていい。こんな調子で、読みながら重要な部分に線を引き、文章の骨格を浮き彫りにするんです。わからない部分が多少あっても、問題文が最も伝えたいことを理解するのが大事なので、まずそこをつかむようにします。

「当たり前のこと」は、ほかにもあります。わかりにくい問題文に対して、英語の文型を解析するときのように、「S」（主語）、「P」（述語）、「O」（目的語）とアルファベットを振って分類する。また、記述問題では自分の解答を音読する。違和感を覚えたら、どこかおかしいところがあるはずなので、主語述語の関係や修飾被修飾の関係などを推敲《すいこう》してみる。こうした作業は、実はわれわれがふだん無意識にやっていること。当たり前になっている行為を、意識的に行うようにしてみる。そして、それが自然にこなせるようになったとき、実力が急激に伸びるはずです。

「予習」「授業」「復習」の繰り返しで実力アップ

「予習」「授業」「復習」のサイクルを繰り返すことで、らせん階段を上るように実力が伸びていく。3つの重要度はどれも等しく、どれかを怠ると得られるものが極端に少なくなるので注意したい。

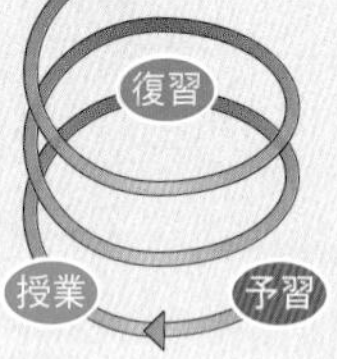

授業を自宅で再現すると格段に理解度が高まる

現代文の問題を解くコツは、結局のところ反復です。読むため、解くための道具（方法）を、僕はだいたい1学期で教えてしまいます。とはいえ、生徒は道具をすぐに自在に使いこなせるわけではない。だから、使い方が適切かどうかを確認しながら、繰り返し使い込んで慣れていく必要があるんです。反復の具体的な方法は、「予習」「授業」「復習」のサイクルを回すこと。予習したうえで授業を受け、授業内容を復習し、復習で得たものを使って予習する。こうすることで、らせん階段を上るように実力が上がっていくんです。

復習でおすすめなのが、自分で先生の授業内容を再現すること。例えば「傍線が引かれた述語に対応する主語は何かな。主語は『それは』だね。じゃあ『それは』って何を指している？」というふうに教わったら、それを家でそっくりまねしてみるんです。このとき、架空の誰かに教えるつもりで、声に出して説明すると、より理解が深まり、しっかりと覚えられます。重要なのが、なるべく授業の当日にすること。そうでないと再現できませんよね。

現代文はちゃんと学習すれば成績が伸びる、すごく「おいしい教科」です。センター試験を例に取れば、読解問題は1問8点でした。つまり、100点中60点を取れる生徒が、評論と小説であと1問ずつ正解できれば8割は目前だったのです。現代文が入試の得点源になるよう、しっかり取り組んでほしいですね。

現代文で点を取るための心得5つ

1. 記述問題は、下手でもいいからとにかく書いて、先生に添削してもらおう
2. 記述問題で自分の解答に違和感があれば、音読してみると間違いを見つけやすい
3. 選択式の問題であっても、記述問題に取り組むように解答することで実力がアップ
4. 問題文を読む際に線を引き、重要な部分を浮き彫りにすれば、内容を理解しやすい
5. 復習はなるべく早めに。誰かに教えるつもりで授業を再現してみよう

Message!

現代文は、問題文の中に解答が示されている科目です。思考力を鍛えておけば、おのずと解答が導けるので頑張りましょう。

 インタビュー：椎野俊行／撮影：斉藤秀明

単語・文法・古文常識すべて「現代とは違うもの」が狙われます。感覚に頼らず緻《ち》密に攻略しよう！

おぎの・あやこ
「マドンナ先生」として人気を博し、大手予備校で締め切り講座を続出させてきたトップ講師。問題の解き方や手順を丁寧に教えるため、古文が苦手な学生でもよくわかると評判で、年間数万人の受講生を難関大学合格に導いてきた。著書『マドンナ古文』シリーズ（学研プラス）は400万部を超える大ベストセラー参考書となっている。学研プラス特別顧問も務める。

古文 荻野 文子先生

全文訳は必要なし　全体像をざっくりとつかもう

学校の古文の授業は全文訳を前提に進めることが多いようです。みなさんも試験の前になると、試験範囲の文章を品詞分解して、一つひとつ丁寧に訳しているのではないでしょうか。でも、大学受験科目として古文に取り組むとき、全文訳は必要ないと私は考えています。

入試で出題されるのは見たことがない文章です。解答に与えられた時間は大体15分程度。チクチクと一語一語を神経質に読んでいては、あっという間に時間切れになってしまいます。

大学側が求めているのは、「出題文を読んだことがある人」ではなく、「初めて見る文章を自分の力で読み進めることができる人」です。文章の要《かなめ》となる部分を拾い、あとは飛ばし読みをしていくメリハリが求められているわけです。全文訳に固執して「深い迷路」に入り込むのではなく、ざっくりと全体像をつかんだほうがテーマは自然と頭に入ってきます。つまり、「細部に引っかからずに内容全体を理解できるようになること」をゴールに定めることから、古文の受験勉強はスタートするのです。

単語と文法は読解に欠かせない武器

では、文章の大まかな流れをつかむために必要な力は何でしょう。単語、文法、古文常識の三本柱です。

単語も文法も「現代とは異なる」意味用法を持つものが重要で、文章中に見つけたらしっかり拾って訳します。そうすれば文意を誤ることはありません。古文50点のうち、読解問題が40点を占めます。単発の小問のための暗記ではなく、文章の流れをつかむための武器として、単語や文法の知識が不可欠なのです。

ですから、まず1日も早く重要単語の暗記を始めましょう。真面目な学生に多いのが、「1日3つずつ1年で終わらせよう」と壮大な計画を立てるパターン。でも、それでは文章中に重要単語を見つける訓練をする時間がありません。私は、「1か月間で、単語集を1冊丸ごと4回繰り返してください」と言っています。忘れたっていいんです。まずは単語集の全体を把握して、教科書や模擬試験の中で「この単語、見た覚えが

荻野先生おすすめ！

『マドンナ古文単語230パワーアップ版』　『マドンナ古文パワーアップ版』　『マドンナ古文常識217パワーアップ版』

荻野文子／著　学研プラス／刊（3冊とも）

「この３冊で単語、文法、古文常識は完璧。まずは単語集からスタートするのがおすすめです。古文常識は読み物としてもおもしろく、勉強の息抜きや、古文学習の導入として活用する生徒も多くいます」。

あるな」と気づくこと。そのつど覚え直すことで、知識は定着します。

文法は、学校では動詞の活用から始めますが、私は助詞から覚えることをすすめます。活用がないので暗記の負担が少なく、願望・仮定・否定・疑問・反語のように文章の流れを決める役割を果たすため、読解の助けにもなるからです。特に「現代とは異なる」用法を暗記しましょう。

要となる古文常識はおもしろくて読解力UP!

最後に古文常識ですが、私はこれぞまさに受験古文の要《かなめ》だと考えています。

昔の常識は現代の非常識。生活様式、恋愛や結婚の約束事、吉凶へのこだわりなども、今とはまるで違います。たとえば、古文の世界では10歳から13歳で成人し、結婚します。一夫多妻で、妻も恋人もたくさんいます。男たちは、家の中でひっそり暮らす女性の容貌《ようぼう》を確かめるため、「のぞき見」に精を出しました。のぞき見ができないと、恋愛の入口に立てない時代だったのです。

このような文化や風俗を知っていることで、文章は驚くほど読みやすくなります。設問にあがることは少ないですが、読解力が飛躍的にアップ！　結果として高得点につながります。勉強の息抜きに古文常識の参考書をめくってみましょう。特に恋愛についての常識は興味深く、スルスル頭に入りますよ。

入試古文に共通するのは、「現代と違う部分こそ試験に出る」ということです。古文は「日本語だから」とついフィーリングで読んでしまいがちですが、試験ではそこを突いてきます。時代とともに意味が変わった単語や文法、常識を出題することで、きちんと勉強してきたかどうかを見定めます。この出題パターンに気づき、攻略していくことが合格への最短ルートといえるでしょう。

読めるから楽しい準備の時間を大切にする

よく「古文が苦手です。どうしたら楽しくなりますか」と聞かれるのですが、順番が逆のように思います。読めるから楽しいし、わかるから読みたくなるのだと思います。

古文の勉強をスタートしてしばら

Q 文学史を整理するコツは?

すべての作品の成立年を覚える必要はなし。**2本の軸**を作って、それより前か後かを覚えておくと、柔軟に対応できる。

❶1000年ごろの軸：枕草子（随筆）、源氏物語（物語）、和泉式部日記・紫式部日記（日記）が生まれた平安女房文学全盛期。

1000年ごろ
枕草子
源氏物語
和泉式部日記
紫式部日記

❷1700年ごろの軸：松尾芭蕉（俳文）、井原西鶴（浮世草子）、近松門左衛門（浄瑠璃）らが活躍した近世上方文学全盛期。

1700年ごろ
松尾芭蕉
井原西鶴
近松門左衛門

くは、なかなか成績が伸びません。学校の定期テストでは、出題単元をおさらいすれば、ある程度の点数は楽々取れるのに、なかなか点数に直結しないのが受験勉強です。親御さんは心配して、「塾や参考書が悪いんじゃない？」と言いたくなるかもしれません。でも、あせりは禁物です。

　私の中の受験古文のイメージは打ち上げ花火です。単語、文法、古文常識の暗記は、それぞれの竹筒に火薬を詰める作業で、その間は花火は見えません。全部そろった段階で、導火線にシュッと火をつけ、ようやく大きな花火が打ち上がります。暗記の作業中には8点しか取れなかった模試も、蓄えた知識がすべてつながった時点で40点に大バケします。楽しくないわけがありません。古文を得点源にできる生徒は浮き輪を持って泳ぐようなもの。合格の向こう岸まで、余裕を持って泳ぎ切ることができるでしょう。

古文をマスターするための心得5つ

1 「古文＝日本語だから読める」の意識は捨てる。読めないところこそ出題ポイント

2 全文訳は必要なし。ざっくり全体像をつかみ、与えられた時間内に解ける力を身に付けよう

3 読解問題の攻略がカギ。単語、文法、古文常識の三本柱は、早めに全体を把握しよう

4 知識は実践で磨く。読解問題を解きながら、単語や文法の知識を定着させよう

5 時代が違うと常識も異なる。古文常識で時代背景を学ぶと、長い文章もすらすら読める

Message!

まず、文章の概要をつかむクセをつけましょう。
そして、過去問も早めにチェック。
ゴールまでの道のりを知ってから歩き始めるほうが、
戦略も立てやすく、自分のペースを作りやすくなります。

 インタビュー：平瀬菜穂子／撮影：田辺エリ

日常生活と物理とのかかわりに興味を持てば苦手意識はなくなる

たかはし・のりひこ
懇切丁寧な説明と、きれいでまとまりのある板書ゆえ、物理が苦手な人から医学部志望者まで、オールマイティーに満足度が高い。聞き取りやすい声と話しぶりは、受講者に安心感を与えてくれると評判。難解な問題に対しても、時には身近な道具を使って実演しながら解説するなど、受講者が理解しやすい授業を追求している。

物理 高橋 法彦先生

先生の「模範演技」を自分でも繰り返し行う

物理ができるようになるには、「力学」など、各分野の基本事項を自分で説明できるくらいにしっかり勉強したうえで、応用問題にも対応できる力を身に付けることが大切です。僕がよく言っているのが、スポーツや料理を習うのと同じということ。体育の先生が鉄棒の逆上がりや跳び箱の模範演技をやっているのを見ているだけでは、上手になりません。料理も料理研究家が魚や肉を切ったり、味付けしたりしているのを見ているだけでは、おいしい料理は作れません。実際に自分で手を動かすことが重要なのです。

学校や塾の先生の授業も、この模範演技に近い。自分自身で問題集を解いたり、模試や定期試験を受けたりして、訓練を積んでいくことで本当の力が付く。つまり、教わった公式を最初はまねするように使い、自分でそれが成り立つ証明も行ってみて、初めて理解できるものなのです。それを何回も繰り返し行う。極端なことをいえば、同じ問題を何度も解いてもいいくらいです。受験に関しては、各分野の基本的なところは決してはずさないこと。常に基本に立ち戻ってください。典型的な解き方がありますから、定番の問題は必ず解けるようにしておきましょう。

物理は予習より復習が大事です。予習では、用語の確認やどんなテーマなのかを理解するだけでいいと思います。そして、授業で先生が話すことをしっかり聞いて、板書を丁寧にノートに取って、後はしっかり復習することで理解が深まります。

サイエンス系テレビ番組や科学館を利用しよう

物理が苦手な人は、まずは物理というよりは理科として、宇宙の星や乗り物など身近なものごとに興味を持つのがいいと思います。「自転車で坂道を上るときはつらいのに、下りだとなぜ楽なのか」など、身の回りのことはほとんど理系科目とかかわっているので、日常生活で疑問に感じたことが「物理のどんな内容と結び付いているか」に着目すると、苦手意識もなくなってきます。

そのためには、サイエンス系のテレビ番組を見るのもいいでしょう。

高橋先生おすすめの科学館

科学館などで日ごろから物理と触れ合う機会を

科学館でおすすめなのが、北海道旭川市にある旭川市科学館サイパル。「宇宙空間での無重力状態や、宇宙船での基本的な姿勢制御の疑似体験ができるほか、たくさんの展示物があります」。

NHK Eテレの『2355』や『大科学実験』『ピタゴラスイッチ』なんかは、とてもよくできています。物理の定義で出てくるようなことを、ちゃんと実験で実証してくれています。また、全国各地にある科学館のような施設に行くのもおすすめです。小学校の遠足などでも行ったことがあるかもしれませんが、高校生になって、物理の授業を受けてから行くと、さらにおもしろいと思います。僕も趣味と実益を兼ねて、ニュートンやニールス・ボーアなど、ヨーロッパの物理学者のお墓や博物館を訪ねる旅行が好きです。

物理は力学に始まり力学に終わるといっていい

物理には、「力学」「電磁学」「熱力学」「波動」「原子・原子核」の5つの分野があります。この中で最も重要なのが力学です。力学には、物理の用語や定義、考え方の基本事項から応用まで、ほかの分野でも使う知識がたくさん含まれています。物理は、「力学に始まって力学に終わる」といってもいいくらい。入試でも、必ず30％くらいの配点率を占めています。だいたい30点以上の得点になるので、まずは力学から学習を始めてください。受験を意識しだしたころから、熱力学など別の分野に進みましょう。医学部では、原子・原子核や放射線の問題が出題されることがあります。

物理は、数学を「道具」として使うのですが、物理はおおらかに考えることが多いので、数学的に細かいところまで意識してしまうと、行き詰まってしまいます。また、たくさん覚えようとするのではなく、少ない法則をちゃんと理解すること。法則の使い方が重要です。問題を見たときに、どの法則が利用されるのかを判断できるようにしましょう。料理に例えるなら、たくさんの包丁をそろえるのではなく、少ない包丁でどう切るかです。

過去問は高3の秋口から早く始めすぎない

過去問を解くなどの入試対策は、高校3年生の秋口から行えばいいでしょう。このころに受験に出る全範囲の授業が終わるからです。物理は結構高度な内容を学習し、数学を使います。高校1年生のときには、物理で使用する数式すら勉強していないこともあります。ですから、高校

上手なノートの取り方

授業でのノートの取り方はとても重要。授業中にその場ですべて頭に入れることは難しいので、先生が板書したものを丁寧にノートに書こう。そのとき、何色かのペンやマーカーを使い、頭の中で整理がしやすいようにしておくといい。

1年生や2年生のときは、あまり背伸びをし過ぎず、教科書の進度に沿った勉強、つまり、学校の定期テストに合わせた学習をするのがいいでしょう。定番の問題で訓練していくのが大切です。受験校が確定し、全範囲の学習にメドがついた段階で過去問に取り組みましょう。あまりに早い時期から過去問を解くと、要点を欠いた自己流の考え方になってしまうことがあるので、注意が必要です。

　旧センター試験や共通テストのようなタイプの試験は、物理の実力がある人でも足元をすくわれる事例が見受けられます。決してあなどることなく、しかし恐れることなく、十分な対策をしておきましょう！

物理を得意科目にしていく心得5つ

1. 身近で起きている物理現象に興味を持つことで、物理に対する苦手意識がなくなる
2. サイエンス系テレビ番組や科学館で、楽しみながら物理の定義を覚えよう
3. 学校や塾の授業を受けるだけで満足せず、問題を繰り返し解こう
4. 「力学」がすべての分野の基本。「力学に始まって力学で終わる」といっても過言ではない
5. 過去問は高3の秋口から取り組む。それまでは各分野の理解と土台固めに重点を置く

Message!

物理は数式だけで
成り立っているわけではありません。
学習内容とかかわりがある
身の回りのものごとにも目を向けると、
一段とおもしろくなる学問です！

文章を読解する力と論理的に解答を導く力が生物攻略のカギ！

やまかわ・よしてる
生物を単なる暗記科目としてとらえず、基本原理にもとづいて、わかりやすく解説する授業が、好評を博している。基礎から最難関大レベルまでを扱う、幅広い指導力を持つ。にこやかでテンポのよい話術と、論理的で見やすい板書に対する学生たちからの評価は高い。また、全国模試の問題制作の経験も豊富で、入試問題分析力は随一。

生物 山川 喜輝 先生

生物は「今」の学問 世の中の変革につながる

16世紀ごろに基礎が確立したとされる物理、18世紀ごろに成熟したといわれる化学に対し、生物は遺伝子組換えや細胞融合、酵素を扱う技術など現在進行形の学問。国際的な総合科学ジャーナル『Nature』では生物分野の論文が約7割を占め、2016年には大隅良典《おおすみよしのり》氏のオートファジー研究がノーベル医学生理学賞を受賞するなど、生命科学の分野は、今まさに発展・拡大を遂げています。

生物は、研究対象が幅広く、将来の選択肢が多いのも大きな魅力。大学などの研究機関はもちろん、エネルギーや環境技術、薬学（創薬）、食品、栄養学など、多くの民間企業の研究部門でも注目されています。

研究対象として未解明の部分が多いということは、生物を学ぶ者にとっては大きなやりがいです。また、その研究内容が、世の中の変革につながる可能性を秘めている点も、生物の醍醐味《だいごみ》といえるでしょう。

暗記だけではない 総合的な能力が要求される

このように内容が幅広く、最先端であるために、大学受験では生物は難しい科目とされています。かつては「教科書を覚えていれば解ける」暗記科目と思われていましたが、現在の生物の入試は、知識はもちろんのこと、考察問題、計算問題、仮説の証明問題と、とにかく出題形式の幅が広く、多様な能力を要求されるようになってきました。まず教科書や参考書で暗記するべきことを覚え、基礎をマスターするのが大前提。その上で問題集を解き、センスを磨く必要があります。

小さな達成感の積み重ねで 段階的に学力アップ

「生物を学ぶのに高校3年間はあまりにも短い」。それが私の実感です。限られた時間の中で、膨大な内容をどうやって勉強すればいいのか、という悩みにぶつかるでしょう。

受験に向けて生物を勉強するには、系統立てて効率的に学んでいく必要があるのですが、独学ではどうしても限界があります。勉強があらぬ

山川先生おすすめ！

『大学入試
山川喜輝の生物基礎が面白いほどわかる本』

『大学入試
山川喜輝の生物が面白いほどわかる本』

教科書と参考書を併用して生物の基礎をマスターしよう。山川先生の自著は、教科書だけだと断片的になりがちな膨大な内容を有機的に結び付けて、ストーリー的に解説しているところが特徴。「大学入学共通テスト対策から、二次・私大対策まで、より深い理解に役立つでしょう」。

山川喜輝／著　KADOKAWA／刊（2冊とも）

方向に行ってしまったり、とっ散らかってしまったりしないためには、やはり、よい先生に導いてもらうのが近道だと思います。ひとりでは理解できないことは、どんどん教師や塾の先生に質問をぶつけてみてください。どんな教科にもいえますが、疑問を解決してくれるのが、よい先生です。ときには、先生が返答に詰まるときもあるでしょう。そんなときも、「調べてくるから、返事は待ってくれる？」などと、その場しのぎでごまかさない先生ならば、その先生は信頼できるはずです。勉強はゲームと同じで、小さな達成の積み重ね。教師は一つひとつ目標を定めて達成感を感じさせ、生徒は段階的にステップアップしていく、それが学力の向上には重要です。

国語力の底上げが重要 日常的に読解力を鍛えよう

入試では何ページにもわたる長文を読み、短時間で解答を導き出さなければなりません。適切に解くには、スピーディーに内容を理解し、出題者の意図を読み取る「読解力」に加えて、解答を導き出す「論理力」が要求されます。それには多くの問題に接して、問題や解き方に慣れる訓練が欠かせません。出題傾向も大学によってずいぶんと異なるので、早いうちから志望校の過去問に取り組み、傾向をつかみましょう。

受験勉強以外でも、新聞や雑誌、インターネット小説……どんなものでも構いませんので、多くの文章を読んで、長文に慣れてください。そのとき、すべてをひとまとめに読んで理解しようとするのではなく、段落やセンテンスごとに区切りながら内容を把握するクセをつけましょう。文章を整理しながら読むことが得意になると、試験問題が問うている内容も素早く把握できるようになります。

また、過去問など数々の問題に触れるうちに、自分が興味を覚える研究に出会うかもしれません。そんなときはインターネットなどで関連情報を調べておきましょう。生物の場合、最新の研究内容が入試に出題されることも多々あります。特にノーベル賞を受賞した研究は、近年のものまで含めておさえておきましょう。難関国私大を目指す場合は、知識を広げ、深めるためにも、最新情

志望別のおすすめ勉強法

難関国私大

できるだけ早めに暗記や基礎固めを始める。多くの過去問に触れ、**読解力**、**論理力**、**センス**を磨こう。

文系（大学入学共通テスト対策）

大学入学共通テストの出題は生物基礎だけ。**暗記は完璧に！**　教科書と問題集を併用して基礎固めを。

看護系

基礎固めに加え、志望校の過去問を繰り返し解き、**問題に慣れて**おこう。

報をチェックしておくことをおすすめします。

文系&看護系の生物は とにかく教科書を暗記

大学入学共通テストを生物基礎で受験する文系の人や、看護系学部を目指す人の場合は、暗記で7割は正答できるので、教科書を読み込み、問題集を解けるようになれば大丈夫です。看護系の場合は、それに加えて、志望校の過去問を解いて問題に慣れておきましょう。

最後に、どの教科にもいえますが、勉強は一朝一夕に成果が出るものではありません。特に生物の場合は、勉強を重ね、問題を数多くこなしていくうちに、生物学の原理・原則がつかめてきて、センスが磨かれていきます。高校3年生の春先などの早い時期に、すぐに成果を追い求めたり、諦《あきら》めたりするのではなく、腰を据《す》えて取り組むことが大切です。

生物をマスターするための心得5つ

1. 読解力の向上が生物攻略には不可欠。なんでもいいから、日常的に多くの文章を読もう
2. 長文を読む場合、段落やセンテンスごとに、短く区切って理解しながら読み進めよう
3. 暗記をするときは、声に出して読んだり、ノートに書いたりして、五感を駆使すると、覚えやすく忘れにくい
4. 数多くの問題を解こう。興味を覚えた研究内容や関係事項は、最新情報を調べておくとよい
5. テレビなどの映像資料や雑誌、博物館など、さまざまなツールを使って興味と理解を深めよう

Message!

生物の勉強は時間を要します。
高3の夏から、それまでの成果が表れ、
急に学力が伸びることも。
「結果が出ない」とすぐに諦めず、
根気強く頑張ってください！

 インタビュー：小田立子／撮影：斉藤秀明

因果関係をつかみ「色のついた記憶」にすれば歴史は驚くほど覚えられる

のじま・ひろゆき
学者レベルの知識にもとづいて展開される授業は、歴史のおもしろさに満ち、しかも歴史の背景にあたる「なぜ」を論理的に追求していて、とてもわかりやすいと大評判。多数の著書は受験生だけでなく、日本史を改めて学び直したい大人からも絶大な人気を集めている。

日本史 野島 博之先生

まず旗を立て 山頂までの道筋を考えよう

受験では、「旗を立てる」こと、つまり志望校を決めることが大切です。遅くとも高校2年生の終わりか、3年生の始めには旗を立てましょう。模試の成績から受かりそうな大学を探すのは、自分で自分の成長を止める行為。今の成績以上の高い目標だとしても、本当に行きたい大学を見定めてください。目指さなければ、その瞬間に可能性は消える。そのうえで、やみくもに頑張るのではなく、志望校の入試問題をよく観察し、その「山頂」に近づけるような賢い頑張り方をしましょう。受験とは、「戦略的な思考ができるか」が試される闘いでもあるのです。

また、受験で大切なのは、一にも二にも英語。歴史や地理の勉強も早く始めれば確実に有利になりますが、地歴科目の勉強を始めると「はまる」人が多い。それ自体は悪いことではないけれど、英語が苦手だから、その分を地歴でカバーしようなどと決して考えてはいけません。まず最優先するべきは、主要教科で合格ラインを超えるための努力。この点を前提に、地歴の勉強をどう組み込んでいくかを熟考してください。

日本史では論述問題が増加 今後もますます増える

日本史についていえば、少子化で丁寧に採点ができるようになったこともあって、論述問題が増えています。文章選択問題も増加。この傾向は今後も強まりこそすれ、弱まることはありません。

実は、多くの人が陥ってしまう日本史学習のパターンがあります。日本史って、ふだんの学校の授業では予習も復習もしたことがないという人がほとんどですよね。それで、定期テストになると、指定範囲だけをワーッと丸暗記し、とにかくクリアする。日本史学習をこの形でしかやったことがないから、受験でも同じ手法を取ってしまう。でも、これでは入試で闘えるはずがありません。

想像力を駆使して 歴史を映画化する

受験で闘える力を付けるには、覚え方をガラッと変える必要があります。どうやるのかというと、歴史をなるべく「構造的に読む」ようにする。ポイントは以下の2点です。

1つ目は「きちんと因果関係をつかむ」こと。多くの文章には原因と結果が書かれているはずです。例え

ば、大化の改新はなぜ起こり、その結果どうなったのか。それが大事なのに、改新政府のメンバーを一生懸命覚えただけなんて人が多い。

2つ目は「色のついた記憶にする」こと。僕は、「歴史上の事件や人物を理解するために、映画監督になったつもりでイメージをふくらませてほしい」と授業でよく言っています。元のシナリオはつまらないかもしれない。でもそれが「なんでこんなに面白い映画に⁉」と思えるくらいの名監督でありたい。そのためには、例えば登場人物を好きなアイドルや友達に置き換えてみて、とにかく「生身の人間」としてとらえていくことが大事なんです。「会ったこともないのに、そんなの無理」と感じるかもしれませんが、歴史とは基本的に、かつて実際に人間がやってきたこと。ちょっと想像力を働かせれば、豊かなイメージが生まれてくるはずです。それができれば、刻々と記憶の質が変わっていく。これをやらずに基礎・基本部分から語呂《ごろ》合わせで覚えようとするのは、頭脳の成長にも逆行していて愚かです。

参考書を使いながら上手に教科書を読もう

記憶は繰り返さないと深くならないので、教科書や参考書を何度も読むことが大切です。入試までに120回くらいは読んでください。教科書を読む前に、学研プライムゼミの教材や『中学から使える 詳説日本史ガイドブック』（山川出版社）などの参考書で、先に概要をつかんでおくほうが理解しやすいでしょう。

教科書や参考書の読み方としては、最初は細かいことは気にせず、ザッと大まかな流れをつかむ。2回目からは、気になったところを少し丁寧に読む。何度も最初から読み返してください。おそらく5回目くらいから理解が深まっていくはず。

とにかく、手っ取り早く暗記しちゃおうという考えは禁物。「今日はここを全部覚えるぞ！」なんて丸暗記に走ると、そのときは覚えられても1週間後にはほとんど忘れてしまい、自己嫌悪や自信喪失につながってしまう。その場の達成感に惑わされず、「構造的に読む」作業を丁寧に繰り返しましょう。

この経験は、大学に入って法学や

参考書の選び方

「参考書は、新しい用語や概念をきちんと説明しているものを。最近の例だと、鎌倉時代の裁判の様子や図、近現代の企業集団の説明や定義などが新要素。これらに触れていない参考書は古いということです。新たに登場してきた要素については、僕のブログでも紹介しているので参考にしてください」。

●日本史野島博之のグラサン日記
http://ameblo.jp/nojimagurasan/

経済学など社会科学系の学問や、文学、ひいては数学を学ぶときにも役立ちます。実は、東大日本史の論述問題って、思考法の点で数学の証明問題に似ているんですよ。つまりこの勉強法は、総合的な学力を身に付けるのにも役立つということです。

それからできれば、行きつけの本屋さんをもちたい。品ぞろえのいい書店に通って、興味・関心に従っていろいろな本を乱読してほしい。豊富な読書経験がないと、大学での勉強を自分の血肉としていくのは難しいかもしれません。

あらゆることを「理解」へと結びつける有意義な勉強法を習得しつつ、多くの本から、真の栄養となるものをかぎ分けて摂取しようと試みる。そうすれば、無味乾燥な側面をもつ受験勉強も、過酷さが大幅に減じて、必ず、みなさんの人生を背後で長くしっかりと支える「物凄《すご》い力」になってくれます。

日本史が得意になるための心得5つ

1. どういう原因で、どんな結果になったのか。歴史の「因果関係」を意識しよう
2. 歴史上の出来事をイメージして、映画を撮るかのように「色のついた記憶」を増やしていこう
3. その場の達成感にとらわれて、暗記一辺倒にならないようにしよう
4. 最新の内容に対応した参考書で、大きな流れをつかんでから教科書を読もう
5. 教科書や参考書は全体を何度も繰り返し読み、少しずつ記憶を確かなものにしていこう

Message!

闘え！「その日」はやってくる

「その日」とは受験当日を含む、
いろんな「その日」。
人生は「その日」の連続。
ひるまずに進もう！

 インタビュー：小元佳津江／撮影：小川貴史

重要なのは暗記力ではなく因果関係を理解してものごとの本質をつかむ力

さいとう・ひとし
早慶受験者クラスを中心に、東大や難関大学受験者を指導する。授業では教科書には載っていないようなエピソードが語られるので、世界史への興味が高まるという。板書は過去問の研究にもとづいてポイントがおさえられており、わかりやすく、論述対策も丁寧と評判。

世界史 斎藤 整先生

今どきの世界史は ただの暗記科目じゃない

ここ数年、世界史の出題傾向はがらっと変わってきています。「歴史イコール暗記」というイメージがあると思いますが、難関校の試験では、以前のようにマニアックな用語や年号を答えさせるのではなく、出来事の因果関係や意義を問う問題が増えている。歴史の流れを読み解く「思考力」が求められているんですね。

この背景には、ものごとの本質をとらえて社会の変化に対応できる人材を育てようという、文部科学省や大学側の意識があると思います。歴史上の事件について「なぜ起こったんだろう?」と考えることが、問題解決やリスク管理の能力につながるんですね。だから、これからの大学受験は暗記一辺倒では通用しません。出来事を関連づけ、因果関係を理解することが必要なんです。

世界史のキーワード①
「つながり」
歴史は無味乾燥な事件の羅列ではなく、必ず原因と結果でつながっているもの。ここをおさえると理解度がぐんとアップ！

絵巻物のように流れをイメージすることが大切

僕自身が受験生のときそうだったのですが、勉強しても覚えたことをすぐ忘れてしまう。知識が定着しないという悩みはみなさんにあると思います。では、どうすればいいか。

ひたすら机に向かうのではなく、ときどき目をつぶって、勉強した一連の流れを頭の中に思い描いてみる。ベッドに寝転がってリラックスしながら、絵巻物をひも解くように、ストーリー仕立てでイメージするんです。自分なりにつながりを見つけると、それぞれの出来事がすっと頭に入ってくるはずです。この「絵巻物方式」の復習をするようになって、僕も成績がぐっと上がりましたね。

そもそも世界史の教科書は、一般的に「ある時代のある地域」ごとに書かれているので、話があちこちに飛んで、全体の流れが見えづらい。「だから世界史は苦手」という人も多いでしょう。なので僕は、まず「タテ軸」を把握することをおすすめしています。中国なら中国、インドならインドで、地域ごとに古代から現代まで通した流れを見てみる。タテ軸ができたら、次はヨコの流れに注目する。例えば、4世紀ごろの中央アジアのフン族の移動は、ヨーロッパ史ではゲルマン人の大移動の原因

世界史のキーワード②
「タテ軸とヨコ軸」

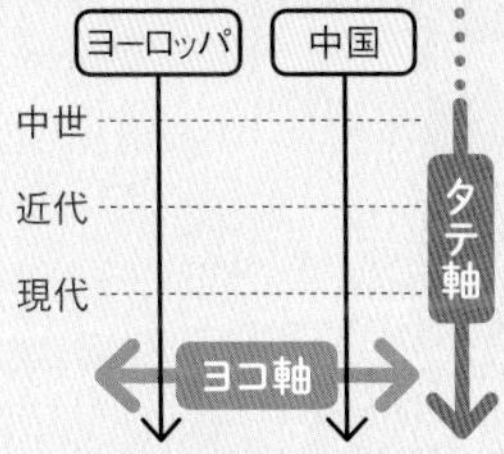

タテ軸は時代の流れ、ヨコ軸は地域。同年代の出来事が世界各地でどう影響し合うのか、多角的に見ることが大切。

として、中国史では西晋《せいしん》を滅亡させる匈奴《きょうど》の来襲として説明される、世界規模の出来事。それぞれのタテ軸が、ヨコにリンクしていく世界史のダイナミズムが一度わかると、勉強するのがきっと楽しくなりますよ。

まずは好きな分野から勉強の「型」を確立しよう

範囲の広い世界史ですから、戦略的に取り組むことが成功の秘けつ。一番いいのは、早い段階で勉強の「型（パターン）」を作ることです。

まず、自分の好きな分野――例えばローマなど――を選んで集中的に勉強する。「ひと通り覚えたぞ」と思ったら、その分野の過去問を解いてみてください。センター試験なら簡単に解けるはず。では、志望校の問題はどうでしょう。きっと解けない問題が出てきて、例えば年号だとか文化史だとか、掘り下げが足りなかったポイントがはっきりします。そうすると、志望校の傾向として「ここまでやればＯＫ」というレベルがなんとなく見えてくるんですね。残りの分野も同じ順序で取り組めばいいので、各分野をやみくもに勉強するよりずっと効率的です。過去問は挑戦するのが怖くて後回しにしがちですが、恐れずに「まず敵を知ること」が勉強の第一歩です。

次は復習方法。教科書を最初から見直そうとすると、先が長すぎて現代史までたどり着かず、毎回同じところで挫折してしまう。真面目な人に多い失敗例ですね。効率がいいのは、過去問集や模擬試験で間違えた分野から教科書を見直すこと。解けなかったのは理解が足りなかった証拠ですから、そこを見直し、「一度復習した」と正の字で印をつけておく。同様に、次の模試でも間違えた分野のページを見直す。それを続けると、受験までに自然と全体を何度もチェックすることになるはずです。「なぜ間違ったのか」と疑問を持って見るので頭に入りやすいし、結果的に苦手なところは何度もやり直すから、自分が弱い分野が見えてくる。

社会科目は、勉強すれば高1でも入試レベルが解けるようになります。むしろ、高校受験の内容を覚えているうちに取り組み、高1〜高2で仕上げるのもひとつの方法かもしれません。まわりがまだやっていないから模試で偏差値が上がって、全国上位も夢じゃない。何より、その後の受験勉強に自信がつきます。

斎藤先生おすすめ！

『大学受験プライムゼミブックス　タテから見る世界史　パワーアップ版』
斎藤整／著
学研プラス／刊

インタビューでもお話に出た、歴史の“タテ軸”を把握するのに役立つ、斎藤先生の自著。「個人的な愛読書は偉人の伝記物。特に好きなのは、ナイチンゲール、マリー・キュリー、そして、若くして亡くなった伝説的レーシングドライバーの浮谷東次郎《うきやとうじろう》です」。

社会に出てからも役立つ「本質をつかむ力」を養う

優秀な生徒のノートを見てみると、ただ授業の内容をまとめ直すのではなく、興味を持ったことを書き加えている場合が多い。人物の特徴を漫画ふうに描いてみたり、用語集で調べた言葉を付せんで貼っておいたり。自分なりに工夫することで、印象が深くなり、知識が定着しやすいんですね。僕自身は人の生きざまに関心があり、「歴史は人間ドラマ」と思っているので、授業で歴史上の人物のこぼれ話をよくします。

最初に話しましたが、これからの歴史の試験は、ものごとの根底に流れている本質をつかみ、想像力を働かせて判断する力が試される。この傾向は今後、さらに強まると思います。その力は大学受験だけではなく、社会に出てどんな職業に就いても大きな武器になるはずです。

世界史をマスターするための心得5つ

1. 試験で問われるのは因果関係。出来事の「つながり」を意識しながら勉強しよう
2. ひたすら机に向かうのは×。ときには机を離れ、頭の中で歴史の流れを反すうしよう
3. 世界史は範囲が広くて混乱しがち。地域ごとの「タテ軸」をおさえて整理しよう
4. 過去問集は早めにチェック！　過去問と復習の反復で、勉強の「型」を身に付けよう
5. ノートはただの板書の写しではなく、工夫を加えて、自分だけのものにしよう

Message!

勇気を持って挑《いど》むことで
道は開けます！
間違えた問題から目を背《そむ》けず、
恐れずに自分の弱みを知ることが
合格への近道です。

 インタビュー：片山幸帆／撮影：斉藤秀明

「キミの人生を変える映像授業」で受験対策!!

学研プライムゼミ

本書の特集記事でご登場いただいた実力講師のみなさんの授業が受けられる、『学研プライムゼミ』。難関大をめざす受験生のための、ハイレベルなオンライン映像授業です。

有名予備校で多くの受験生を難関大学に合格させてきた実力抜群の講師の映像授業を、オンライン配信で受講できます。合格するために必要な内容を効率よく着実に学べるカリキュラムで、受講生の皆さんを志望大学合格に導きます。

Point 1 講師力がすごい!

違いは講師力! 有名講師陣によるハイクラスな授業

『学研プライムゼミ』は、経験豊富で指導力抜群の講師が教える、難関大志望者のための映像授業。予備校界で締め切り続出の人気講師の授業を、いつでも視聴できて学びやすい映像授業で受けることができます。

大学入学共通テストでも9割以上得点できるよう出題傾向を分析し、的確に指導します。

Point 2 映像授業がすごい!

好きな端末で
いつでもどこでも
何度も再生、
早送りも自由自在
苦手な科目・
単元を集中演習

映像授業 だから自分に合った学習スタイルを選べる!

映像授業のメリットは、自分に合った内容の講義を、自分のペースで、何回も受けることができること。学研プライムゼミで弱点を克服し、効率よく、着実に得点を伸ばしましょう!

Point 3
教材がすごい!

ハイクオリティな映像授業＋オリジナルテキスト!

長年の指導実績に裏付けられた実力派講師によるカリキュラムを、「映像授業」＋「オリジナルテキスト」でわかりやすく展開。実力講師陣の授業エッセンスが凝縮された、完全オリジナル教材です。

映像授業

＋ テキスト

東大対策講座　難関大対策講座　共通テスト対策講座　マドンナ古文講座　分野別対策講座　高1・2生向け講座

学研プライムゼミ講師陣 強力ラインアップ!

『ドラゴン桜』の実在モデル!
竹岡広信先生

難解な数学を情熱の講義でほぐす
小山 功先生

古文のマドンナ! 信頼の名講義
荻野文子先生

日本史に野島あり! 最強の講義
野島博之先生

「読と解のルール」で点が取れる
池上和裕先生

明快な講義で根本から理解できる!
高井隼人先生

生きた英語のコミュニケーター
スティーブン・リッチモンド先生

仕組みがわかる講義で、得点アップ!
宮下典男先生

物理の法則をわかりやすく説く
高橋法彦先生

楽しみながら本質に迫る講義!
山下如寿先生

生命現象の理解で合格力獲得!
山川喜輝先生

「つながる世界史」で楽々攻略!
斎藤 整先生

自分の目的に合う講座で 効果的に学習しよう！

学研プライムゼミでは、志望大学合格のための充実した講座を用意しています。

〈東大対策講座〉

〈難関大対策講座〉
（難関国公立大対策講座／難関私大対策講座／難関大対策講座／京大対策講座／早大対策講座／スタンダード講座）

〈共通テスト対策講座〉

〈分野別対策講座〉

〈高校1年生向け講座〉

〈高校2年生向け講座〉

学研プライムゼミの無料 会員登録は特典いっぱい！

学研プライムゼミに興味を持ったら、とりあえず公式ウェブサイトで無料会員登録をしてみましょう。会員登録の手続きは学研プライムゼミのウェブサイトからカンタンに行うことができます。

会員登録後の「マイページ」では、会員特典としてお試し授業や学習相談など、多彩な無料コンテンツを利用できます。会員登録して今すぐ映像授業を体験してみましょう。

「マイページ」のお得な無料コンテンツ

- 学習相談サービスが気軽に利用できる！
- 無料で100本以上のお試し授業が受けられる！
- 受験に役立つ特集記事も多数掲載！
- 学習方法などを動画でわかりやすく解説！

お問い合わせ
学研のプライム講座 コンタクトセンター
0120-231-226
[受付] 平日 /10:00～20:00
土・日・祝日 /10:00～18:00（年末年始を除く）

運営会社
株式会社学研プラス
高校教育コンテンツ事業部 映像事業室
〒141-8415 東京都品川区西五反田 2-11-8
URL：https://gpzemi.gakken.jp/

無料 会員登録はこちらから
学研プライムゼミ 検索
https://gakken.jp/5059《ゴーカク》

※「学研プライムゼミ」は、自宅のほか市進教育グループ各塾及びウイングネット加盟塾でも受講可能です。

大学受験
プライムゼミブックス

大学学科案内

新訂版

Gakken

CONTENTS

社会科学系統の学科……123

理学系統の学科……165

本書の利用にあたって

本書は、大学の学科でどんなことを学ぶのか、どの大学にどんな学科があるのかを、全大学の学科を整理して、系統別に解説したガイドブックです。

本書では、学科を次の10の系統に分類して、解説しています。

《文系》

①人文科学系統　②社会科学系統

《理系》

③理学系統　④工学系統　⑤農学系統　⑥医療・保健学系統

《文理融合系》

⑦教養・総合科学系統　⑧教育系統　⑨家政・生活科学系統

《実技系》

⑩芸術系統

なお、この10系統は、学科をおおまかに理解しやすくするために分類したものであり、学術上の厳密な分類ではありません。

大学の学科は、たいへん多岐にわたるため、本書では、主要な学科や基軸となる学科を選んで解説しました。また、近年では、学科の組織改編や新増設が盛んで、新しい学科が、毎年のように誕生しています。

本書は、2020年3月現在の情報をもとに、編集しています。

新しい学科を含むすべての学科については、学研進学サイト『ガクセイト』(http://gakuseito.jp/gakubu/)に掲載してありますので、そちらもご参照ください。

第1章　大学で何を学ぶの?

まず、それぞれの学部・学科で学ぶ内容のおおまかな違いや、学部・学科選びのポイントを理解しましょう。

第2章　系統別学科ガイド

主要な学科や基軸となる学科について、具体的にどんなことを学ぶのか、類似の学科は何か、卒業後はどんな職種に進むことが多いのか、などを解説しました。

学科ガイドページの見方

主要な学科、基軸となる学科を取り上げて、その学科で何を学ぶのかを、解説しています。
その学科で学ぶ「専門科目」の例を挙げています。
その学科を卒業した後、どんな職種に進むケースが多いのか、例を挙げています。
類似の学科を取り上げて、解説しています。

第1章
大学で何を学ぶの？

学部・学科の枠組みを知ろう

大学には学部があり、そのなかにいくつかの学科がおかれているが、学部・学科の名称や教育内容は時代とともに変化する。そこでまず、現在の大学にはどういった学部・学科があるのか、学部・学科の枠組みはどうなっているのかを探っていくことにしよう。

文系

人文科学系統

文学・語学関係、史学・地理学関係、哲学関係、文化学関係、人間科学関係、その他

社会科学系統

法学・政治学関係、経済学・経営学関係、社会学・福祉関係、政策科学関係、国際関係学関係、その他

実技系

芸術系統

美術・デザイン関係、音楽関係、その他

学問分野は10系統に大別、最近は文理融合の流れが加速

学問分野の多様化が進み、現在、大学には約500種類の学部と約1400種類を超える学科がおかれている。大別して文系と理系に分けられるが、もう少し詳しく分類すると、上に図示したとおり10系統に分類することができる。

文系の学科が属するのは人文科学、社会科学の2系統、理系の学科が属するのは理学、工学、農学、医療・保健学の4系統、文系・理系にまたがる文理融合系に属するのが教養・総合科学、教育、家政・生活科学の3系統だ。また、文系にも理系にも属さない実技系の芸術系統がある。

人文科学系統は人間の文化に関する学科群で、文学・語学、史学、哲学、心理学などが含まれ、社会科学系統は人間社会の現象を解明

10系統の学問分野

文理融合系

教養・総合科学系統
教養・総合科学関係

教育系統
教育学関係、教員養成関係、総合教育・生涯学習関係、体育学関係

家政・生活科学系統
家政・生活科学関係、食物学関係、被服学関係、住居学関係、児童学関係

理系

理学系統
数学関係、物理学関係、化学関係、生物学関係、地学関係、その他

工学系統
機械工学関係、電気通信工学関係、土木建築工学関係、応用化学関係、応用理学関係、材料工学関係、生物工学関係、経営工学関係、デザイン工学関係、その他

農学系統
農学関係、農芸化学関係、農業工学関係、農業経済学関係、森林科学関係、獣医畜産学関係、水産学関係、その他

医療・保健学系統
医学関係、歯学関係、薬学関係、看護学関係、医療技術関係、その他

する学科群で、法学・政治学、経済学・経営学、商学、社会学、社会福祉学などが含まれる。

　理学系統はさまざまな自然現象を理論的に掘り下げる学科群で、数学、物理学、化学、生物学などが含まれ、工学系統は自然科学理論の応用を考える実用的な学科群で、機械工学、電気通信工学、土木工学、建築学、応用化学などが含まれる。農学系統は食糧問題や環境問題に対応する学科群で、農学、森林科学、獣医畜産学、水産学などが含まれ、医療・保健学系統は医療専門職の養成をめざす学科群で、医学、歯学、薬学、看護学、医療技術などが含まれる。

　教養・総合科学系統は文系・理系にまたがる複合的な視点から総合的に研究する学科群。教育系統は人間形成や人間の発達を対象としており、教員養成部門には国語科や社会科など文系もあれば、数

学科や理科などの理系もある。家政・生活科学系統は人間生活全般にわたる広い領域を対象とした学科群で、食物学、被服学、住居学、児童学など文系・理系が混在している。また、芸術系統は芸術の本質に迫る学科群で、実技系の美術、デザイン、音楽などが含まれる。

最近は、個々の学問領域だけではカバーできない現代社会の複雑な問題に対して、人文科学、社会科学、自然科学を総動員して解決の方法を探る文理融合型の学科が増加傾向にあり、従来にない、複数の学問分野を組み合わせて学ぶ学部・学科が数多く生まれた。また、学問というのは、発達すればするほど専門化、細分化していくが、その一方で、一つの専門分野だけでは対処できない問題が起きてくる。例えば、ロボットについて考えてみると、装置を作る機械工学と、人工知能など複雑な動作を担当する電子工学、情報工学の双方の知識が必要となる。そこで、機械工学（メカニクス）と電子工学（エレクトロニクス）を結び付けたメカトロニクスを研究する学科が生まれた。このほか、経営学と情報工学、医学と工学など、学際領域や境界領域（複数の学問分野にまたがって研究などが進められている領域）に関する学科が相次いで誕生している。

学部・学科が一般的な組織だが、学群・学類も増加

大学では、学科が学ぶ内容を示した基本的な単位で、多くはいくつかの学科が集まって学部を構成している。また、学科内に専門分野を細分化した専攻や専修、コースをおくケースもあるし、学部だけで学科はおいていないケースもある。さらに、大学によっては学部を学群とか学域、学科を学類と称するケースもある。

具体的な学部・学科の組織例を文学部でみると、上智大は7学科で構成され、学科別に募集して、学科単位で教育を行っている。また、明治大は3学科14専攻で構成され、専攻別に募集して専攻単位で教育を行っているが、所属専攻以外の科目も選択が可能だ。早稲田大は文学科の1学科構成で、1年次に学びの基本や共通する基礎科目を履修した後、2年次に18コースのいずれかを選択して進級するシステムをとっている。

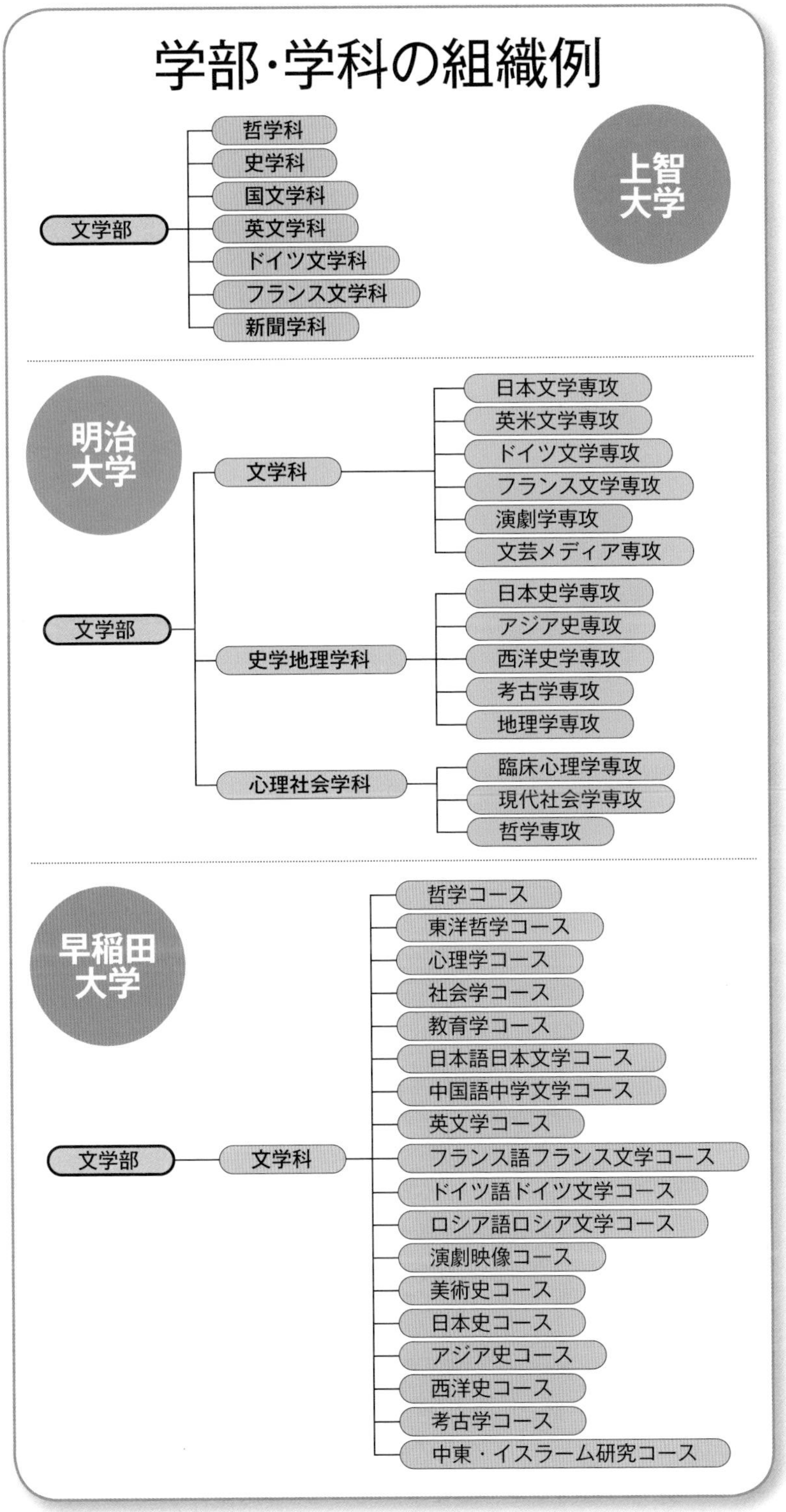

このように、同じ学部であっても学科構成や組織は大学によってさまざまなので、自分の学びたい分野の学科、あるいは専攻・専修・コースがあるかどうか確認しておく必要がある。また、同じ学科であっても、おかれている学部は異なるケースが少なくない。例えば、心理学科は文学部のほか人間科学部、心理学部、人間関係学部、社会学部などにおかれている。いずれの学部におかれていても学ぶ内容に大差はないが、学部名や学科名には大学のポリシーが反映され、各大学が独自の教育組織や体制を組み立てているので、比較検討して自分にピッタリの学部・学科を探すことが重要になる。

学部・学科選びのポイントは？

志望校決定の第一のステップは「大学よりも先に学部・学科を決める」ことだが、数多い学部・学科のなかから自分にピッタリの学部・学科を選ぶのは大変なこと。ここでは、どういう観点で学部・学科を見極めたらいいのか、いくつかポイントを押さえておこう。

将来就きたい職業・職種・資格に結びつく学科を選ぶ

前述したように、学部・学科の種類はきわめて多い。なかには似たような名称でも中身は全く違うケースがあるし、名称は違っても同じような内容が学べるケースもあるから、フィーリングだけで選ぶと、まるっきり見当外れということになりかねない。

学部・学科を選ぶうえで、まず考えることは、将来はどんな職業に就きたいか、どんな分野で働きたいかということだ。そして、そのためにはどんな学部・学科で学ぶことが必要かということを考えれば、たいていの場合答えが出てくる。とりわけ希望する職業が資格や免許に直結している場合は進学コースが決まってくる。医師志望なら医学部医学科、薬剤師なら薬学部の6年制の学科が唯一のコースだし、小学校や中学校の教員になりたければ教育学部の教員養成課程が有利だ。

一方、一般の会社員や公務員などの場合は、文系でも理系でもさまざまな学部から職に就くことが可能だが、法学部は公務員になる者の比率が高いとか、経済学部や経営学部は金融・保険業や卸売・小売業に進む者の比率が他の学部よりは多めというような違いがある。また、エンジニアをめざす場合は機械メーカーなら機械工学関連の学科、電機メーカーなら電気電子工学関連の学科、化学メーカーなら応用化学関連の学科が近道だ。

最近は学問の学際化（研究などが複数の学問分野にまたがること）が進み、職業・職種も多様化しているため、進路に直結する学科は少なくなったが、将来の進路と学部・学科の内容を詳しく吟味すれば、進むべき学部・学科がある程度絞り込まれてくる。

得意分野や好きな分野を生かせる学部・学科を選ぶ

将来の職業や進むべき方向を決めかねている人は、どんな科目が好きか、あるいは得意か不得意かということから考えていくと答えが出やすい。例えば、英語が好きで得意なら英文学科や英米文学科、英語コミュニケーション学科、英語学科などが考えられる。また、数学や物理が得意なら理学部の数学科や物理学科、工学部の機械工学科、電気工学科、建築学科などが向いているということになる。

能力や興味から考えてみる方法もある。例えば、記憶力がよくて論理的に考えることが得意なら、文系タイプだと法学部、理系タイプだと理学部の数学科や物理学科が向いているといえるし、分析的に考えることはあまり得意ではないが、人間の感情とか心理に関心がある人なら文学部などが向いている。さらに、性格面から考えると、人と接することがあまり好きではなく、一人でコツコツやることが好きな人は、対人関係の職業に就くことが多い社会科学系の学部などには向いていないとみていいだろう。

逆に、学部・学科の内容から考えると、どういう人に向いているかもわかる。例えば、一般に法学部は勤勉さが求められるから、毎日コツコツと勉学を積み重ねていく努力型の人向きで、論理的な考え方ができ、その場に応じた最適な判断を下すことのできる公正さ、社会的な正義感も重要な資質となる。経済学部は、理論的に考えることができて、緻密に分析し、判断することが楽しいと思える人に向いている。研究内容からみて、ある程度は数学に強いほうが有利で、企業経営、経済政策、金融、株式や債券など、さまざまな経済現象に興味を持って取り組めることが必要になる。

各大学では、募集要項やパンフレットなどに、この学部・学科にはこんな人に来てほしい、というアドミッション・ポリシーを記載しているから、それによって自分に向いている学部・学科かどうかを判断することができる。あらゆる角度から検討して、入学後に悔いのない学部・学科選びをしよう。

人文科学系統とは？

人間の精神生活や精神文化という抽象的な概念を探る学科群からなる。研究対象は、文学、語学、文化、そして人間そのものだ。

●文化・コミュニケーションの分野が増加傾向

文学・語学関係

日本や世界各国の文学・言語にアプローチ

文学関係では、日本文学や国文学、英文学や英米文学、フランス文学、ドイツ文学などを対象とした学科がメインで、それぞれの国や地域に特有な文学や文化を研究する。外国文学を研究するには高度な語学力が不可欠であり、その意味で語学系の学科と重なる部分も多い。

語学系の学科では、高い語学力の養成をめざすが、言語を媒体に各国や地域の文化への理解を深めることが、もう一つのねらいとなっている。英語学科が圧倒的に多く、ほかには中国語学科やフランス語学科、ドイツ語学科、スペイン語学科などがあり、世界の主要言語が学べる。ネイティブ教員が多いのも語学関係学科の特色だ。

ほかに、日本語教員の養成も行う日本語学科、言語そのものを研究対象とする言語学科などがある。

史学・地理学関係

歴史の法則や人間と地理との関係を研究

史学科や歴史学科では、日本史、東洋史、西洋史を中心に、現存する昔の史料や原典に当たって実証的に研究を進める。考古学や美学美術史学などの専攻・コースをおく大学もある。地理学は、学科として独立しているケースは少ないが、人文地理学を中心に研究を行う。

このほか、複合的、学際的な学科として歴史文化学科、文化歴史学科、哲学歴史学科、史学地理学科などがおかれている。

人間とその周辺領域に多角的にアプローチ

人文科学は、人類の文化を探究する学問である。ほかの系統と決定的に違うのは、人間の精神生活や精神文化という抽象的な概念を学ぶ対象としている点だ。

文学部は、広範な研究分野を学科として独立させ、それぞれの学科の関連性も重視しながら研究を進める。**人文学部**は、文化のさまざまな領域の研究をより重視する点が特色。経済学、法学、社会学など社会科学系統の学科が併設されていることも多い。最近は、学科の領域をさらに拡大して、文系総合学部のような色彩を強めている。**外国語学部**は、各国や地域の言語を学ぶ学科で構成され、言語の運用能力を磨き、自在に駆使する実力養成を目標としている。

このほか、文化研究に重点をお

哲学関係

思想・心理・行動など根源的な問題を研究

人間そのものを研究対象とする分野で、哲学科と心理学科、そして宗教学関連の学科が中心となる。哲学科は、西洋哲学を中心に、日本や東洋の哲学と思考を研究する。

心理学科は人間の心理と行動を科学的に研究するが、社会の発達とも密接に連携している。その研究対象は、教育や文化、社会構造や人間生理、さらにはそれらを取り巻く環境にまで広がっている。最近は、心の問題に対応できる専門家を養成する臨床心理学科や人間心理学科などをおく大学が増えている。

文化学関係

文化をさまざまな側面から学際的に研究

さまざまな地域の文化について、言語、文学、思想、歴史、社会、民族、地誌等の視点から研究・比較する分野。文化学科、総合文化学科のほか、切り口によって地域文化学科、現代文化学科、比較文化学科、国際文化学科、言語文化学科、日本文化学科、英米文化学科、人間文化学科などがある。

最近は、外国語の運用能力を高め、世界の社会と文化を多角的に捉えて、異文化を深く理解する国際文化学関連の学科の新設が目についている。

人間科学関係

人文科学・自然科学を総合して人間を研究

中心は人間科学科で、心理学や社会学、教育学を核に「人間とは何か」を多角的・総合的に研究する。その対象分野は非常に幅広く、多岐にわたっている。人間関係学科もほぼ同じ内容で、現代社会における人間関係を総合的に理解し、人間と社会をトータルに把握するとともにさまざまな側面から人間理解を考えていく。

このほか、人間をベースとして環境問題を考える人間環境学科や、人間の存在と行動について多角的、総合的に考える人間行動学科なども誕生している。

その他

専門領域を超えて総合的・学際的に研究

人文科学分野の伝統的な学問領域を統合して、総合的、学際的な研究を展開する学科もある。その代表は人文学科や人文科学科である。世界や社会とのつながりなど、さまざまな関係性を探る学科も多数おかれている。

最近は、コミュニケーション学科、国際コミュニケーション学科、英語コミュニケーション学科など、コミュニケーションを冠した学科名が目についている。異文化理解と国際感覚の修得をめざす学科が増えていく傾向にあるようだ。

く**国際文化学部**、**現代文化学部**、**情報文化学部**、**文化情報学部**や、学際的な内容の**文芸学部**がある。また、宗教関係には**神学部**や**仏教学部**があり、人間関係について研究する学部には**人間学部**、**人間関係学部**、**現代人間学部**、**心理学部**などがある。最近は、**コミュニケーション学部**、**国際コミュニケーション学部**など、コミュニケーション関連の学部が増加しているのが特徴だ。

就職先●人間としての基本を身につけ、あらゆる分野に進出

人間としての基本を身につけられることから、特定の分野に限定せず、いろいろな職業に結びつくことが強み。教員、出版・編集、広告・宣伝などのほか、語学力を活かして国際舞台で活躍する者もいる。心理学科は専門を活かした分野で活躍する者もいる。

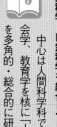

社会科学系統とは？

法律、政治、経済、経営など、人間の社会生活に欠かせないすべての社会現象を対象に研究を進める。実学色が強いのが特色だ。

●現代社会の多様化に対応し、さまざまな学科が誕生

法学・政治学関係

法と政治の視点で現代社会の仕組みを探る

法律学科、法学科と、政治学科が中心だが、最近は国内外の社会的環境の変化に対応してさまざまな学科が誕生している。

国際的な法律問題を対象とした国際関係法学科、ビジネスや社会生活に関連した法律問題を対象とした経営法学科、企業法学科、ビジネス法学科、また、政治学関連では、国際行政の分野で活躍できる人材を養成する国際政治学科などが設置されている。

このほか、法学や政治学の立場からアプローチし、さまざまな社会問題の解決方法を打ち出す法政策学科、地方行政や地方自治に焦点をあてた地域行政学科や自治行政学科なども地方の時代に対応して登場した。いずれの学科も幅広い視野やリーガルマインドを身につけた人材の養成を目的としており、法曹界へ進む道も開かれている。

経済学・経営学関係

経済の動きを分析し、現代社会に応用

中心は、現代の経済を理論的に分析する経済学科、現代経済学科、国際経済学科などである。このほか、経済の理論を基に流通の仕組みを学ぶ商学科や流通学科、マーケティング学科、会計や金融を対象とした会計学科、会計ファイナンス学科、近代経営を実践的に学ぶ経営学科、産業経営学科、現代ビジネス学科、国際経営学科、経営情報学科なども、経済・経営系の中心的な学科といえる。これらの学科は、経済や産業の実態を理論と実際の両面から探るという特色を持っている。就職では最もつぶしが利く学科群といわれ、民間企業をはじめ幅広い分野に就職している。

現代の経済、産業分野の変動は急激で、それに伴って学問分野の専門化、細分化も進んでいる。そのため、新しい分野に対応した学科も相次いで誕生している。

実学を中心に、多角的に問題解決の手法を探る

社会科学は、社会現象すべてを研究対象とする学問で、人文科学と比較すると実学色が濃い。

法学部は、法曹界、財界、経済界などに幅広く人材を輩出しており、リーガルマインド（ものごとを法律的に捉えようとする精神）を身につけ法的解決にあたることのできる人材の育成にウエートをおいた教育を行っている。**経済学部**では、主に産業界で望まれる能力、知識、技術を持った人材育成のための教育が展開され、**経営学部**では、社会の国際化や情報化の進展に対応して、企業の経営管理能力を育む教育を実施。このほか、国際間の政治や経済状況の研究を行う**国際政治経済学部**、情報化に対応した内容を重視している**経営情報学部**、**情報学部**、**経済情報学**

部などがある。

また、現代社会の多様な側面を考察する学部として**社会学部**、**現代社会学部**などがあり、**社会福祉学部**は高齢化社会を迎えるわが国でますます重要性が高まっている。最近は、さまざまな政策を立案、実行する能力を養成する**総合政策学部**が誕生するなど、政策を冠した学部が増加傾向にある。国際間の交流や協力の理論と実践を学ぶ**国際関係学部**、**国際学部**などもおかれている。

就職先●職業に直結する専門知識が買われ、業界に太いパイプ

サラリーマン養成学部と呼ばれるほど就職に強い。学ぶ内容がそのまま仕事に直結することから、金融、流通、メーカーなど幅広い分野に就職している。司法職や公認会計士、社会福祉士など国家資格に結びついているのも特徴だ。

社会学・福祉関係

社会の構造と働き、福祉のあり方を追究

中心となるのは、社会学科と社会福祉学科である。社会学科や現代社会学科が社会の仕組みを総合的、学際的に学ぶのに対して、社会福祉学科は福祉社会の実現をめざす専門家の育成を目標に、実学的な内容を学ぶ。最近は、福祉系の学科の細分化、多様化が進み、人間福祉学科、福祉計画学科、福祉社会学科、コミュニティ福祉学科などが登場している。

心の福祉に焦点をあてた福祉心理学科、医療と福祉を統合し保健と医療に関する科目も学ぶ医療福祉学科、人間の健康と福祉に関する教育・研究を行う健康福祉学科、適切な相談、援助活動を行う専門家を育てる臨床福祉学科なども誕生した。

国際関係学関係

現実社会の動向を国際的な視野から捉える

中心となるのは国際関係学科だ。世界を捉えるグローバルな視点とエリア・スタディによって地域の事象を多角的に分析し、政治、経済、社会、文化、法律、歴史など多様な分野を融合して総合的な視野を育んでいく。

このほか、国際学科、国際社会学科、国際交流学科、国際総合政策学科などがおかれている。

政策科学関係

現実問題の総合的把握で解決の方法を探る

社会科学全般を学んで、問題解決に向けた具体的な政策を立案、実行できる能力を育む総合政策学科をはじめ、政策学科、政策科学科、公共政策学科、コミュニティ政策学科、観光政策学科などさまざまな学科が設置されている。

このほか、地域政策学科、地域創造学科、地域づくり学科など、地域づくりの政策課題に取り組む学科も相次いで設置されている。

その他

多様化する現代社会を学際的方法で解明

社会科学系統で学際的フィールドを扱うのが社会情報学科、情報社会学科などで、社会科学と情報学の理論を統合させた教育を行っている。

このほか、社会システム学科や、政治経済学科、国際政治経済学科、社会環境学科などもおかれている。

理学系統とは？

さまざまな自然現象を理論的に掘り下げ、真理を解き明かす学問が中心だが、最近は最先端科学に対応した学科も増えている。

●理学・工学の融合、学際領域の拡大が進む

数学関係

科学技術の飛躍的発展に重要な役割を演じる

　数学科が代表的だが、数理科学科などと称するケースもある。いずれも高校までの数学の知識を深く掘り下げ、一般化、抽象化して、数理のさまざまな法則を明らかにすることを目標とした教育と研究を行っている。カリキュラムは、代数学、幾何学、解析学、確率論などが中心である。

　数学は、現代科学の基礎を支えてきた伝統的学問形態である。また同時に、近年のコンピューターの発展を支えているため、従来の数学科を改組・拡充し、「数理情報科学」「情報科学」「情報数理学」といった言葉を含む学科や、情報科学科、情報学科などを開設するケースが増えている。

物理学関係

多様な物質などの諸性質を明らかにする

　物理学分野においても、応用面や学際面の教育・研究にウエートがおかれる傾向にある。従来の物理学科を改組・拡充し、物理科学科、応用物理学科などの学科が相次いで開設されているのはそのためだ。また、地球物理学や天文学も物理学と密接な関係があるため、宇宙地球物理学科、地球惑星物理学科、天文学科も物理学関係に含まれる。

　物理学は現代科学の基礎を支える重要な学問の一つであり、新しい法則の発見や応用、新しい「物」の発見をめざして幅広い分野における教育・研究が展開されている。大別して、理論物理学と実験物理学の2分野がある。

さまざまな切り口から自然現象の真理を解明

　この系統では、純粋科学や基礎科学の分野を研究対象としており、自然現象を理論的に掘り下げて真理を解き明かしていく。そして新しい事実を発見し、新しい理論を生み出していく。こうした新しい事実や理論をどのように応用するかを考えるのが、工学などの応用科学だ。しかし、基礎があってこそ応用があるわけで、自然科学系の土台をなす理学の重要性はますます高まってきている。

　理学系統の中心となる学部は**理学部**だ。数学、物理学、化学、生物学などを基礎から最先端理論まで教育しているが、理学と工学の境界領域や学際領域といわれる分野にも対応した形の**理工学部**も多く開設されている。また、情報科学を土台とした**情報科学部**や**総合**

化学関係

基礎化学の進歩が支える化学工業の発展

ひと口に化学といっても分野は多彩で、有機化学、無機化学、生化学、物理化学などがある。こうした化学の基礎研究や教育に取り組むのが化学科だ。最近は既存の物質を対象とするだけでなく、望みどおりの新しい物質を創出する分野にも期待と注目が集まっている。そのためには伝統的な化学の手法に加えて、物理学や生物学をはじめ、境界領域の知識や手法も必要とされる。化学・生命化学科などがそうだが、従来の化学科においても学際領域を意識したカリキュラムを組む大学が増えている。

地学関係

地質学・鉱物学を中心に地球科学を学ぶ

地学関係の学科では、地球環境や地球資源、地球と生命との関わりに重点をおく傾向が強まり、学科の改組・改編がしきりに行われている。

地質学、鉱物学、岩石学が研究のメインだが、地球の表面のみならず、地球の深部から太陽系にまで対象を広げ、環境問題も含めて総合的に地球のシステムを解明しようと、地球科学科、地球学科、地球圏科学科、地球圏システム科学科、地球環境学科など「地球」「環境」などの言葉を含む新しい学科が次々と誕生している。

生物学関係

遺伝子やバイオなど最先端研究に触れる

生物学関係の基幹をなす生物学科では、動物学と植物学を柱とした教育・研究が行われている。研究にあたっては生物学的手法がメインとなるのはもちろんだが、最近は物理学、工学、化学、経済学的な手法も取り入れて、新物質の開発やバイオテクノロジーにも取り組む傾向が強くなった。

生物分子科学科、生物化学科、生物科学科、生体制御学科、分子生物学科などでは、特に学際領域に重点をおいた教育・研究に取り組んでいる。

その他

多彩な研究テーマを持つ魅力の学科群

科学の進歩に伴い、学問の境界部分が複雑にクロスオーバーしたり癒合したりして、新たな学問分野が生まれつつある。最近は、こうした傾向に対応した学科が相次いで開設されている。新分野の学科には、「自然」「物質」「生命」「環境」などを学科名に冠したものが多くある。いずれも最先端科学に対応した内容だ。

また、従来からある学科のなかにも、理学科、基礎理学科などのように、学科名から明らかに複合領域を対象としていることがわかるものもある。

情報学部、それに環境を冠した学部なども誕生している。

最近は、学問の高度化、多様化、学際化に伴い学ぶべき内容があまりにも増加したことから、多くの大学で大学院修士課程までの6年一貫教育を実施。学部では基礎的なことを中心に履修し、大学院でそれらをさらに掘り下げていく。

また、細分化した学科では高度化や学際化に対応できないため、学科を統合・改組し、基礎的部分を共通して学んだあと、専攻やコースに分かれて専門分野を究めるケースも増えている。

就職先●大学院進学が多いが、就職は情報関連など多彩

情報産業をはじめ、製造業、サービス業、金融・保険業など就職先は多彩だ。研究職として就職するには大学院進学が最低条件で、多くの者が大学院に進学する。

工学系統とは？

工学は人間生活への応用を探る、実用的な学問である。モノづくりを通して、わが国の未来を担うエンジニアの育成を担っている。

●学科の再編、新分野の学科誕生が急ピッチ

機械工学関係

技術革新の基盤を担う機械エンジニアを養成

機械工学関係の学科では、基礎を深く学ぶとともに、その応用と組み立てから、さまざまな製品やシステムを創成し、運用していく知識と技術について学ぶ。

機械工学科が代表的な学科で、精密機械工学科、精密工学科の歴史も古いが、近年は、別の領域として扱われてきた電気工学や電子工学などとの境界領域や、学際領域についての研究も活発になってきた。機械システム工学科、機械知能工学科、知能機械工学科、機械情報工学科、ロボティクス学科、ロボット・メカトロニクス学科などが相次いで誕生。電気・機械工学科や機械・電気電子工学科なども登場した。

また、応用分野として、航空宇宙工学科、交通機械工学科など航空工学や交通工学に関する学科も設置されている。

電気通信工学関係

現代の高度技術社会や情報革命時代を支える

電気通信工学が対象とする領域は、急速なスピードで広がりつつある。代表的な分野は電気工学、電子工学、情報工学、通信工学などである。しかし近年は、これまでの細分化されていた領域を融合、統合し、広い視野に立って総合的に電気通信工学を教育・研究しようという動きが目立ってきた。

とりわけ、学際領域や、境界領域の学問分野に対応するため、電気電子工学科に衣替えするケースが目についており、情報工学科、電気電子情報工学科、電気電子システム工学科、情報システム学科、情報システム工学科、電子情報工学科、情報通信工学科、知能情報学科などが多くの大学におかれている。

最も急速に発展し、重要度を増しているIT技術を支える分野だけに、今後もさまざまな学科が誕生しそうだ。

自然科学の研究成果を人間生活に応用

理学系統の学部・学科が真理を探究するものとすれば、工学系統の学部・学科は価値を創造するものといえる。価値とは、われわれの生活を豊かにする工業製品のことだ。近代工業の作り出す「新しいモノ」は、われわれの生活を豊かで快適にしてくれる。しかし、工業製品は最高レベルになってもこれで終わりというものではない。さらに改良された工業製品を創造し続けなければならない。エンジニアに寄せられる期待と要求は極めて大きく、世界をリードするエンジニアの養成を担っているのが工学系統の学部・学科だ。

中心となるのは**工学部**で、数多くの大学におかれ、最先端の研究成果を実際に社会に役立てるという実学を重視した教育を行ってい

土木建築工学関係

土木と建築を主軸に新技術に対応

土木建築系の学科は、土木工学、建設工学、建築学の3つに大別され、さらにそれらを複合した学科もある。最近は土木、建設、建築をそれぞれ単独の学問分野とはせずに複合的に捉え、地球規模の環境問題までを視野に入れた研究に力を入れる大学も多い。

土木工学は市民生活に密着した学問で、主に社会生活に必要なさまざまなインフラを計画し、作り、管理するといった一連の技術体系を扱っている。歴史の古い学問分野だが、学問の進展に伴い社会環境工学科、土木環境工学科などに改組する動きが盛んになった。同様に、建設工学科も改組が進んでいる。

建築学は、住宅や都市空間の計画、設計を行い、快適な建築物を造るための学問。建築学科が代表格だが、建築には芸術的側面もあることから建築デザイン学科としている大学も多い。ほかに建築工学科などもおかれている。

また、土木工学科と建築学科を統合・再編し、快適な都市環境を創造する学科が増加しているのも最近の傾向だ。都市工学科、都市システム工学科、建築都市デザイン学科などでは、計画、設計、施工に関する技術だけでなく、防災や住みよい環境の整備が課題になっている。最近は、まちづくり学科、まちづくり工学科なども登場した。

応用化学関係

化学の成果を工業に応用する技術を学ぶ

応用化学は、化学を基礎とした学問分野で、「モノを作る」「モノの性質を調べる」「モノを工業的に生産する」という3つの分野が柱になっている。応用分野はきわめて幅広く、生命科学やエレクトロニクスにまで及んでいる。特にバイオテクノロジー関連と、新しい機能を持った物質の創出については、期待と注目が集まっている。

最近は、新素材や機能性物質を創り出す技術に着目した学科が増加傾向にある。環境問題とエネルギー問題の解決が迫られているため、化学の役割は重要性を増しており、新しい材料と技術の開発が待たれている。

代表的な学科は応用化学科で、化学の成果を工業技術に応用するための理論と技術を修得させ、化学工業を支える技術者や研究者の養成をめざしている。このほか、化学工学という方法論を用いて新しい化学システムを創造する化学システム工学科、環境調和型のモノづくりに挑戦する化学バイオ工学科、グリーンケミストリー（環境への負荷が少ない化学）を土台として新物質を開発する物質化学科、環境に優しい科学技術や機能性物質の開発する環境応用化学科、有機化学と生命工学の融合による新物質・新機能の創造をめざす化学生命工学科などが登場した。いずれも化学を基盤とした新分野の創成をめざした内容だ。

る。学科は機械工学、電気通信工学、土木建築工学、応用化学、材料工学、生物工学などのジャンルに分けられるが、工学のほとんどの分野を網羅している大学から少数の学科で構成される大学まで学科数はまちまちだ。例えば、東京大は社会基盤学科、建築学科、都市工学科、機械工学科など16学科をおいているが、大阪大は細分化した学科を統合・改組して応用自然科学科、応用理工学科など5学科構成だ。

工学部に次いで多いのが**理工学部**。理学部と工学部の複合学部で、工学系の学科のほかに理学系の学科も含まれている。最近は、理学部と工学部を統合したり、工学部を理工学に改組するケースが増加傾向にある。

このほか、特定の分野に的を絞った学部として**基礎工学部**、**情報理工学部**、**生命工学部**、**産業工学部**、

材料工学関係

今日の科学・文明の発展に大きく貢献

日用品、工業製品、医薬品などすべての産業分野で欠かすことのできないのがさまざまな材料だ。これら多様な材料について製造、プロセス、構造、性質、材料設計などに関する理論と応用を研究するさまざまな学科がおかれている。

中心となるのは、材料工学科と機能材料工学科だが、材料の性質に的を絞った学科や、金属材料を主体とした学科などもおかれている。マテリアル工学科は、金属、セラミックス、高分子、有機材料などの基盤材料から、半導体、電子材料、生体材料・分析、触媒材料などの高機能材料までを幅広く取り扱っている。

生物工学関係

バイオテクノロジーを基盤に応用領域に挑む

ここ最近、めざましい発展を遂げているのが、遺伝子を中心とした生命科学である。生体における調節、制御などの機能も分子や細胞レベルで解明されるようになってきた。

医学、理学を基盤とする学科も数多く設置されているが、工学系統にも生物工学科や生命工学科、生命化学科、生命医化学科、化学・生命化学科、生命・応用化学科など多彩な学科がおかれている。

応用理学関係

数学・物理学を基礎に最先端の分野を研究

応用理学関係の特徴は、特定の技術分野を対象とするのではなく、あらゆる分野を横断的に研究する点である。数学、物理学、化学、生物学など多岐にわたる理学が、学びの基礎となっている。

応用物理学科が主役で、新しいテクノロジーやシステムの基本となる原理や技術を、物理学の成果と研究手法を用いて創造できる人材の育成をめざしている。現代のキーテクノロジーの基礎となっている計測・情報工学、光工学、物性物理学、新しい複雑系の物理学や応用数学についての多くの科目を幅広く学べる。このほか、物理に関連する知見を基に、機械システム、材料、エネルギー、宇宙空間活動などに関する新しい科学技術の研究開発を行う物理工学科、物理と数学を基盤とし、そこに先端工学の特徴である自動化、情報化、システム化を取り入れた物理情報工学科などがおかれている。

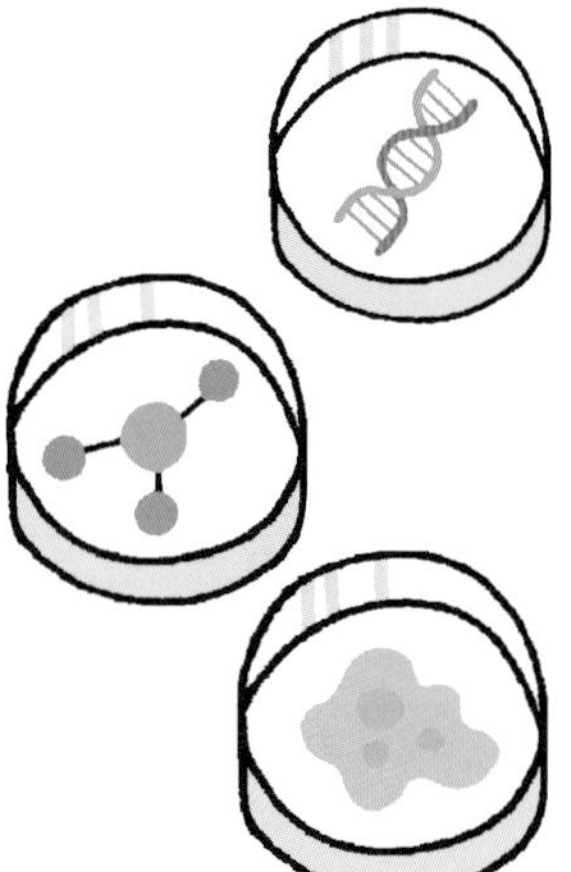

芸術工学部など多彩な学部がある。

専門分野を融合させた学際的なアプローチ

工学は自然科学を人間生活に応用する学問である。そのため、社会の発展に応じて解決すべき問題や要求される技術が変化すると、当然その学問の種類や内容も複雑に分化する。また、学際領域とか境界領域とかいわれる学問分野の発展に対応して細分化された学科を再編成し、統合・改組する動きも目立っている。

工学は、年々進歩発展しており、学問の高度化が著しい。そこで、大学の工学部では基本的な部分しっかり身につけさせ、高度な応用部分は大学院に進んで履修させるようにもなってきた。

大胆な改革を断行したのは東京工業大で、学部と大学院を統合して、従来の理学部、工学部、生命

経営工学関係

工学系・社会科学系などの基礎科目を重視

経営工学は、工学系統の学科のなかでは異色の学問分野だ。社会科学系統に含まれる経営学との大きな違いは、経営学が経営論を基礎として生産現場から離れたところから経営を考えるのに対して、経営工学は製品が作られる現場にポイントをおいている点にある。

最近は、経営管理や情報処理分野にも重点をおく傾向にある。経営学に関係した科目、数学系や情報系の科目も開講され、工学的手法を用いて経営を科学できる新しい産業人の養成をめざしている。

経営工学科、管理工学科が伝統的な学科だが、近年は経営システム工学科が主流になった。経営システム工学科では、統計技術、数理技術、情報技術、システム技術をバランスよく学び、情報技術に精通し、さらに経営科学や経営管理技術を基にプロジェクトやプロセスの管理ができる情報マネジメントエンジニアの育成をめざしている。

デザイン工学関係

技術に裏打ちされた工業デザイナーを育成

デザインに関する学科は芸術系統におかれるケースが多いが、工学系統におかれている学科では都市空間、建築物、情報伝達媒体、工業製品などを対象として、技術に裏打ちされた芸術性豊かなデザインの教育を行っている。

デザイン工学科のほか、デザイン科学科、感性デザイン工学科、情報デザイン学科、創生デザイン学科などがおかれている。

その他

学際的・複合的分野を中心に未来派がズラリ

工学系統には、実に多彩な学科がおかれている。地球資源や海洋資源の開発をめざす資源開発関連の学科、あらゆる物質について科学的基礎を学ぶ物質工学関連の学科、人々の生活と健康を守り快適な生活環境を作る環境工学関係の学科、複雑・大規模な工学的問題をシステムとしての観点から解決するシステム工学関係の学科など、ますます期待が高まる新しい分野の学科が目白押しだ。

また、最近になって増加しているのが細分化された学科を統合改組した理工学科、工学科などで、共通する基礎的な教育を履修したのち、高学年で専攻やコースに分属して専門性を高めていくシステムが取られている。

理工学部を、理学院、工学院、物質理工学院、情報理工学院、生命理工学院、環境・社会理工学院に再編。1年次は系に属さず幅広く学び、2年次以降は機械系、電気電子系といった系に所属して専門分野を履修。卒業後は大学院に進学して、さらに細分化したコースで専門分野を究める。

今後は専門分野を融合させた学際的アプローチがますます必要になることから、産業や社会のニーズに対応した、斬新かつ期待の大きな学科が誕生するに違いない。

就職先●メーカーなど多彩だが大学院進学も多い

電機、機械、自動車などの基幹産業からベンチャー関連の企業まで幅広く就職している。大学院に進む者の比率も高く、とりわけ国公立大や有名私大では大多数が進学する。

農学系統とは？

生物学、化学、工学、経済学などを基盤とした学科で構成されるが、最近は、生命科学や環境を柱とした学科が増加している。

●生命科学や生物工学とも融合し、新分野を開拓

農学関係

バイオ技術を駆使して、農業を総合的に捉える

農業分野全般を対象とするのが、農学科など農学関係の学科だ。園芸学科や造園科学科も含まれるが、最近多くの大学が特に力を入れているのがバイオテクノロジーや環境保全の分野だ。応用生物科学科が代表的で、生命、食料、環境問題に重点をおいている。

農芸化学関係

化学と生物学を基盤にした分野が対象

農芸化学系の学科では、化学や生物学を基盤に、農業を行うための土壌や肥料の化学的研究、微生物学や発酵学、農産物利用学、農薬化学などが対象となる。バイオテクノロジー関連の研究が活発で、応用生物化学科などの新しい学科が誕生している。

農業工学関係

工学色が濃く、環境と生命との視点で捉える

この系統のなかでは最も工学色が濃い分野。農業の基盤となる農地の造成や水利施設の建設を扱う土木工学と、農業機械の開発や設計を扱う機械工学が2大分野である。最近は、環境の視点を取り入れた学科の誕生が目立っている。

農業経済学関係

社会科学的色彩が濃く、農学系では異色

農学科の範疇でもある農畜産物の価格や流通、農業行政面を対象とした分野を独立させたものと考えてよい。農学系統のなかでも社会科学的な色彩が濃い内容で、農業経済学科、フードビジネス学科などがおかれている。

食糧問題や環境問題などの分野で重要性が高まる

農学は、農林業、畜産業、水産業など広範囲な分野の研究を行い、食糧問題やエネルギー問題に対処する応用科学だ。研究の手法として、基礎となる生物学はもちろん、化学、工学、薬学、経済学などのスキルも駆使しており、総合科学ともいえる内容になっている。近年は食糧問題、エネルギー問題、環境問題など、人類の生存に関わるライフサイエンスの多くの課題が前面に出てきて、農学の重要性がますます増加している。

この系統の中心となるのは**農学部**で、国立大を中心に数多くおかれている。農学、農芸化学、農業工学、森林科学などのジャンルがあるが、最近は学際領域に対応した学科が増加している。このほか、農学の特定分野にマトを絞った学

森林科学関係

森林資源の増産と保護、有効利用を学ぶ

森林科学科、森林資源科学科、森林緑地環境科学科などがこの関係に含まれる。いずれも森林の育成や管理、木材の生産や加工、防災、森林造成、森林資源調査などの分野を対象としている。

最近は、森林資源の有効利用、動植物の保存や自然環境の保全といった分野に重点をおき、人間との共存の立場から研究する傾向にある。

いずれの大学も広大な演習林を持っており、合宿を含む野外実習によって、森林とそこに生きる生産物の利用について学んでいる。

水産学関係

地域に密着し「育て増やす」漁業を研究

海に囲まれたわが国において、重要な食糧として親しまれてきた水産物を、「捕まえ」「加工し」「育て増やす」ことに関する知識や技術を教育・研究する。近年では、限られた資源を「獲る」ことだけでなく、「育て増やす」ことに重点をおく傾向にある。海洋生物の生態や機能に関する調査や研究、バイオテクノロジーも利用した生物資源の効率的な利用といった分野が注目されている。学科としては、水産学科、海洋生物科学科、海洋生物資源学科、食品生産科学科などがある。

獣医畜産学関係

動物医科学と家畜の生産性向上に力を注ぐ

獣医師の養成を目的とした獣医学科と、畜産関連分野を扱う畜産学科がメインである。

獣医学科では文字どおり獣医師になるための知識や技術を修得させている。修業年限は6年で、修了すると獣医師国家試験受験資格が取得できる。

いっぽう、畜産学科、畜産科学科など畜産関係の学科では、家畜の育種、家畜経営学、乳製品などの加工、畜産物の流通や管理などを教育・研究。バイオテクノロジーを利用した研究にもウエートがおかれている。

その他

生物生産学を共通の基盤に農学を研究

農学部で学ぶ分野には、大別して生物学系、化学系、工学系、経済学系がある。どの分野にウエートをおくかで学科が分かれるが、最近は学際領域にも対応するため分野の壁を取り払い、自然環境との調和を保ちながら生物生産効率を高める研究を行う学科が主流となってきた。生物生産学科、生物生産科学科、生物資源学科などが誕生している。

また、栄養学、医学、経済学、商学などとも連携を保ちながら、農産物の加工、流通、消費を扱う学科も多数誕生している。

部として、獣医師を養成する**獣医学部**、広く畜産業に携わる人材の育成をめざす**畜産学部**、食糧資源としての水産物を扱う**水産学部**がある。

また、総合的、学際的な学部として食糧資源や生物資源の開発と活用をめざす**生物生産学部**、ライフサイエンスを総合化した**農学生命科学部**、総合的に生物資源に関する教育・研究を行う**生物資源科学部**、生物資源の生産・加工・機能利用等を扱う**生物資源学部**などがある。

就職先●民間企業、公務員、農業団体など多彩な進出先

就職先は幅広く、食品工業、薬品・化学工業、飼料製造メーカー、種苗会社などのほか、農業団体職員や公務員になる者も多い。大学院に進み、高度な専門知識と技術を修得する者も少なくない。

医療・保健学系統とは？

いずれも人間の生命に関わる医学、歯学、看護学など、多くが国家試験に直結する学科。チーム医療を支える専門スタッフを養成する。

●チーム医療時代の、医療専門職をめざす

医学関係

医療を支える医師や医学研究者を養成

医学部医学科（筑波大・金沢大は医学類）は6年制の医師養成機関であり、卒業して医師国家試験に合格することが医師になる唯一の方法である。

現在、医学科・医学類は国立42大学、公立8大学、私立31大学におかれ、全国にほどよく分散している。これは1県1医大政策がとられ、1973年から多くの医大や医学部が誕生したことが背景にある。

最近は、地方での医師不足や、小児科、産科、麻酔科など特定の診療科での医師不足が深刻になっているため、期限を設定して入学定員を増やす政策が進められている。しかし、大都市にある病院勤務の専門医を希望する者が多く、高齢者や慢性疾患の増加、在宅医療の推進などに対応できる家庭医や総合医は敬遠傾向が強いなど、医学教育への検討課題は尽きない。

歯学関係

歯と口腔領域を通して全身の健康を追究

歯学部歯学科（日本歯科大は生命歯学科、福岡歯科大は口腔歯学科）は6年制で、卒業後国家試験に合格することが歯科医師になる唯一の方法である。

歯科医師といえば、むし歯、歯周病、咬合不全など、歯の治療が思い浮かぶが、近年の歯科医療は歯だけではなく口腔全体の健康を扱う方法に発展している。

口の周囲の組織の病気を予防し、治療して口腔の健康を守る歯科医療は、医学と深く関わっており、高度な医学知識も要求されている。手先の器用さが重視された技術中心の歯科教育は、過去のものとなりつつあるようだ。

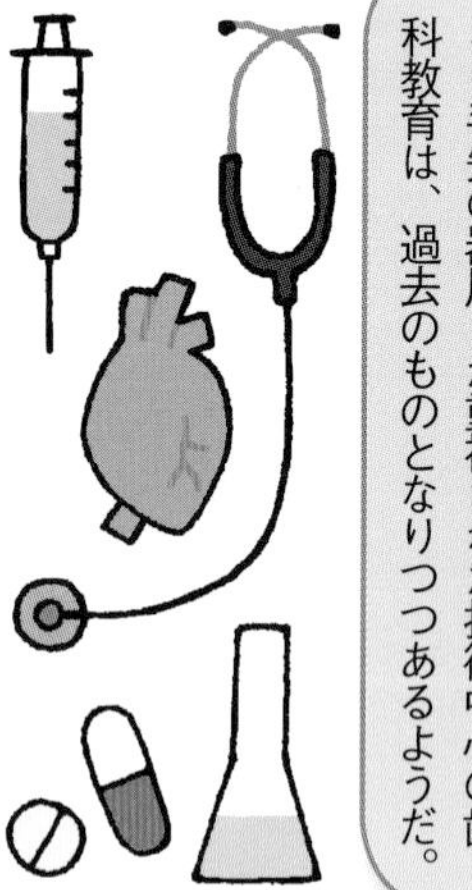

さまざまな国家資格に直結した学部・学科群

病気になったら医療を求めることになるが、最近は過度の延命への疑問、終末医療のあり方、脳死からの臓器移植など先端医療における倫理の確立、患者や家族が治療法の説明を求めるインフォームドコンセントなど次々と新たな課題が生まれ、社会の目は「医療における人間性のあり方」に向いている。

また、医療技術は日進月歩の進展を続けており、最近の先進医療は今まで治療が難しいとされていた疾病でさえ完治できるようになった。こうした先進医療が進むいっぽうで、高齢化に伴う慢性疾患などの増加に対して、医師中心の医療から医薬分業における薬剤師の参加、在宅療養患者への訪問看護やリハビリテーションの導入な

薬学関係

薬品を通して健康と生活環境の向上に貢献

薬学部には薬剤師を養成する6年制の学科と、創薬科学の研究者や技術者を養成する4年制の学科がある。6年制には薬学科、医療薬学科などがあり、高度な医療に対応できる医薬品の専門知識を有してチーム医療の一翼を担う薬剤師や、患者の立場に立って副作用や薬害を防止できる薬剤師を養成する。4年制には薬科学科、創薬科学科、生命薬科学科などがある。卒業後は大学院に進学して研究能力を身につけたあと、医薬品開発の研究者や技術者として新薬創製と開発などに携わることになる。

看護学関係

在宅医療時代の多様なニーズに対応する

現在、260を超える大学に看護学科や保健看護学科、人間看護学科などがある。また、保健学科などに看護学専攻をおいている大学も多い。看護学科では、看護の活動分野の拡大に伴い、健康増進から臨床看護、在宅看護、ターミナルケアまで、幅広く対応できる総合的な看護専門職の養成をめざした新しい看護教育が始まっている。看護学科を卒業すると看護師国家試験受験資格が取得でき、大学によっては所定の科目を選択履修することで、保健師や助産師の国家試験受験資格も取得できる。

医療技術関係

チーム医療を支える専門スタッフを養成

病院では医師や看護師以外にもさまざまな医療専門職が活躍している。いずれも資格制度があり、資格を得てはじめて医療業務に就くことができる。

学科としては、臨床検査技師を養成する臨床検査技術学科、診療放射線技師を養成する診療放射線学科、理学療法士や作業療法士を養成する理学療法学科、作業療法学科、リハビリテーション学科、言語聴覚士を養成する言語聴覚療法学科、柔道整復師やトレーナーを養成する柔道整復学科、鍼灸師を養成する鍼灸学科、臨床工学技士を養成する臨床工学科や医療工学科、歯科衛生士や歯科技工士を養成する口腔保健学科などがある。

これらの学科は短大や専門学校にもおかれているが、高度化、専門化する医療に対応し高い専門性を身につけた医療専門職を養成するため、大学に移行するケースが増えている。

その他

管理栄養士や基礎研究者の養成をめざす

医療専門職のほか、高度な知識とアイデアで医師と連携して活躍する管理栄養士を養成する栄養学科や健康栄養学科や、ライフサイエンスやバイオサイエンスの基礎研究者の養成をめざす生命医科学科などがおかれている。

ど、チーム医療の充実を目的に医療専門職養成のための大学教育が始まり、さまざまな医療技術系の学部が生まれた。

その中心を担うのが医師を養成する**医学部**、歯科医師を養成する**歯学部**、薬剤師や製薬技術者を養成する**薬学部**、看護師や保健師を養成する**看護学部**など。最近は看護学部の新設ラッシュのほか、チーム医療を支えるコ・メディカルスタッフを養成する**医療技術学部**、**リハビリテーション学部**、**診療放射線学部**など、福祉・健康を柱にした学部が設置されている。

就職先●国家試験合格後は資格を活かした職業に進む

ほとんどが国家資格に直結しているのが特徴。医師、歯科医師、薬剤師、看護師、診療放射線技師、理学療法士など、卒業生の大半が各資格を活かした道を歩む。

教養・総合科学系統とは？

個々の学問領域では補えない現代社会の複雑な問題に対し、諸科学を総合化して問題の本質を捉え、解決の方法を探る学科群だ。

●総合的・学際的な研究を展開する個性的な学科群

教養・総合科学関係

文理融合で、現代的なテーマに取り組む

人文・社会・自然のすべての科学分野にわたり総合的、学際的な研究を展開するのが教養学科だ。研究対象はきわめて広範囲にわたっており、多彩な専攻・コースを設置して対応している。カリキュラムは選択の幅が広く、自由な選択によって独自の視点から研究を展開できるように配慮している点が特色だ。また、アーツ・サイエンス学科、リベラルアーツ学科なども設置されている。

最近になって急増しているのが国際教養学科やグローバル教養学科で、多元的な視点、論理的思考を養うことに重点をおいたリベラルアーツ教育を展開。英語力の強化を図り、ほぼすべての講義を英語で行うほか、在学中に長期の海外留学を実施するのが特色だ。外国人留学生と肩を並べる授業も多く、ディスカッションやグループワークを通じてグローバルな視点や国際感覚が養えるのも魅力。

一方、文系・理系といった通常の枠組みでは分類できない多様な学科も多数登場してきた。現代社会における人の生き方、学び方、働き方の多様化という新しいニーズに対応し、人々の自律的なキャリアの設計と形成、そのための学習や能力開発を支援する力を養うキャリアデザイン学科やキャリア形成学科などが設置されている。また、文理融合型で問題解決型環境スペシャリストを養成する学科として、環境科学科、環境情報学科、環境創生学科などが設置されている。

このほかグローバルスタディーズ学科、不動産学科、危機管理学科、安全マネジメント学科などユニークな学科も設置されている。

諸科学を総合化して現代社会の問題に迫る

教養学部は人文科学、社会科学、自然科学の諸科学にまたがる分野を学びの対象にしているが、最近は、**国際学部**と**教養学部**をミックスした内容の**国際教養学部**が相次いで設置され、語学教育にも重点をおいたリベラルアーツ教育を展開している。また、文理融合をめざした学際的な学部として**総合科学部**がおかれている。このほか、人間と社会、文化、環境との関係など、特定分野への視野を持ちながら総合的な教養を学ぶタイプの学部もこの系統に含まれている。

就職先●専攻分野により多方面に対応

進出分野は実に多彩。幅広い教養と判断力が身につき、官公庁から民間企業まで対応できる。

教育系統とは？

教育の本質や目的などを理論的に学ぶ教育学系、教員養成を主目的とする教員養成系がある。時代の変化に敏感に対応した内容が特徴。

●真に生きる力を授ける資質と能力を持つ教育者を養成

教育学関係

人間形成の本質を追究し教育の方法を探る

理論と実践の両面から人間形成の問題を探究していくのが教育学系の学科だ。大別して教育の原理や制度を学ぶ分野と、子どもの心理や発達形成を学ぶ分野がある。

前者では教育学科が中心となるが、国立大と私立大とでは色合いがかなり異なる。国立大の場合は、教育学科、教育科学科、総合教育科学科などと称するケースもあるが、いずれも教育の目的・制度や、指導・教育内容など、教育の本質を探る教育学がカリキュラムの中心となる。これに対して私立大の場合は、教育学の研究のほかに、小学校や幼稚園の教員養成を主眼としており、教員養成の色合いも濃い。このほか、教育文化学科、人間教育学科などがある。

子どもの心理や発達形成を学ぶ分野で中心となるのは児童教育学科で、数多くの私立大におかれている。人間形成の最も重要な時期とされる幼児期や児童期における教育の理論と技術を学ぶ学科である。ほかに幼児教育学科、初等教育学科、子ども教育学科、子ども発達学科、人間形成学科などさまざまな学科があり、幼稚園教諭、小学校教諭の免許や、保育士の資格取得をめざしている。

教育学を研究する学部と教員を養成する学部の2種類

教育系統の中心は**教育学部**だが、内容面から2種類に分かれる。一つは教育の本質や目的、教育制度や教育行政といった大きな視野から教育を理論的、学問的に追究する教育学部。もう一つは学校教員を養成することを主目的とした教育学部で、教員養成学部とも呼ばれている。

前者は、現代社会が抱える教育の諸問題を総合的、体系的に把握し、その解決を具体的に推進できる人材の養成をめざしている。後者は、学科制でなく課程制をとっているのが特徴で、学校教育教員養成課程、学校教育課程、初等教育教員養成課程、中等教育教員養成課程、特別支援教育教員養成課程、養護教諭養成課程など全国の国立大とごく一部の私立大におかれている。
このほか、**体育学部**や**スポーツ科学部**には、学校体育や社会体育の指導者養成のほか、アスリートやスポーツコーチ、スポーツトレーナーなどの養成をめざす学科や、人々の健康作りに貢献する人材の養成をめざす学科などがおかれている。

就職先●公立学校教員のほか一般企業にも幅広く進出

教育学関係の学科は幅広い分野に就職しているが、社会教育主事や公務員などになる者もいる。教員養成関係の課程は、公立学校の教員になる者が多い。少子化の影響で教員需要は落ち込んでいたが、最近は都市部を中心に需要が拡大傾向にある。体育学関係の学科は、学校体育の教員や社会体育の指導者など。いずれも一般企業への就職も多い。

教員養成関係

学校教育を支える優秀な教員を養成

教員養成関係の各課程の目的は、文字どおり学校教育の教員を養成すること。学科ではなく〝課程〟とし、かつては対象とする学校や教員免許の種類別に、幼稚園教員養成課程、小学校教員養成課程、中学校教員養成課程、養護学校教員養成課程などがおかれていた。しかし、近年は幼児から小学生や中学生までの発達過程を統一的に理解できる教員の養成をめざして学校教育教員養成課程、学校教育課程などや、初等教育教員養成課程、中等教育教員養成課程に統合・再編。幼児期から青年期までの成長や発達の全体を視野に入れて、総合的な教育のあり方や方法を探るようになった。また、養護学校教員養成課程や障害児教育教員養成課程は、特別支援学校教員養成課程や特別支援教育教員養成課程に再編された。このほか、保健室にいて児童や生徒の健康管理や保健指導を行う養護教諭を養成する養護教諭養成課程や養護教育教員養成課程がおかれている。

中心となるのは学校教育教員養成課程、学校教育課程など小学校と中学校の教員養成をめざした課程で、すべての都道府県の国立大にある教員養成系の学部におかれている。卒業すると小学校教員免許や中学校教員免許（教科別）が取得でき、都道府県や政令市が行う教員採用試験に合格すれば公立学校の教員として活躍できる。

総合教育・生涯学習関係

学校教育を超えた教育・文化の担い手を育成

生涯学習など地域の社会教育の指導者や、さまざまな活動をコーディネートできる専門家やリーダーの養成をめざした課程が多数設置されていたが、最近は教員需要の高まりから教員養成部門に再編され、教育支援課程、教育支援専門職養成課程、教育協働学科などがおかれるだけになった。

体育学関係

学校や社会体育分野で活躍する指導者を養成

学校体育の指導者、アスリート（競技者）やその指導者の養成が体育学科の目的である。スポーツ学科、スポーツ科学科、武道学科などもあるが、いずれも優れた運動能力と、スポーツ・体育・健康に関する科学的知識を修得させている。また、所属している学生自身がハイレベルなアスリートで、大学体育会の部活動に入っているケースも少なくない。

近年は社会状況を反映して、健康を冠した健康学科、健康体育学科、健康スポーツ学科、スポーツ健康学科、スポーツ健康科学科、人間健康学科などが増加している。また、生涯スポーツ学科、スポーツ医科学科、スポーツウエルネス学科、スポーツ・レジャーマネジメント学科など多彩な学科がおかれている。

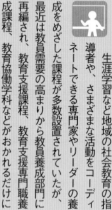

家政・生活科学系統とは？

衣・食・住から生活文化・福祉まで、生活全般にわたる広い領域に関するテーマを科学的に研究する生活科学学科が中心だ。

●環境、健康、福祉などさまざまな分野へ展開

家政・生活科学関係

人間生活全般を対象に科学的視点から研究

家政学は、生活全般を教育・研究し、生活の向上に役立てようとする学問である。学科としては家政学科、生活科学科、生活文化学科、生活環境学科、生活デザイン学科などがある。

家政学科などは対象とする分野が広いため、分野別にいくつかの専攻やコースを設けて教育を行う大学もある。

食物学関係

正しい食生活のあり方を科学的に検証

「食」に的を絞った分野で、食物栄養学科、食物学科、管理栄養学科などがあり、正しい食生活、食と栄養、食と健康との関わりについて、さまざまな角度から学ぶ。卒業すると栄養士の免許が取得でき、管理栄養士国家試験の受験資格が取得できる。

被服学関係

製作実技とともに科学的な理論研究を行う

人間の衣服を科学的な視点から研究する分野で、被服学科のほかに、服飾学科、服飾美術学科などがある。

住居学関係

快適な住環境を考える

「住」に焦点を当てた分野で、住居学科、居住環境学科、住環境学科がある。

児童学関係

子どもの発達を研究し、保育・教育者を養成

児童学科、子ども学科、こども学科などがあり、子どもを取り巻く課題を、子どもの視点に立って解決する方法を探究する。

衣・食・住に始まり、人間の生活実践を追究

家政学部が伝統的な学部で、女子大を中心に数多く設置されている。しかし、近年は衣・食・住にわたって合理性と科学性とが追究されるようになったため、**生活科学部**が現代的な「顔」として登場。人間の生活のための実践科学という色合いを濃くしている。

また最近では、**生活環境学部**、**人間生活学部**、**現代生活学部**、**健康福祉学部**など、さらにイメージを変える新しい学部が誕生している。

就職先●幅広い業種に進出、栄養士、保育士などの専門職も

実践的内容を学ぶため、卒業後は活躍の場が広い。栄養士、管理栄養士、衣料管理士、保育士などの資格や免許を生かしての就職も多い。

芸術系統とは？

創作のテクニックや感性を磨く実技系学科が中心。表現領域は音楽・美術を柱に、デザイン、映像など多様化している。

●美術、音楽が主体だが、表現領域の多様化が進む

美術・デザイン関係

時代を鋭く反映した創作実現をめざす

美術部門とデザイン部門に分かれる。前者は美術科、美術学科、後者はデザイン科、デザイン学科が代表的で、多くが専攻・コースに分かれて専門性を高めていく。絵画科、グラフィックデザイン学科など学ぶ内容を冠した学科名もある。

音楽関係

音楽に関する実技・理論、応用を学ぶ

音楽学科が代表的で、学科内に作曲、指揮、ピアノ、弦楽、管・打楽などといった専攻・コースをおき、専門実技を主体とした教育を行う。学ぶ内容を学科名に冠した声楽科、作曲科などや、音楽に関連する分野をさまざまな角度から学ぶ音楽文化学科、音楽教育学科などもある。

その他

現代の多彩な芸術表現の理論と実践を追究

芸術とは何かなど、あくまで人間の精神活動の一つである芸術活動の本質に学術的に迫っていく分野として、芸術学科や総合芸術学科、芸術計画学科などがある。最近は先端芸術表現科といった新しい分野の学科も登場してきた。芸術学科は実技を主体とした学科とは異なり、理論研究により芸術の本質を探究していく。

また、特定の分野を対象とした学科として工芸科、演劇学科、写真学科、映像学科、映画学科、放送学科などがある。最近はアニメーション学科、キャラクター造形学科、メディア映像学科、映像表現学科、映像身体学科、イラスト学科、マンガ学科、ゲーム学科といった新しい分野の学科も登場。今後も、デジタル映像技術などの進展に対応した、メディアアート系の学科は増えるものとみられている。

美術と音楽が二本柱で実技中心の教育を展開

美術と音楽がメインで、これに社会的ニーズに支えられたデザイン・工芸分野、ニューメディアの旗手として活発な活動をみせる情報・映像の分野が加わる。

この系統の特色は理論よりも実技を主体とした教育だが、例えば、絵画や彫刻などの純粋芸術、最新のデジタル技術を媒体とした表現芸術（映画、放送）など、その対象領域は実に広い。

就職先●多様な業種に進出芸術家をめざす人も

最も就職に縁遠い分野と思われがちだが、センスや創造力などは各方面の評価が高く、幅広い業種に就職。画家や演奏家をめざして大学院でさらに技量を磨く者も少なくない。

第2章
系統別
学科ガイド

人文科学系統の学科

＊ここでは、人文科学系統に含まれる主要な学科と、それを設置しているおもな大学を紹介しています。

文学科

専攻・コース別に学ぶが、枠を超えた学習も可能

文学を学ぶ学科は、国文学科、英文学科、フランス文学科など言語別に独立しているケースが多いが、**文学科**としてひと括りにしている大学もある。もちろん、ひと括りといっても各国の文学を万遍なく学ぶというわけではない。学科内に国文学、英文学などの専攻・コースがおかれ、共通する基礎的な学習能力を身につけたあと、深く学びたい専攻分野を選んで、専門的な学習を進めるというスタイルが一般的だ。したがって、入学後に自分の興味ある分野、学びたい分野を、じっくり決められるというメリットがある。

専攻・コースは、それぞれが独立した学科と同様の内容といえるが、専攻の枠を超えた幅広い学習が可能なのが一般的。例えば立教大では、英米文学、ドイツ文学、フランス文学、日本文学、文芸・思想の5専修のいずれかに所属して専修個々の特色ある専門科目を履修するが、所属する専修以外の多様な専門科目も自由に履修できるし、他学科の授業を受講することも可能だ。

専攻やコースはさまざまで、文学以外にも哲学、心理学、社会学、教育学、日本史学、西洋史学などの専攻・コースをおくミニ文学部といえるような**文学科**を設置する大学もある。例えば早稲田大は哲学、東洋哲学、心理学、社会学、教育学、日本語日本文学、中国語中国文学、英文学、フランス語フランス文学、ドイツ語ドイツ文学、ロシア語ロシア文学、演劇映像、美術史、日本史、アジア史、西洋史、考古学、中東・イスラーム研究の18コースに分かれて、教育・研究を進めている。

こんな学科もある

文学言語学科

文学と言語学という2つの学問領域を対象にした学科で、関西学院大におかれている。日本文学日本語学専修では古代から現代まで個々の作品を分析・解釈して各時代の文化現象にも触れ、現代日本語の仕組みや働きをさまざまな角度から語学的に追究。英米文学英語学専修はイギリス文学、アメリカ文学、英語学という大きな枠組みのもと、英語で書かれた文学、あるいは英語そのものを研究する。フランス文学フランス語学専修は文学史の流れに沿って、動向、流派、作家、作品を研究するとともにフランス語の仕組みをさまざまな角度から研究。ドイツ文学ドイツ語学専修はドイツ、オーストリア、スイスの言葉、文化、文学、芸術を学び、ドイツ語とドイツ文化に精通させる。

卒業後の進路

- 中学校・高校の教員
- マスコミ
- 公務員
- 図書館司書

など

外国語学科

言語と地域文化を学び、グローバル人材を育成

外国の言語を学ぶ、いわばミニ外国語学部ともいえる学科である。各大学とも英語、ドイツ語、フランス語、スペイン語、中国語など世界の主要言語について専攻やコースを設け、各言語の持つ歴史的・文化的背景の理解によって世界の人々と対等なコミュニケーションができ、国内や海外のさまざまな分野で活躍できる人材の養成をめざしている。

設置している専攻・コースは大学によって異なり、英語、フランス語など2~3専攻程度のこぢんまりした大学から、世界の主要言語を網羅した大学まである。なかでも大阪大は多彩な25専攻をおき、モンゴル語、ベトナム語、ビルマ語、ヒンディー語、アラビア語、ペルシア語、トルコ語、スワヒリ語、デンマーク語、スウェーデン語など、わが国の大学では数少ない言語も開講している。

各専攻・コースとも「聞き、話し、読み、書く」という言語学習の4技能の修得に重点をおいて、コミュニケーション能力を育む一貫した語学教育が行われ、ネイティブ・スピーカーが担当する言語の運用能力を養う授業が4年間を通じて徹底的に行われる。カリキュラムなど教育内容は独立した学科とほぼ同じだが、専攻・コース間の壁はない。多くの大学では卒業までに2か国語以上を使いこなせるよう指導しているほか、海外の提携大学などに留学するプログラムを充実させている。また、言語教育と並行して、それぞれの言語圏の文化や地域研究などの専門教育が行われるのも特徴である。

こんな学科もある

外国語文化学科

高い外国語能力に裏打ちされた異文化の総合的理解、外国文化と日本文化の比較対照を行う学科で、國學院大におかれている。外国語コミュニケーションコースでは英語のほか選択外国語（ドイツ語、フランス語、中国語）のコミュニケーション能力を徹底的に養い、外国文化コースでは外国文化を学際的・総合的に履修する。言語と文化を融合した多彩なカリキュラムが用意されているのが特徴である。

卒業後の進路

- 中学校・高校の教員
- 日本語教員
- 商社・貿易業
- 翻訳・通訳業

など

国文学科、日本文学科

古典から現代までの日本文学と日本語学が二本柱

このところ「若者の活字離れ」が進み、じっくりと文学書を読みふけることが少なくなったようだが、読書から一歩進んで、日本文学と日本語の豊かな世界を学問として学ぶのが**国文学科**や**日本文学科**である。

日本文学には万葉集、古事記、源氏物語から江戸文学、現代文学に至るまで膨大な数の作品があり、小説、物語、日記、紀行、詩歌、評論、劇などジャンルも多様だが、こうした文学作品を歴史、思想、文化などの広い視野から研究して、日本の言葉と文化の豊かさを知るとともに、深い専門知識と豊かな思考力を身につけるのがこの学科の目的である。高校までに授業を通して国文学作品を学ぶわけだが、そこでは作品の主題や作者の心情の読み取りなど、いわゆる「鑑賞」が中心だった。しかし大学では、さらに深めた「研究」が主体となり、豊かな感性を育てるとともに、物事を正しく判断する力を育む教育が行われる。

学ぶ対象は、日本文学と日本語学が軸で、これに近接分野である中国文学（漢文学）が加わる。日本文学の領域では、上代（古事記、日本書紀など）から中古(源氏物語など)、中世、近世、近現代まで、幅広い時代を対象として概論的に学んだ後、時代・ジャンルを絞って専門的に研究する。各時代の主要な作品や作家に触れつつ、日本文学全体の流れをつかむとともに、個々の作品事例の研究を行い、それによって、文学に現れた日本人の心情、意義、特質を明らかにしていく。日本語学の領域では、古代から現代に至る発音、文

こんな学科もある

国語国文学科

内容的には国文学科と同じだが、国語の言語学的研究にも重点をおいているという意味で学科名に国語を冠している。早稲田大では、上代、中古、中世、近世、近代、現代にわたる日本語と日本文学の専門科目や、国語教育に関する多彩な科目、それらを補完する中国古典文学（漢文学）の基礎学力を身につけるための科目や日本語教育に関する基礎科目を開講。1年次から日本文学、日本語学、中国文学の多様な専門科目を履修することによって、より早い時点で高い専門性をめざすことができるようにカリキュラム面での配慮がなされている。

日本語日本文学科

国語国文学科と同内容だが、日本語日本文学科と称する大学のほうが多い。カリキュラム編成は大学によって多少異なるが、いくつか具体例をあげると、聖心女子大は日本語学、日本文学、日本語教育学の3分野で構成されている。日本語学は、日本語にはどのような特徴があるか、どのような歴史を経て現代の姿に至ったかを研究。日本文学は、古典と近代・現代の文学作品を各時代の言葉、社

字、表記、文法、語彙、表言などについて幅広く研究する。そして、進路に応じて国語教育や日本語教育に必要な知識を学び、言語情報の処理能力を養い、日本語の持っている法則的事実を明らかにしていく。日本語学として学ぶ科目には日本語史、日本語音声学、日本語文法学などがある。

時代・ジャンルを絞って卒業論文研究を進める

一般的な履修の流れをみると、1年次はいわば「大学で何を勉強するか」を探す期間。日本文学入門、日本文学基礎講読、日本語学概論など幅広い分野の基礎科目を受講して、4年間学習していくための基礎的な能力を身につけ、興味の対象を探っていく。この段階からゼミナール形式の授業を取り入れる大学も多い。2年次には、古典文学、近現代文学、日本語学など各時代・ジャンル別に、専門研究の具体的な方法論をマスターする基礎演習という授業を受ける。そして3年次からの専門演習で、時代やジャンルなどを細かく限定し、興味を持った一つのテーマに絞って研究を進め、卒業論文を書く。

授業の形式は、講義のほか、講読、特殊講義、演習（ゼミナール）がある。講読では特定の作品を選んで精読していくが、著名な作品を教授の指導のもとに輪読の形式で進めるケースも多い。

特殊講義は、取り上げる作家・作品

学ぶ内容を大きくわけると…
日本語学
発音、文字、表記、文法、語彙、表現など
日本文学
小説、物語、日記、紀行、詩歌、評論、劇など
語彙など日本語の理解を進めると
キラッ
より深く文学を研究できるようになるんだ

会、文化などと関連づけながら読み解き、考察。日本語教育学では外国人に日本語を教えることについて履修する。

また、甲南大は日本語コースと日本文学コースのいずれかを選択。日本語コースでは日本語の音声、文法・語彙、日本語教育・方言・表現技法を、日本文学コースでは古代から近現代にわたる多彩な文学について履修する。

龍谷大は古典から現代までの文学作品を中心に取り上げ、日本の言語文化とその時代的・社会的背景を幅広く学ぶのが特徴。古典文学、近代文学、情報出版学、日本語学の4コースに分かれ、古典から近現代の文学、古代から現代の日本語の変遷、文字から画像、映像、芸能まで多彩な視点から日本語・日本文学を学ばせている。

日本語・日本文学科

日本語日本文学科とほぼ同内容で、藤女子大は古典から現代までの充実した講義・演習を開講。歴史、社会、文化、地域といった諸分野をも視野に入れ、日本語と日本文学の広くて深い探求を行う。

日本・中国文学科

日本と中国の言語・文学について探究する学科。京都府立大には日本文学、日本語学、京都文化学、中国文学、和漢比較文学の5つの専門分野があり、日本と中国の古典文学を中心に知識を深め、和がかなりマニアックであったり、指導を担当する教授がその道の権威であったりと、学科の目玉授業となることも。

演習は少人数グループに分かれ、テーマを決めて細かく検討する。講義形式ではなく、担当教授の指導のもとに学生が自主的に調査・研究を行う。そして、その発表に対して他の学生や教授から反論や質問が出されて、討論するという形をとっている。古代文学のゼミでは古事記、日本書紀、風土記、万葉集などを取り上げるが、解釈が難しいことも多く、読みこなすだけでひと苦労。作品についての歴史的背景や、一語一語の意味や用法を調べることで、背後に広がる深く豊かな世界を体験できる。ほとんどの大学では、4年間の学習・自主研究の総仕上げとして卒業論文を課している。

教授陣容によって特色が出る教育内容

各大学の教授陣容をみると、上代から近現代まで、それぞれの時代の専門の学者をそろえている大学はそう多くない。また、古典には和歌、俳句などの韻文形式と、物語、日記、紀行などの散文形式があるし、近現代文学にも、韻文と散文のジャンルがあって、これらすべてをカバーできる教授スタッフは一大学ではとうてい揃えられない。そこで、ある大学では古典の研究が盛んだったり、近代文学が中心だったりして、教授スタッフの専門分野による特色が出てくる。

また、学科内に、外国人に日本語を教える日本語教員養成のコースを併設する大学もある。

学べる専門科目

- 日本文学講読
- 日本語学講読
- 伝承文学講読
- 漢文学講読
- 書道
- 日本文学演習
- 日本語学演習
- 伝承文学演習　など

参考［國學院大学日本文学科］

漢比較の視点と、京都ならではの文化の理解を重視している。

卒業後の進路

- 中学校・高校の教員
- マスコミ
- 日本語教員
- 出版系企業
- 図書館司書
- 博物館学芸員

など

日本語学科

外国語としての日本語を学ぶ

観光地には、世界各地から訪れた外国人観光客があふれている。企業などで働く外国人も多く、さまざまな仕事に就いている。また、世界のあちこちで日本語を学習する者が増えているし、わが国の大学や短大で学ぶ外国人留学生も増加している。こうした状況を踏まえて、日本語と日本文化を正しく理解し、世界に発信できる人材を育成するのが**日本語学科**である。**日本語日本文学科**や**日本語日本文化学科**と異なるのは、世界言語の中の一つとしての日本語、世界の文学の中における日本文学という観点から日本語や日本文学を学ぶことだ。文学や書道などを通して日本文化も深く理解する。

多くの大学では日本語教員の養成にも力を入れている。日本語学、日本語教育に関する基礎知識や、背景としての日本文化を理解する専門科目を修得したあと、日本語学、日本語教育、日本文学の中から専門分野を選んで専門性を高め、演習や実習によって日本語教員としての高度なスキルを獲得させる。日本語教員になるためには教育実習が必修で、実習先は国内の日本語学校のほか、海外の協定大学など多彩。さまざまな日本語教育の現場に接することで、日本語教員になるためのスキルを身につけることができる。

日本語学科は外国語学部におかれるケースが多く、日本語を学ぶ外国人留学生が多いのも特徴。外国人と机を並べる授業も多く、国際感覚と多文化共生力が養われていく。海外実習や、海外留学プログラムが用意されている大学も少なくない。

こんな学科もある

日本語・日本語教育学科

日本語の知識と指導法を修得し、日本の社会や文化に対する理解を深めることを目的とした学科で、目白大におかれている。将来の進路や興味・関心に応じて、日本語教員をめざす分野と、日本の言語や習慣、伝統文化や日本の社会などを通して日本語・日本文化を学ぶ分野のいずれかを選択できる。前者では教育現場で役立つ「聞く、伝える、表現する」力を身につけ、演習を通して日本語教員に必要な実践力を磨いていく。

卒業後の進路

- 日本語教員
- 外資系企業
- 出版系企業
- 観光系企業
- 通訳

など

日本語日本文化学科

日本を深く理解し日本文化を世界へ発信

「日本のことをたくさん知りたい」という人に向いている学科。日本語を世界の言語の一つとして客体的に捉えて研究する日本語分野と、日本の歴史や文学、思想について学問的理解を深め、国際交流や異文化理解などについての知識も修得する文化分野を中心にした教育を行っている。

日本語分野では、日本語の音声や文法、コミュニケーションについて、総合的な知識と分析力を身につけるとともに、日本語を世界の言語の中で位置づけ、客観的に見る目を養う。文化分野では、日本の歴史や地理、民俗、文学などに対する学問的理解を深め、日本文化を発信していくための専門的知識を身につけ、国際交流や異文化理解についての知識も修得する。

言語、文化、文学の研究を通して、日本への理解を深め、世界へ発信できる人材の養成を目的としている行動的な学科であり、実際に日本の伝統文化を体験したり、各地に調査研究に出かけたりすることも少なくない。茶道、いけばな、お香などの作法と精神を、その道の達人が指南する科目もある。

各大学とも、留学生との交流が盛んなのが特色の一つになっている。世界中から訪れた留学生たちとの交流によって、生活や文化、価値観の違いに目覚め、日本という国を再認識する。

また、日本語教員の養成にも力を入れている。そのため、日本語に関する知識だけでなく、教育のための理論や実践法、日本の歴史、文化や現代の社会事情、さらには世界の中での日本を的確に認識させている。

こんな学科もある

日本文学文化学科

日本語、日本文学、日本文化を学ぶことによって豊かな感性を養い、読解力、表現力、創造力、批判力を身につけた人材を養成。専修大は、上代文学から近現代文学、中国文学、書道を専門的に学べるほか、文芸創作、出版・編集、アニメやマンガ、演劇、伝統文化、インターネットに至るまで多彩な視野から日本文学と文化について学ぶことができる。

日本語・日本文化学類

日本語、日本語教育、日本文化、異文化理解について総合的に学び、言語や文化を適切に伝達できる人材や、日本語教員の育成をめざしている。

卒業後の進路

- 中学校・高校の教員
- 日本語教員
- 図書館司書
- 博物館学芸員

など

中国語学科、中国文学科

中国語の修得のほか、文化や経済も幅広く履修

私たちの身の回りには中国製品があふれ、中国との人的な交流も活発になった。中国に滞在する日本人はアメリカに次いで多く、中国からの観光客や留学生は上位を占めている。

こうした背景から中国語を学ぶ者が増えているが、中国語は発音が最大の難関であり、自由に駆使できるようになるには相当の訓練と努力が必要になる。**中国語学科**では、実用的な中国語運用能力を高めるとともに、中国の文化、歴史、政治、経済、文学なども幅広く学び、中国語圏の地域研究などを通して中国人の言語感覚や価値観、ものの見方や考え方を知り、中国的な立場から歴史や文化、思想的背景などを理解する。

また、**中国文学科**では、古代から現代に至る中国の文学、思想、学術を探究し、併せて広く文化を学ぶカリキュラムを編成。**中国語学科**と共通する部分も多く、古典の読解力と現代中国語の運用力の涵養をめざして文学作品、哲学著作、その注釈、研究論文など、多様な文献を処理する方法を学び、中国の文化を総体として正しく理解して

こんな学科もある

中国学科

中国語圏や、中国語圏を基盤としたアジア諸地域を研究・教育の主な対象とした学科で、高度な中国語運用能力と、それぞれの地域に対する多角的で構造的な分析能力を養うことを目標としている。愛知県立大は2年次後期から言語・文化コース、社会コース、翻訳・通訳コースに分属。言語・文化コースと社会コースは中国語を学ぶだけでなく、中国の言語・民族、文学・文化、歴史・社会、政治・経済について専門的に学び、翻訳・通訳コースは専門語学として、ビジネスや観光などのシーンで使う中国語のさらなるレベル向上をめざしている。

多くの大学で、中国語を使って自由にコミュニケーションがとれることを目標とした語学教育を行っているが、中国語は発音の修得が難しい言語といわれる。そのため、聞く、話すという実用的な中国語の集中訓練によって正確な発音を身につけることに重点がおかれ、会話と作文によって運用能力を高めていく。

中国語・中国文化学科

中国の言語、学術、社会などについて総合的に学ぶ学科。ネイティブ教員の指

いく。文学を主としつつ、それに関連する思想、学術などの領域を、その相互の関連に留意して研究し、広い視野と豊かな人間性を持った人材を育成することがこの学科の目標である。

専門教育でトータルな中国理解をめざす

語学の基礎学力をつける最初の2年間は「読む、書く、話す、聞く」を徹底的に教育する。基礎演習で中国語の学習がスタートし、並行して視聴覚機器を使った語学訓練、基礎レベルの講読、作文、会話など多方面の授業を受ける。それと同時に、中国の社会体制と社会事情を知るための中国政治経済概説や、現代中国論などの科目を履修する。また、発音や聞き取りが難しいとされる中国語は、ネイティブ・スピーカーによる中国語会話の授業で基本から段階的に学習する。3年次からは中国の古典や中国文学、政治、経済、文化といった専門教育を行って、よりトータルな中国理解をめざすとともに、各自の興味に応じて研究分野を設定し、幅広い知識と専門知識の修得をめざすことになる。

中国文学を専攻する場合は、古典文学から現代文学に至る中国文学史、中国語学史の全体を理解してから、各自の興味や関心に応じたテーマに取り組む。中国の文献に基づいて文学や思想を学ぶのが特色で、中国文学史や文学、思想、語学の概論など大きな視点による講義とともに、杜甫や李白、白楽天に代表される唐詩、曹操、曹植や陶淵明の魏晋の詩といった特色ある文学を、目的に応じて学ぶことができる。

学べる専門科目

- 漢文入門
- 中国語入門
- 中国文学特別演習
- 中国哲学特別演習
- 中国文学講読
- 中国哲学講読
- 中国語講読
- 日本漢文学史　など

参考［大東文化大学中国文学科］

導や中国での語学研修など集中的な語学教育が行われ、「読む、書く、話す、聞く」のすべての面で実用にたえうるコミュニケーションスキルを4年間で身につけることができる。そのうえで中国文化の専門家のサポートのもと、語学、文学、芸術、思想、歴史など幅広い中国文化の高度な専門知識を一貫して学ぶことができるほか、東アジア漢字文化圏に通用する、パソコンでの漢字のみを用いた書類の作成といった情報処理技術などを修得できる。

書道学科

「書」の歴史を尊重するとともに、現代における「書」を社会的、学際的に学び、その伝統を未来に継承する力を養う。また、歴史、理論、鑑賞法に精通する書学と、芸術表現を追求する書作を並行して学び、「書」に対する広い視野を養成する。

卒業後の進路

- 中学校・高校の教員
- 商社・貿易業
- 司書教諭
- 通訳
- 博物館学芸員　など

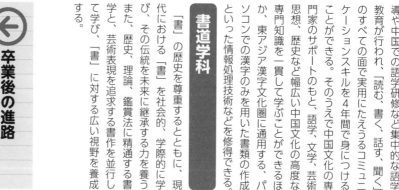

アジア言語学科

アジアを舞台に活躍する人材を育成

このところ急速な経済発展を続けるアジア地域。世界経済に占めるアジアの比重は年々高まり、今後も高い成長を続けることが期待されている。このアジアを舞台に、多様な分野で活躍する人材の育成をめざしているのが**アジア言語学科**だ。

神田外語大は中国語、韓国語、インドネシア語、ベトナム語、タイ語の5専攻、京都産業大は中国語、韓国語、インドネシア語、日本語・コミュニケーションの4専攻をおいているが、広くアジアという地域で世界を捉える力を養っていくのが特色。アジアの歴史や文化、政治、経済などを幅広く学べるも魅力だ。

インドネシア語専攻は、わが国との結びつきがますます強くなりつつあるインドネシアで通用する生きた語学力を養い、インドネシアの過去、現在、未来にさまざまな角度からアプローチする。インドネシア語の文法は比較的簡単で、親しみやすく覚えやすい言語といわれ、現地の新聞やニュースなどを題材にコミュニケーション能力を高めていく。

ベトナム語専攻は、美しい響きを持つベトナム語を、4年間で現地の人と同レベルで使いこなせるように訓練するほか、ビジネスの場でも役立つ実用的な運用能力を身につけるカリキュラムを編成している。

タイ語専攻は、経済発展が加速するタイで必要になるビジネスレベルの語学力を養い、文化や歴史など幅広い知識を身につけさせて、日本とタイの懸け橋として活躍する人材を育成する。

こんな学科もある

アジア学科

中国とインドネシアの言語や文化を中心に学ぶ学科で、南山大におかれ、アジアの国々を深く理解し、よりよい関係を築ける人材の育成に努めている。演習を4年間にわたって開講しているのが特色で、アジアを多角的な視点から捉え、研究することで、アジアの社会や文化について深い知識を身につけさせる。

韓国語学科

ハングルの文字と発音を集中的に学び、その後は会話、作文、文法、読解など韓国語の基礎を総合的に身につける。会話や作文はネイティブの教員が担当するケースが多く、高学年になると、通訳や翻訳など、高度な韓国語運用能力を高める科目も用意されている。

卒業後の進路

- 商社・貿易業
- 運輸業
- 旅行・ホテル業
- 通訳

など

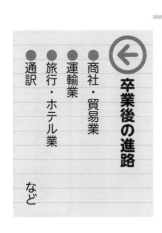

英文学科、英米文学科

英語を道具として 英米の文学・文化を研究

「シェイクスピアのハムレットを原語で鑑賞したい」「アメリカ文化を学びたい」「通訳や翻訳家になりたい」……。こんな夢を叶えてくれるのが**英文学科**や**英米文学科**だ。世界の共通語である英語を徹底して学び、イギリスとアメリカを中心とした英語圏の文学と文化について理解を深めることができる。英語は中学校や高校で学んできたこともあって馴染みやすいし、外国文学のなかでは最もポピュラーであるということから、人気の高い学科でもある。

入学すると、英語を聞いたり話したり、読み書きの訓練も行ったりして英語力を伸ばす授業に重点がおかれ、英語の基本的な運用能力が鍛えられる。その点は**英語学科**と変わらないが、英語力の修得そのものが主目的ではない。高度な語学力を背景として、英米文学や英米文化の専門的な知識を修得することが、この学科の基本姿勢である。かなり難しい内容の英文でも、それをしっかり読み取って、自分のものとすることができて初めて英米の文化や思想が理解できるし、優れた通訳も翻訳も可能となる。いわば、英語を道具として駆使し、英米の文学や文化を掘り下げていくのがこの学科の目的なのだ。

学科名称は**英文学科**だったり**英米文学科**だったりするが、学ぶ内容は全く変わらない。英語による文学にはイギリス文学とアメリカ文学があり、アメリカ文学研究の占めるウエートも高くなっていることから、大学によっては学ぶ内容をきちんと表記して**英米文学科**と称している。

こんな学科もある

英語英文学科

英文学科と内容はほとんど同じだが、英語の言語学的研究にも重点をおいている。カリキュラムの柱は語学、文学、文化で、語学では英語の構造、意味、機能を理論と実践の両面から深く研究。文学では英語で書かれた詩や小説、演劇、批評など文学の分析・研究を通して言葉、人間、社会、歴史などへの理解と洞察を深める。文化では地域研究や国際関係、異文化理解など英語圏の文化や異文化コミュニケーションなどに関する理解力、洞察力を養う。コース別に教育を行う大学も多く、例えば白百合女子大では、アメリカン・スタディーズコース、ブリティッシュ・スタディーズコース、音声学やコミュニケーションツールとしての英語を研究することばとコミュニケーションコース、すべての授業を英語で行う比較文化・文学コースをおいている。また、早稲田大では、教育学部に設置されている。

英語英米文学科

英米文学科とほぼ同内容で、英語圏の文学、文化、言語学、英語教育など英語研究の幅広い領域を対象としている。英

英語力を鍛え、教養を深め、英文学の真髄に迫る

英文学科や英米文学科では、英語力を高める訓練と英文学の専門知識を深める学習とが4年間を通して並行して行われる。語学については、文学作品を原書で読みこなすことを目標に、基礎から鍛え、高度な読解力や表現力を高める大学ごとの語学教育プログラムが用意されている。そして、ほとんどの大学が、英語を母国語とする教員（ネイティブ・スピーカー）による実践的な授業を行っている。

文学研究では、英米の小説、詩、演劇、批評など、さまざまなジャンルの作品講読が中心となる。作品そのものの解釈や鑑賞ばかりではなく、作品の背景にある社会や文化、それらのジャンルがどういった特徴を持っているかなど、踏み込んで研究していく。文学系の専門科目には、英米詩、イギリス小説、イギリス演劇、アメリカ小説、アメリカ演劇、シェイクスピア、比較文学、英米児童文学、文学批評など幅広い講義科目が開講されている。シェイクスピアの作品については、多くの大学が取り上げているが、語彙の古さや文章の長さなどから、難解な部分が多く、理解することが難しい。そこで、作品の講読に加えて重要なシーンを実際に演じることによって、難解といわれる部分に挑戦している大学もある。

ほとんどの大学では、リスニング、

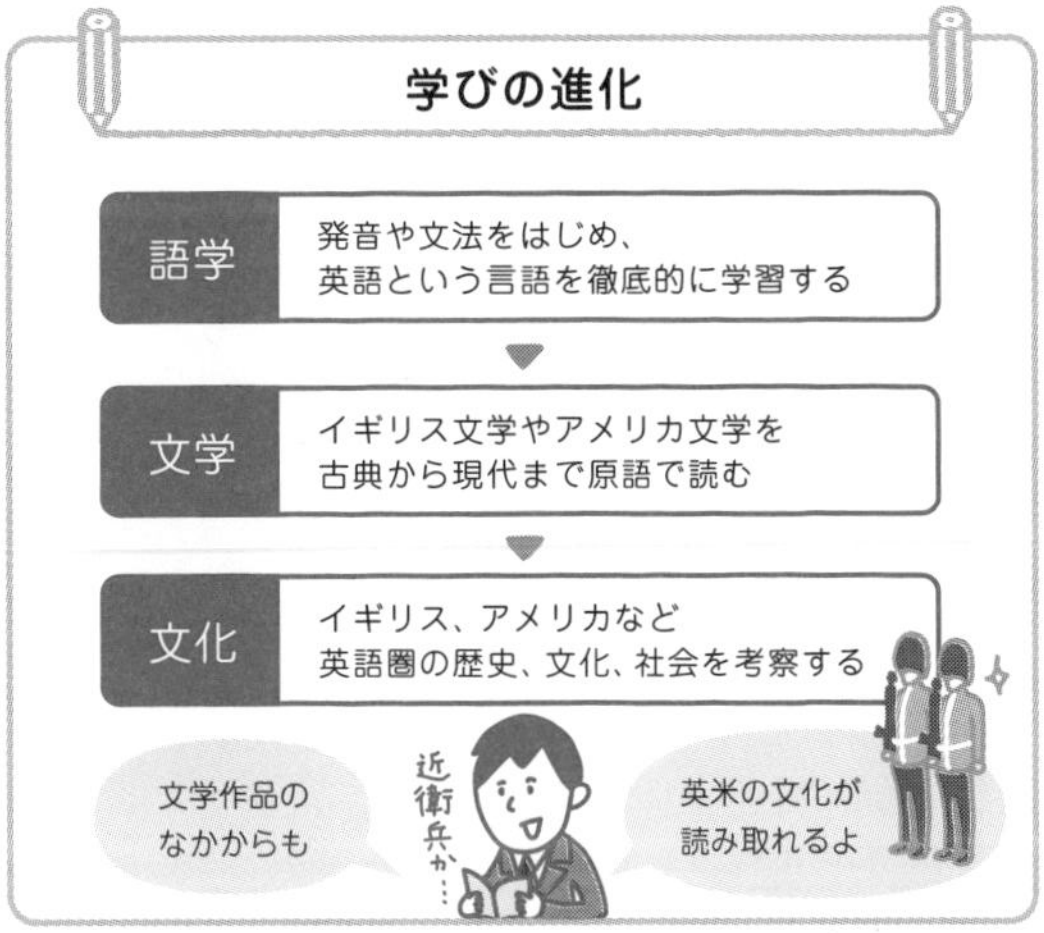
学びの進化
語学
発音や文法をはじめ、
英語という言語を徹底的に学習する
文学
イギリス文学やアメリカ文学を
古典から現代まで原語で読む
文化
イギリス、アメリカなど
英語圏の歴史、文化、社会を考察する
文学作品の
なかからも
近衛兵か…
英米の文化が
読み取れるよ

米文学では作家や作品、批評理論だけでなく、文化、歴史、社会思想についても考察。英語学では英語の構造や意味を論理的かつ体系的に分析。英語教育では英語を教えるための方法論などを学ぶことができる。コース別に教育する大学も多く、専修大はさまざまなコミュニケーションの場面に対応できる運用力を身につける英語コミュニケーションコース、英語ということばの仕組みや歴史、英語で表現された文学、英語の歴史、社会、文化的背景などについて学ぶ英語文化コースをおいている。

熊本県立大では英語学、英文学、米文学、英語教育、日本語教育、人文学の6コースに分かれ、一人ひとりの研究テーマを少人数の研究室でさらに深く探究する。

英米語英米文学科

英語英文学科や英語英米文学科とほとんど同じ内容で、英米語や英米文学を通して英語圏文化の教育・研究を行うとともに、英語コミュニケーション能力を身につけて、広く社会に貢献できる人材の養成をめざしている。

スピーキング、リーディング、ライティングという英語の運用能力を身につけたうえで、イギリス文学、イギリス文化研究、アメリカ文学、アメリカ文化研究、言語・英語研究などから関心ある分野を選択させるが、イギリス文学、アメリカ文学、英語学などコース別の教育を行う大学もある。

英文学、アメリカ文学、英語学が三本柱

専門課程の科目編成は、どの大学でも大差ない。イギリス文学、アメリカ文学、英語学の3つを柱として編成され、授業形式は、講義、講読、特殊講義、演習を組み合わせている。

普通講義は、英文学概論、英語学概論、イギリス文学史、アメリカ文学史など入門的な科目で構成されている。講読は特定の作品を選んで精読するが、作品を正確に読みこなすことは文学研究の基礎となるので、どの大学でも作品講読にはかなりの時間を割いている。

特殊講義は、担当する教員が、長年積み重ねてきた研究成果をもとに講義する魅力的なものだ。特殊講義や演習では作品の読解や鑑賞のほか、作品背景となった時代の政治・経済・社会・文化などについても、詳細な講義や討論が進められる。

演習（ゼミナール）は、特定のテーマを定めて、学生の研究報告を中心に進められる。ここでの独創的な研究と発表や、ディスカッションの訓練を経て、さらに教授の個別的指導を加え、卒業論文へと発展させるのが一般的である。4年間の集大成である卒業論文は英語で作成する学生が多いようだ。

学べる専門科目

- イギリス文学演習
- イギリス文化演習
- アメリカ文学演習
- アメリカ文化演習
- 英語学演習
- イギリス文学史
- アメリカ文学史
- 英語音声学　など

参考［青山学院大学英米文学科］

卒業後の進路

- 中学校・高校の教員
- 商社・貿易業
- 運輸・旅行業
- 外資系企業
- 金融・保険業
- 図書館司書
- 通訳

など

英語学科、英米語学科

英語を駆使し、世界で活躍する人材を養成

「社内の公用語は英語」という企業がふえている。グローバル化が進み、世界の公用語である英語でコミュニケーションできることが企業戦略上必要との考えからだ。

英語を自在に使いこなせることができれば、地球規模で活躍の場が広がることになる。そこで、**英語学科**や**英米語学科**では、地球規模のダイナミックな場面で活用できる高度な運用能力が修得できる教育プログラムを用意して、本物の英語力を獲得するために集中的な教育・訓練が行われる。リスニング、スピーキング、リーディング、ライティングという英語の運用能力の完全な習熟をめざして徹底的に訓練すると同時に、イギリス、アメリカ、オーストラリアなど英語圏の文学、文化や、社会、歴史、政治、経済などを多面的に考察する地域研究や、英語の法則や構造を理論的に解明する英語研究を行って、英語に関する幅広い教養を身につけさせている。

専門科目は、語学系、文学・文化系、海外事情系の3つのカテゴリーに分類される。なかでも中心となる語学系の科目は「読む、書く、話す、聞く」の

Could I get an estimate?
OK!
Global
Communication

こんな学科もある

英米学科

英米語学科と同内容の学科で、グローバル社会の第一線で活躍できるための高度な英語コミュニケーション能力に加え、異文化への理解を深め、国際的な対応力を身につけることを目標としている。神戸市外国語大は語学・文学、法律・経済・商業、総合文化、国際コミュニケーションの4コース編成。

国際英語学科

国際的な視点から英語による文学、背景となる文化、言語としての英語について多面的に学ぶだけでなく、英語教育や翻訳、通訳など実践的な分野にも力を入れ、グローバル人材の養成をめざしている。東京女子大は、英米文学的な視点から人間や社会を考察するイングリッシュ・スタディーズ・コース、英語の教員を育成する英語教育コース、英語を用いたキャリア形成を念頭においた英語キャリアコースを設置している。

現代英語学科

名古屋外国語大にある。世界で使われている生きた現代英語を題材に用いながら、「読む、書く、話す、聞く」という

4技能の実践的能力が鍛えられ、高学年ではさらに語学力を伸ばすとともに、英語の言語学的特性や発展過程、言語情報処理などを幅広く学ぶ。語学系科目のほかに、文学、文化、地域事情の多彩な科目があり、関連科目として国際法、国際政治史、財政学、国際関係学などの社会科学系科目や、言語学概論、比較文学など人文科学系科目も多数開講されている。

徹底的な英語訓練を行い、文学・文化系も広く学ぶ

標準的な履修方法をみると、まず英語の運用能力を徹底的にトレーニングすると同時に国際関係の基本も学ぶ。その後は、英語学、英米文学、英米文化、英語教育などの専門分野を幅広く学び、将来のキャリアへの基礎固めを行う。3年次になると、深く学ぶ専門分野を選択し、ゼミナールで社会に通用する専門性を身につける。そして、4年次は将来を見据え、専門テーマでの研究に取り組むと同時に、自ら進むべきキャリアを方向づけることになる。大学によっては、高学年で専攻・コースに分かれて、専門分野を究めるケースも多い。

専門科目は、少人数で行われる授業が多いが、各自の問題意識に基づいて研究するゼミナールは特別な位置づけにある。英語学の分野のほかに、文学や演劇、英米の文化、社会、歴史など、幅広く自由なテーマで専門分野の知識を深めながら、自己表現能力や問題解決能力を磨いていく。そして、4年間の集大成として研究テーマを掘り下げ、卒業論文を作成する。

学べる専門科目

- 英語学入門
- 英語学概論
- 英文法概論
- 英語音声学概論
- 英語学研究
- 英語コミュニケーション研究
- 英語教育学研究
- 地域文化学研究　など

参考［大東文化大学英語学科］

4つのスキルを高度に運用できるまでに向上させ、航空、医療、看護、メディア、法律・ビジネスといった特定の業界や業種で活用する英語表現なども学べるカリキュラムを編成。高度な英語力に加え、高い英語運用能力、幅広い教養、考える力を身につけたグローバル人材の養成をめざしている。

卒業後の進路

- 中学校・高校の教員
- 商社・貿易業
- 運輸・旅行業
- 金融・保険業
- 日本語教員
- 情報通信業
- 通訳

など

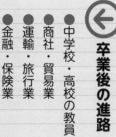

英語英米文化学科

英語運用能力を修得し、英語圏文化を研究

英語を話す国々の多様な文化を知り、多角的な視野を持った人間性豊かな人材を育てる学科で、言語、文学、文化、歴史、思想など幅広い視点からイギリス、アメリカを中心にした英語圏文化の研究を行っている。**英文学科**や**英米文学科**と同じく、イギリス文学、アメリカ文学、英語学がカリキュラムの三本柱となっているが、文学に偏らず、英語圏文化に関する幅広い授業が用意されている点が特色。武蔵大では言語・言語教育、文学・芸術、歴史・社会・文化など4コースをおいている。

英語は、コミュニケーションの手段として世界中で用いられている言語であり、英語運用能力は現代社会で求められる重要なスキルとなっている。とりわけビジネスの世界では、英語を使っての細かな業務内容の確認など、より高度なスキルが求められている。そのため、どの大学でも「読む、書く、話す、聞く」という英語の4技能のトレーニングに力を入れている。この4技能が均等に身についていなければ、英語圏の文学、文化、歴史の研究や、英語学の研究もできないし、国際化時代の社会人として活躍することはできないからだ。

各大学では、英米の文化、文学、言語を学び国際的教養を養う科目から、英語を社会で生かすための実践的プログラムまで、幅広いカリキュラムを編成しているが、通訳や翻訳家をめざすプログラム、子ども対象の英語の指導者を育てるプログラム、航空業界をめざすエアラインプログラムなどを開講している大学もある。

こんな学科もある

欧米言語文化学科

多文化共生の時代に必要な異文化理解を深めることを目的とした学科。京都府立大では、欧米言語文化、英語学、比較言語文化、日英翻訳文化の教育・研究を行い、高度な外国語運用能力、柔軟な思考力、問題発見能力、自己表現力を備えた、広い国際的視野を持った人材の養成をめざしている。イギリス言語文化、アメリカ言語文化、ドイツ言語文化、英語学、日英翻訳文化という五つの専門分野があり。文学、マスメディア、映画などを題材として、過去から現在までの欧米言語文化の理解を深める。

卒業後の進路

- 中学校・高校の教員
- 商社・貿易業
- 運輸・通信業
- 金融・保険業
- 司書教諭

など

ドイツ語学科、ドイツ文学科

ドイツ語の修得を軸に文化の総合的理解をめざす

ドイツ語は、ドイツのほかオーストリア、スイスなど欧州連合で最も多く話されている公用語。ドイツ語を学ぶことによって、現代のドイツ語圏の実情を知るとともに、ドイツ語圏の歴史や文化に触れることができる。

ドイツ語学科では、独特の構造を持ったドイツ語を初歩から学び、自分の意見をドイツ語で主張し、議論できるまでの語学力を獲得する。そして、ドイツ特有の宗教、哲学、芸術などの文化に触れ、ドイツ語の総合的学習を行う。また**ドイツ文学科**では、語学はもちろん、ドイツ語圏の文学、芸術、思想を幅広く学ぶことになる。ドイツ文学は人生を深く問い詰め、美しい言葉で表現された文学であり、ドイツ哲学が文学に与えた影響も無視することはできない。個々の作家や作品の研究を通して、ドイツ文学の特色と固有性を追究することが研究の中心である。

ドイツ語学科でも**ドイツ文学科**でも、集中的かつ効率的なドイツ語教育を行うが、その内容は、文法、作文、会話、講読、さらには商業ドイツ語、時事ドイツ語まで及んでいる。会話はもちろん、多くの関連科目もネイティブ・スピーカーが担当。ドイツ語を短期間でマスターできるように授業は少人数で厳しく行われ、より高いレベルへと、段階的に習熟できるプログラムが採用されている。

また、ドイツ文化に親しみ、生活に密着した実践的なドイツ語を修得するだけでなく、ドイツの言語文化が持つ鋭敏で、創造的な言語感覚を養うことにも力が入れられている。

こんな学科もある

ドイツ語圏文化学科

学習院大にある。ドイツ語圏の言語と文化への理解を深めるカリキュラムを編成。ドイツ語の特徴、言語と社会の関係、コミュニケーションのあり方を学ぶ言語・情報コース、文学研究に加えて演劇、映画、絵画、音楽などの領域を考察する文学・文化コース、地域事情を学ぶ現代地域事情コースをおいている。

卒業後の進路

- 中学校・高校の教員
- 商社・貿易業
- 運輸・通信業
- 通訳

など

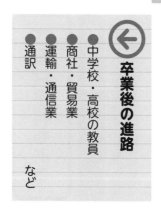

フランス語学科、フランス文学科

フランス語とフランスの文化・精神を多面的に研究

一般に、フランスと聞いて何を連想するだろうか？　フランス料理、パリの街並み、それともファッションあたりか。文学や映画にも有名な作品は多いし、フランス文化はわが国にさまざまな形で入ってきている。

いうまでもなく、フランス文化は、あらゆる分野でヨーロッパ文明をリードする存在として君臨してきた。とりわけフランス文学は、優雅で機知に富む人間探究の文学として、わが国の作家の多くが影響を受けたといわれる。

また、フランスの文化と文学を担うフランス語は、発音が美しい言語として知られ、現在は英語に次ぐ国際語として、フランスのほか、カナダ、スイス、ベルギー、それにセネガルなどアフリカ諸国の公用語になっている。

フランス語を学ぶことは、個性的・魅力的なフランス文化を通して、ヨーロッパ的視点を理解することであり、フランス語圏諸国との交流に携わるためのステップとなる。

フランス語学科でも**フランス文学科**でも、実際のコミュニケーションに必要な「読む、書く、聞く、話す」の4

こんな学科もある

フランス学科

ヨーロッパの主要国の一つであり、政治的・経済的に重要な役割を果たすフランスをあらゆる角度から追究し、グローバル社会で自らの意思や思考を発信できる能力を身につけさせる学科で、南山大におかれている。フランス語を集中的に学習し、「読む、書く、聞く、話す」の4つの運用能力を育成。そのうえで、フランスの文化、文学、思想、社会、政治などについて多面的な知識を修得し、さらに研究を深めていくカリキュラムを編成している。

フランス語フランス文学科

フランス語圏の言語、文学、文化の総合的な学習を通して、高度な言語運用能力と異文化理解に立脚した教養を身につけた人材を育成する学科で、白百合女子大におかれている。1年次から演習形式の授業が始まり、3年次、4年次には興味あるテーマを選んで専門的に研究するが、文学はもとより、芸術から料理、サブカルチャーまで広くフランス文化が学べるのが特徴である。また、フランス語の授業はネイティブ教員が少人数クラスで指導し、生きたフランス語を身につけ技能の発達を重視するとともに、国際化の進むわが国、あるいは国際社会のなかで、存分に能力を発揮して活躍できる人材の育成をめざしている。

徹底的な語学訓練を行い、文学、文化、歴史も学ぶ

フランス語学科では、生きたフランス語を、フランス人教員による少人数クラスで学ぶ。同時に、フランスの思想、文学、歴史、文化、社会、政治などについて、現代のフランス社会の政治的、文化的な動向を反映した専門的な知識と思考の方法を修得する。そして、高度な語学力を駆使して、フランス社会を総合的、多角的に学んでいく。

専門分野では、フランス語研究でフランス語を言語学的な視点から学び、フランス語圏研究でフランス語圏諸国の政治、思想、社会を研究する。

フランス文学科では、文法、講読、作文、文法演習、発音練習、会話などを有機的に組み合わせたカリキュラムによって「読む、書く、聞く、話す」の4技能を徹底して身につけるが、これと並行して、フランス文学や映像文化までを含めたフランス文化、さらにフランスの社会や歴史についての基礎的知識を学んでいく。多くの大学で、ランボーなどの詩、フロベールなどの小説、モリエールの演劇などを原語で読みこなすことが一つの目標になっているし、生きたフランス語が身につくよう映画、新聞、シャンソンなどを取り入れた授業も行われる。高学年では、フランスの文学研究、文化研究、語学研究の3系列に分類された専門科目を選択して履修するのが一般的。

学べる専門科目

- フランス語基礎講読
- フランス語会話
- フランス語作文
- フランス文学概論
- ヨーロッパ学
- フランス語学概論
- フランス文法論
- 時事フランス語　など

参考［福岡大学フランス語学科］

フランス語圏文化学科

学習院大におかれている。ネイティブ教員によってフランス語を基礎から学び、2年間で専門の学習に必要な語学力を身につけた後、3年次から自分の進むべきコースを選択履修する。言語・翻訳コースはフランス語の特性や体系、日本語とフランス語の関係などを研究。文学・思想コースはフランス語圏の文学や思想を研究する。また、舞台・映像コースは演劇、オペラ、バレエや映像芸術を研究。広域文化コースはカナダ、アフリカ、カリブ海周辺などに広がるフランス語圏文化の地域などを研究する。

させる。

卒業後の進路

- 中学校・高校の教員
- 商社・貿易業
- 運輸・通信業
- 国際機関
- 通訳

など

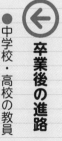

スペイン語学科

徹底した語学教育で高度な運用能力を育む

スペイン語は、スペインのほか、メキシコやペルーなどラテンアメリカの国々、アフリカの赤道ギニアなど、20以上の国や地域で公用語として使用されている国際語。世界で約4億人の人が話しているといわれる。

スペイン語学科では、確かな言語運用能力を土台にし、スペイン語圏文化の包括的理解をめざしているが、ほとんどの学生がスペイン語に初めて接するため、1年次から徹底したスペイン語教育が行われる。文法の初歩から始め、「読む、書く、聞く、話す」を基礎から学習。会話についてはネイティブ・スピーカーの教員が担当し、少人数クラスできめ細かい授業を行っている。2年次からはスペイン語の成績によって習熟度別にクラスを編成し、学習効果の向上を図っている大学も多く、2年間でスペイン語の総合的で高い運用能力を身につけさせる。

その後は、スペインやラテンアメリカの言語、文学、思想、歴史、芸術、政治、経済など幅広いジャンルの専門科目が開講され、スペイン語圏に関するさまざまな知識を専門的に学ぶことになる。関西外国語大では学生のニーズに合わせて、社会をグローバルな視点から見つめ、国際社会の仕組みを理論的に学ぶ国際関係コース、世界のさまざまな地域の文化や社会の仕組みを学ぶ国際文化コース、「読む、書く、聞く、話す」という実践的な技能に加え、言語をさらに深く学ぶ言語コースを設定。単にスペイン語を修得するだけでなく、グローバルで専門性の高い教養を身につけさせている。

こんな学科もある

ロシア語学科

ロシア語の運用能力の修得と、ロシアをはじめ旧ソビエト連邦のバルト諸国、ウクライナ、中央アジア諸国、南コーカサス諸国などの地域研究を目的としている学科。ロシア語の徹底した基礎訓練を行うと同時に、ソビエト連邦崩壊後のロシア・ユーラシア地域の政治・経済・文化などを幅広く研究する。

卒業後の進路

- 商社・貿易業
- 運輸・通信業
- 旅行・ホテル業
- 日本語教員

など

文芸学科

表現活動を通して文芸そのものを創作

文芸学科は芸術系の学部におかれている。文学研究に主体をおいた文学関係の学科とは異なって、文芸作品を自らの手で編み出す創造力と表現力を養うことが目的。文学研究の場である以上に、文学を紡ぎだす場であり、その領域は詩、小説、エッセイ、戯曲、批評に留まらず、取材編集や雑誌制作、ジャーナリズムの世界に及んでいる。

日本大は、表現活動を通して主体的に文芸そのものを理解する内容で、「書くこと、発表すること」に積極的に取り組むことにより、作家やジャーナリストはもちろん、文学研究者の育成もめざしている。共立女子大は、文学と芸術の両分野における幅広い教養に裏打ちされた自由で自立した人間を育てるとともに、メディアを通して文学や芸術を受容、伝達する基礎能力を有した人材を育成する。2年次に言語・文学、芸術、文化、メディアの4領域のいずれかを選択し、3年次に日本語・日本文学、英語・英語圏文学、フランス語・フランス文学、劇芸術、美術史、文化、文芸メディアの7専修からいずれかを選択して専門性を深める。

大阪芸術大は創作(小説、詩、脚本)、ノンフィクション・文芸批評、出版・編集、翻訳・講読の4分野を開講している。現役で活躍する作家から直接指導を受けられるのが特色で、学生はオリジナリティを大切にしながら表現したいテーマを求め、発見し、創作のテクニックを獲得。文芸やノンフィクション、出版や翻訳のスペシャリストとして活躍できるよう専門知識や実践力を身につける。

こんな学科もある

言語表現学科

現代日本語を中心にして、文学作品だけでなく日本語によるあらゆる表現を対象とした教育・研究を行っている。日本語の「読む、書く、聞く、話す」技術を磨くことによって、即戦力として役立つ実務的な日本語運用能力を身につける。

文芸創作学科

東海大にあり、「読む」「書く」「学ぶ」をキーワードにした多数の科目によって、考えを明確に表現する力、文学や芸術、社会を批評できる力を育成。日本と海外、古典と現代文学など幅広い文学のフィールドを網羅して、小説・詩・映画・演劇などを広い視野で捉え、読書と学習、創作によって、社会のどの現場にも通用する表現力の基盤を築いていく。

卒業後の進路

- 中学校・高校の教員
- 出版系企業
- 広告系企業
- 図書館司書

など

史学科、歴史学科

歴史を見る眼を養い、考える力を培う

　私たちは、過去に起こったできごとを見ることができないし、歴史上の人物に会うこともできない。古文書など書かれた史料や遺跡などから過去の事実を知るしかないのだ。これが歴史学の基本である。では、なぜ歴史を学ぶのか？　簡単にいえば、過去の誤りから学び、成功から学ぶことだ。

　高校までに学んだ歴史学は「覚える歴史」が主で、具体的な事件と歴史の流れを理解するに留まり、既存の歴史像を学ぶだけだった。これに対して、大学で学ぶ歴史学は「探究する歴史学」で、できごとがどうして起こり、どのような意味を持つのか、多くの史料や原典に取り組んで実証的に研究を進めていく。また、既成の歴史的事実に現代的な視点から新しい意味をつけ加え、隠されていた事実関係を掘り起こし、新史料を発見して、立証していく。こうしたダイナミックな歴史研究の過程を通じて、最終的には歴史観なり人間観を形成するのが**史学科**や**歴史学科**で歴史を学ぶ目的である。

　高校までは日本史、世界史という区分だった。しかし、大学では日本史、東洋史、西洋史に分けるのが伝統的なスタイルで、これらを専攻・コースとしている大学が多い。入学の時点で専攻・コースに分かれる場合もあるが、共通する基礎的な分野を幅広く履修した後、高学年で専門とする専攻・コースを決める大学も少なくない。

　日本史の分野では、日本列島上で繰り広げられてきた人間社会の歴史の過程を、社会、経済、政治、法制、思想、宗教、民俗などあらゆる角度から実証

こんな学科もある

国史学科、日本史学科

　日本史に対象を絞った学科で、古代史、中世史、近世史、近現代史すべての時代と考古学、民俗学、美術史学など文化遺産に関する幅広い分野について研究することができるが、大学によっては日本と関係の深い東洋史もカリキュラムに加えている。わが国の歴史の全体像を理解し、研究文献や史料から歴史的事実をどのように明らかにするかなど歴史研究の方法論について具体的に学んだあと、卒業論文作成のためのゼミに所属。一般に、各自の研究テーマを決め、教員の指導の下、2年間かけて卒業論文を作成する。古文書学や史料講読に重点がおかれ、学生一人ひとりが自分自身で史料を読み解く力を修得させている。

史学地理学科

　史学と地理学の複合学科。明治大は日本史学、アジア史、西洋史学、考古学、地理学の5専攻をおいており、各専攻いずれも独立した学科と同等のスケールと内容を持っている。アジア史専攻は広くアジア各地の歴史と文化を学びつつ、特定の地域、時代を選択して史料の読解力や多面的に考察する思考力を養い、それ

的に研究する。そして、古文書、古記録などの史料を駆使し、政治形態や法制度のあり方、地域社会の構造、儀礼や服飾など、さまざまな視点から研究を進めていく。東洋史の分野では、アジア諸民族の歴史と文化の研究を通じて、各民族が持つ固有の価値観を知り、他民族の消長によって動いてきたアジア史を、統一的に理解する。そして、多様性に富むアジア世界の政治、経済、民族問題をはじめ、思想や宗教、芸術といった文化面に至るまで、多方面からアプローチする。また、西洋史の分野では、ヨーロッパとアメリカを中心に、西洋文明の及んだ地域の歴史を、有史以前から現代まで時空を超えて研究して、各時代や地域の政治、経済、社会、文化の有様を知り、多様な側面から西洋史学を探究していく。

そのほか、考古学の分野を専攻・コースとしておいている大学も多い。歴史研究に欠かせない学問分野で、遺跡や遺物の発掘調査によって古代人類の文化を研究する考古学は、最近めざましい発見が相次いでおり、歴史学にも大きな影響を与えている。

概説で基礎知識を学び、高学年で専門分野を探究

史学科に共通する基礎的な科目として、日本史概説、東洋史概説、西洋史概説や、考古学概論、歴史についての古今の思想や学説を学ぶ史学概論がある。入学すると、概説で日本史、東洋

学ぶ内容を大きくわけると…

日本史	年代別に古代史、中世史、近世史、近代史、現代史を教育・研究
東洋史	主に中国、東南アジア、インド、イスラムなど各地域・各年代の歴史を教育・研究
西洋史	主に古代、西欧中世、西欧近現代、中東欧現代、南北アメリカ大陸の歴史を時代に即して教育・研究
考古学	研究方法や基礎知識を学ぶとともに、実際に発掘調査を行い、発掘遺物の報告書を作成

を卒業論文に結実させる。考古学専攻は伝統と高い実績があり、日本考古学の進歩のなかで画期的とされる重要な発掘調査を数多く手がけてきた。

歴史地理学科

歴史学と地理学を融合させた学科で、中部大にあり、あらゆる事象を歴史的な経緯（時間の流れ）と地理的な視野（空間の広がり）から考察。歴史学分野では日本の古代から近・現代史、アジア・ヨーロッパにまで視野を広げた科目群を、地理学分野では地域的な視点で自然や経済、歴史や文化との関わりを探究する科目群を配したカリキュラムによって、双方の基礎力を徹底して身につけさせている。

哲学歴史学科

歴史とそれを形成してきた人間、さらには世界的視点を取り入れた学際的内容を研究する学科で、大阪市立大にあり、哲学、日本史、世界史の3コースがおかれている。日本史コースは多様な視点から古代から現代に至る日本の歴史を研究。世界史コースでは東洋史、西洋史のいずれかに重点をおいて古代から現代までの歴史を探求する。

史、西洋史の基礎知識を学び、史学概論で歴史学研究の理解を深めていく。また、日本史、東洋史、西洋史の特殊講義もあり、自分の関心に沿って研究分野を固めていく。特殊講義は、古代から現代の各時代別、地域別に、あるいは政治外交、経済、社会、思想、文化などの分野別に、歴史学上の問題を取り上げて行われる。そして、2年次ないし3年次から、日本史、東洋史、西洋史の各分野に分かれ、卒業論文を視野に、本格的な専門研究に入る。

演習やゼミナールで深い理解と能力を養う

史学科では、史料や文献の読解力を身につけ、話題性にとらわれず、着実に研究を進める方法を修得することを重視しており、少人数の演習やゼミナールが導入されている。歴史学に対する深い理解と能力を養う場として、分野別、時代別に設定され、ふつうは、学生が調査・研究した内容を発表し合い、討論しながら学問を深めていく。どのような史料を、どのような方法で探索したか、その史料に誤りはないか、史料の作者は誰か、史料の信ぴょう性に問題はないかなど、歴史研究の難しさに触れるのも貴重な経験となる。

数ある史料の中から、何を価値あるものとして選び出すかは、歴史を研究する側の問題意識と判断にかかってくるが、同じ史料でも新たな視点から読み解くことで、今まで問われてこなかった問題を解明する手がかりとなる。こうして、ゼミナールで専門的な研究を深め、その成果を、4年間の集大成として卒業論文にまとめる。

学べる専門科目

- 史学概論
- 日本史概説
- 東洋史概説
- 西洋史概説
- 日本考古学概説
- 古文書・古記録学
- 歴史民俗学
- 文化財学　など

参考［日本大学史学科］

卒業後の進路

- 中学校・高校の教員
- マスコミ
- 旅行・旅客系企業
- 公務員
- 司書教諭
- 博物館学芸員
- 図書館司書

など

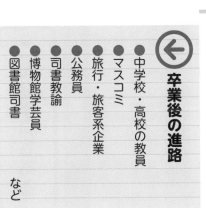

歴史文化学科

歴史と社会文化を軸に日本の歴史文化を学ぶ

毎年7月に京都の八坂神社で行われる祇園祭。日本の三大祭の一つといわれ、山鉾巡行や宵山など京都が祭り一色に染まるが、これに佛教大の**歴史文化学科**の学生がボランティア・スタッフとして参加している。祇園祭について総合的に学び、実際に祭りを体験する祇園祭研修という授業の一環で、歴史と民俗について、いろいろな視野から考察するために体験しているのだ。

歴史文化学科では、歴史文化に関する幅広く深い知識に加え、史料や古文書を読み解く実証的研究、フィールドワーク（現地踏査）による体験型研究を重視している。文献や遺物はもちろん、行事、祭礼、芸能、芸術、民話など、さまざまな形で今に残る有形、無形の史料から真実を追究し、現場を「歩く、見る、聞く、感じる、考える」フィールドワークを核に、時間と場所の両面から人間の営みを探求する。

昭和女子大では「歴史・地理」「考古・文化財」「美術・民族の文化」の幅広い3分野について体系的に学習。日本史、西洋史、東洋史といった歴史学に加え、美術史、服飾史、民俗学、芸能史、考古学、文化財学などの幅広い視点から歴史と文化を学ぶことができる。また、数多くの体験型授業や海外実習、フィールドワークが開講されており、発掘調査、民俗調査、古文書整理、ディベートなど、その活動は多岐にわたっている。

天理大は、歴史学研究コースと考古学・民俗学研究コースに分かれ、わが国の歴史文化に対する専門的知識を修得させている。

こんな学科もある

文化歴史学科

思想、芸術、文化、地域、歴史といった視座から多面的なアプローチを行う学科で、関西学院大におかれている。哲学倫理学、美学芸術学、地理学地域文化学、日本史学、アジア史学、西洋史学の六専修があり、それぞれの専門性を深く追究すると同時に、一方では専修の枠組みを超え、すべての領域にわたって学べる柔軟で自由度の高いカリキュラムを編成している。日本史学専修は古代から中世、近世、近・現代に至るまでの日本の史実を教育し、アジア史学専修では中国古代文字学、中国古代・中世の政治史、中国近世・近代の政治史、唐宋文学と女性史などを研究。西洋史学専修はヨーロッパとアメリカの歴史を主体にしている。

卒業後の進路

- 中学校・高校の教員
- 観光・旅行業
- 出版・マスコミ系企業
- 博物館学芸員
- 図書館司書

など

地理学科

自然現象と人間との関わりを総合的に研究

　地理学は、地形や気候などの自然環境や、人間の活動との関わりについて総合的に考える学問。高校で学んだ地理は暗記物がメインだったが、大学では「なぜ?」という問いかけで学習を進めることが基本となり、合理的な思考力と柔軟な想像力、フィールドでの大胆な行動力が求められる。

　地理学には、地形、地質、気候などの自然環境を研究する自然地理学の分野と、経済、社会、文化、歴史などの側面から人間社会を研究する人文地理学の分野がある。さらに、人口の移動や耕作地の面積などといったさまざまな地理的情報を分析し、経済など実社会に応用していく地理情報科学という分野もあり、自然、人文、社会のすべての科学に関連している。

　そのため、**地理学科**が対象とする守備範囲はかなり広い。いくつか紹介していこう。歴史地理学は、過去の歴史における地域の特徴を地理学的に研究。経済地理学は、経済地域の成り立ち、仕組み、役割などを研究する。地形学は、地表の起状や形態を対象に、その特徴、成因、発達史などを研究。気候学は、気温や降水量などの要素が地理的分布に及ぼす気候現象を研究し、水文学《すいもん》は、水利用、水利システム、地域の水収支、水経済など幅広い調査・研究を行う。ほかにも学べる科目は多様である。

　また、野外に出かけ、泊まり込みで行う現地調査（野外巡検）は**地理学科**ならではの独自のものだ。地形の観察や測定、気候気象の観測、農家や工場、役所でのヒアリングなど、さまざまな現象を主体的に観察・調査する。

こんな学科もある

史学地理学科

　史学と地理学の複合学科。明治大は日本史学、アジア史、西洋史学、考古学、地理学の5専攻をおいており、各専攻とも独立した学科と同等の内容を持っている。地理学専攻は野外調査を重視した教育を行っており、室内の学習では地理情報システムや画像処理技術なども学ぶ。

歴史地理学科

　歴史学と地理学を融合させた学科で、中部大にあり、あらゆる事象を歴史的な経緯（時間の流れ）と地理的な視野（空間の広がり）から考察。地理学分野では、地域的な視点で自然や経済、歴史や文化との関わりを探究するカリキュラム編成。フィールドワークとして現地調査の手法も修得する。

卒業後の進路

- 中学校・高校の教員
- 運輸・旅行業
- 観光系企業
- 博物館学芸員

など

文化財学科

文化遺産が対象で、後世に伝える研究を行う

ユネスコの世界遺産として法隆寺地域の仏教構造物、厳島神社などが登録されているが、わが国には歴史によって生み出され、受け継がれてきた遺跡や建築物などの文化遺産が数多い。

文化財学科は、人類の遺産のうちモノとして残されてきた有形の文化遺産を教育・研究の対象としている。文化財として今日まで伝えられてきた理由や、背景、意義を検討するとともに、文化財そのものの歴史や様式、特色を理解し、それら文化財を後世に正しく伝えるために、文化財行政や博物館の機能、文化財の保存処理などに関する知識と技術を教育・研究する。

文化財の研究には、何よりも「ほんもの」に接することが重要となる。そこで、博物館や美術館、寺院や遺跡などでの実習や、学外でのフィールドワークを積極的に取り入れている。また、埋蔵文化財や美術工芸品のほか、文化史や建築、染織など、さまざまな文化財に関する科目も学べるようになっている。

学べる科目の例をあげると、考古学は、遺跡を発掘し、出土したさまざまな考古資料を研究して人類の歴史を再構成する学問で、文献史料の解読も行う。美術史は、先史時代からの絵画、彫刻、工芸など美術作品の成立と展開を実証的に研究。史料学では、史書や古文書、木簡、金石文などの文献史料を使って、歴史や文化を研究する。保存科学は、科学的な方法と材料で、貴重な文化財を保存、修復、処理して、未来に伝えるための学問。文化財博物館学は、博物館での収集、展示など文化財の活用について考える。

こんな学科もある

歴史遺産学科

専門的な講義や演習で歴史文化に関する広範な知識を学び、実習では文化財保存修復の基礎的技術を身につける。知識と技術の双方を充実させることで、歴史遺産を多面的に捉える視点を育むカリキュラムを編成。京都橘大は歴史遺産、考古学、美術工芸史の3コースがある。

文化史学科

各時代・各地域の文化事象を対象に、人間の精神の多様さと豊かさを掘り下げていく学科で、成城大は日本史学、民俗学、文化人類学の3つの分野を開講。同志社大は、日本文化史と西洋・東洋文化史の2コースをおき、演習や講読で専門化を進めながら、史料読解の訓練にも力を入れている。

卒業後の進路

- 中学校・高校の教員
- 運輸・旅行業
- 文化施設
- 博物館学芸員

など

哲学科

あらゆる事象を対象に存在の根源を問う

京都の銀閣寺近くに「哲学の道」がある。哲学者・西田幾多郎が思索にふけりながら歩いたことがネーミングの由来といわれる。東京には「哲学堂公園」がある。明治時代の哲学者・井上円了が精神修養の場として、孔子、釈迦、カント、ソクラテスを祀った四聖堂を建てたことが名前の由来である。

二人ともわが国を代表する哲学者だが、哲学は高校生にとってなじみが薄く、「なんだかよくわからない難しい学問」というイメージを持つ人が多いことだろう。哲学の語源は、ギリシア語のフィロソフィア（知を愛する）で、哲学とは「確実なものはない」という前提のもと、考えを言語化して、自分の立つ位置を認識する学問と定義されている。抽象的で難しい表現だが、世界の偉大な哲学者たちの思想に向き合って、さまざまな人生観や世界観を学び、論理的な思考力を身につけ、ものごとの本質を見極める能力を養うことが、**哲学科**で学ぶ目標になっている。

中心となる西洋哲学は、古代ギリシア哲学から中世哲学、近世・近代哲学、現代哲学まで全時代に及び、その領域

西洋哲学と東洋哲学

こんな学科もある

東洋思想文化学科

東洋大にあり、日本、中国、韓国、インド、チベットをはじめとするアジア諸国・地域の思想と文化を、網羅的に学べるカリキュラム編成。2年次からはインド思想、仏教思想、中国語・中国哲学文学、東洋芸術文化のいずれかのコースを専攻する。インド思想コースではインドの思想、歴史、文化などを体系的に学ぶほか、サンスクリット語やヒンディー語も修得する。仏教思想コースは仏教成立の背景からアジア各地の仏教、現代日本の仏教までを総合的に学ぶ。中国語・中国哲学文学コースでは中国の哲学、文学、語学を学び、文献などの資料に基づく中国文化についての総合的な見識を養う。東洋芸術文化コースはインド、中国などの歴史や思想、文学を学びつつ、東洋の芸術や文化をより柔軟な視点から理解する。

美学美術史学科

群馬県立女子大などにあり、美と芸術の根底に潜む本質や原理を探究するとともに、さまざまな芸術を理論的、歴史的に解明する学科で、美学、芸術学、美術史などが教育の中心となっている。美学

は非常に広い。同様に、中国やインドなどの宗教をはじめとする東洋思想があり、各時代の日本思想も対象となる。また、政治、社会、宗教、芸術、文学などの思想史的研究も行われる。多くの大学では、各分野の概論的知識までは幅広く学ぶことのできる体制をとっているが、より専門性の高い分野については、一つの大学でカバーできる範囲は限られる。そのため、担当教授の得意分野、カラーがそのまま大学の個性となっている。

西洋哲学を中心にして幅広い分野を履修

哲学科では、古代ギリシア以来受け継がれてきた哲学の精神を、現代社会の中でどのように理解し、受け入れるかを学んでいく。そして、哲学概論、哲学史という基礎的な講義から、倫理学、論理学、宗教哲学、科学哲学、言語論、インド思想史、日本思想史、現代哲学など、さまざまな知識を深めていく。ギリシア語、ラテン語、サンスクリット語といった古典語の授業が開講されているのも特色だ。

また、教育の柱はゼミナールで、深くものを考える場として基礎演習、哲学演習などの授業が設けられている。哲学とはどういうものなのか、ソクラテス以来の哲学者がどう取り組んできたかというテーマなら、カントの『純粋理性批判』、ヘーゲルの『精神現象学』を一行ずつ解釈しながら、徹底して読み込んでいく。そして、特殊講義では、具体的な哲学者や思想家などをテーマにしながら問題を掘り下げ、4年間の集大成として卒業論文をまとめる。

学べる専門科目

- 哲学概論
- 倫理学概論
- 哲学演習
- 現代思想演習
- 美学美術史演習
- 哲学特別研究
- ギリシア語
- ラテン語　など

参考［東洋大学哲学科］

とは哲学の一分野で「美とは何か」「芸術作品とは何か」「芸術創造とは何か」という本質や原理に問いを発する学問。過去から現代までの美術作品を扱いながら、作品が生み出された背景や社会構造を探り、人間や社会のあり方にまで考察を進める。また、美術史学は絵画、彫刻、建築、工芸などを対象に、歴史的観点から作品や作者、時代背景などを研究する。

なお、美学や美術史学については文学科などに専攻やコースとしておかれるケースが多い。

卒業後の進路

- 中学校・高校の教員
- デザイン系企業
- 図書館司書
- 博物館学芸員

など

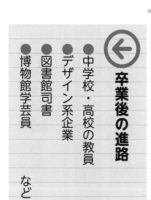

仏教学科

仏教の思想を学び、自らの生き方を見つめる

仏教は、インド、中国、日本のほかチベットや東南アジアに広がり、世界三大宗教の一つとして現代社会に生きている。各地の古来固有の思想、宗教、異文化と柔軟に融合して深い精神文化を育み、仏教の影響は思想や芸術などさまざまな方面に及んでいる。

仏教学科では、仏教の思想、文化、歴史を総合的に学び、人間の存在や文化を比較研究し、学際的研究を通して「人間とその世界」を考察していく。また仏教のルーツであるインドをはじめ、仏教が伝えられたアジア各地域について、思想、文化、民族、歴史など多様な側面からアプローチし、仏教と世界の思想、宗教との比較や、各地域の福祉、環境、医療問題など国際社会のさまざまな問題についても取り上げている。仏教には数多くの宗派があり、その教祖の教えや教理を学ぶ専攻・コースをおいている大学も多く、**真宗学科**、**密教学科**、**禅学科**などとして独立させているケースもある。また、僧侶になるための修行を行うことで、在学中に僧籍を取得できるコースも。

入学すると、仏教のおおまかな歴史と基礎知識を学び、主要な経典をテキストにして、仏教文献読解の初歩を学ぶ。その後は、経典を学びながら仏教の基本的な考え方に親しみ、仏教文献の読解力を育み、サンスクリット語、パーリ語、チベット語の初歩を学んでいく。一般に、3年次には研究したいテーマによってゼミを選択し、より専門的に仏教の理解を深める。4年次には集大成として卒業論文に取りかかり、各自のテーマを深く掘り下げる。

こんな学科もある

神学科

キリスト教の伝道者養成という色彩が濃いが、一般にも開放され、キリスト教精神に基づいて社会に貢献できる人材の養成をめざしている。関西学院大はキリスト教の伝道者を養成するキリスト教伝道者コースと、キリスト教を思想や文化といった切り口で学ぶキリスト教思想・文化コースをおいている。

キリスト教学科

キリスト教についてさまざまな側面から学問的に学ぶ学科。キリスト教文化を基盤として日本の宗教思想などと比較して学ぶ分野、キリスト教の思想や中世哲学史などを中心に学ぶ分野、聖書について神学的解釈と実践を学ぶ分野、司祭を養成する分野などがある。

卒業後の進路

- 中学校・高校の教員
- 僧侶・牧師・宗教家
- ソーシャルワーカー
- カウンセラー

など

心理学科

こころの問題を解決する専門家を養成

いじめ、引きこもり、うつ、不眠症、パニック障害、ストレス障害……。現代社会では、「こころ」を原因とするさまざまな悩みを持つ人がふえている。そうした社会的ニーズに応え、人間の心を理解する科学的な方法と考え方や態度を身につけた「こころの専門家」の育成をめざすのが**心理学科**だ。

心理学では、見る、聞く、考える、記憶する、話す、喜ぶ、悩むなど、人のあらゆる働きや、人の行動のメカニズムを分析。誕生から死までの生涯発達のプロセスを取り扱い、それらを実験や観察、調査、面接を通して科学的、実証的に明らかにしていく。さらに、人対人、あるいは大勢の人々同士がどのように影響を与え合うのか、援助や協力はどのようにすれば実際に役立つかなどについても解明していく。

青山学院大のカリキュラムをみると、心理学に関する基本的な知識と態度を修得したうえで、専門領域として臨床心理学、発達心理学、社会心理学、認知心理学の4分野のより深い学習に進んでいく。臨床心理学は、相談心理学、心理療法、障害児の心理、学校心理学

基礎分野	生理心理学、行動心理学、言語心理学、認知心理学、思想心理学など
応用分野	臨床心理学、産業心理学、児童心理学、教育心理学、犯罪心理学など

応用分野は、より具体的かつ専門的に細かく分けられているね

フムフム

こんな学科もある

人間心理学科

人の心について、社会、文化、他者、自己、身体、精神などさまざまな観点から理解を深める学科。臨床心理学、家族心理学、社会心理学、環境心理学などを総合的に学ぶことができる。関西国際大は犯罪心理学、心理カウンセリング、災害心理学、産業心理学の4専攻をおいている。

臨床心理学科

乳幼児期から高齢期まで、各年齢段階における心の問題を考える学科で、心の障害に対応できる専門家の養成を目標としている。人文系の学部におかれる場合はスクールカウンセラーの養成を中心としたカリキュラム編成になっていることが多く、臨床心理学、基礎心理学、教育学の3分野をバランスよく学ぶ。一方、臨床系の学部におかれている場合は、心理学の基礎を、文系・理系の枠を超えた多角的な視点から徹底して学ぶ。人の心へアプローチする内容で、医科学、認知科学の見地から心の機能や構造への理解を深め、次のステップとして臨床心理の専門領域へと発展させていく。香川大は医学部においている。

など、人間一人ひとりの心に寄り添った心理学的な対応を学び、発達心理学では、人間の経年的変化（成長や老いなど）がどのように作り上げられていくのか、そのメカニズムを探る。社会心理学は、社会との関係のなかで起こる個人の行動や態度を解明。認知心理学では学習、思考と記憶、言語と知識、問題解決、創造性などの検討を通して、人間がものごとをどう認知しているのかを研究する。

演習や実験科目などの比重が高い

標準的な履修の仕方をみると、1年次では、心理学論文の精読、実験・調査法、統計的データ解析など、心理学研究を行うために必要な基礎的知識やスキルと、調査や分析に欠かせない統計学を学ぶ。2年次では、グループごとに与えられた研究テーマについて実験や研究を行い、テーマごとの研究と発表を繰り返すと同時に、心理学の各領域について多様な講義が行われる。3年次には、特殊講義によって最先端の研究成果に触れる。これらの講義と実験演習を通して自分の研究テーマを発見し、最終年次には卒業論文や卒業研究に取り組む。卒業論文では、自分で実験なり調査を行い、集めた資料に基づいて考察を行う。

心理学科で最も特色ある授業が、実験・演習だ。一つの実験を終えるごとにレポート提出が義務づけられるので、かなり忙しい毎日が続く。3年次からの実験演習は、特定のテーマについて実験や調査に基づいて研究する、本格的なものとなる。

学べる専門科目

- 心理学研究法
- 臨床心理学特講
- 心理検査法特講
- 社会心理学特講
- 認知心理学特講
- 心理検査法実習
- 認知心理学実験
- 心理調査法実習　　など

参考［日本大学心理学科］

心理カウンセリング学科

カウンセリング科目を軸に、実験心理学、教育心理学、発達心理学、社会心理学など心理学全般をカバーしたカリキュラム編成で、心の問題を理解し、適切に対応できる「心の専門家」を養成。目白大は、3年次から公認心理師コースと心理研究コースに分かれ、より専門的な学びを探求する。

心理社会学科

人間の心理が社会のあり方にどのような影響を与え、あるいは影響を受けるかを考える学科。明治大は心理学全般についての学習と臨床心理学の専門的な学習を行う臨床心理学専攻と、市民運動や市民活動の現場に触れながら実践的に社会学を学ぶ現代社会学専攻、人間という存在を根本的に考査する哲学専攻をおく。

卒業後の進路

- 認定心理士
- カウンセラー
- ソーシャルワーカー
- 医療・福祉業
- 情報通信業
- 公務員

など

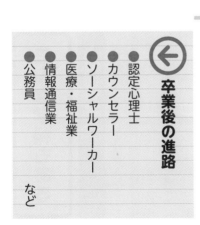

人間科学科

人間とは何か、人間の全体像を見極める

「人間は何のために生き、どのように成長し、どんな社会を築いているのだろうか?」……。**人間科学科**では、そうした根源的な問いについて考え、複雑で多様な側面を持つ人間の心や行動について総合的に理解することを目的としている。そして「人間とは何か」を明らかにするとともに、人間が人間らしく生きていける社会を創ることをめざしている。

急激に変動する現代社会では、人間の心理と行動、社会の組織や制度、人間の発達と形成に関して、さまざまな歪みや軋轢が生じている。これらの問題の実態や背景を解き明かし、問題を解決するために、従来の諸科学の成果を基とした客観的、実証的な研究方法がとられ、多くの大学では、人間の心の問題に迫る「心理学」、発達と成長の課題を研究する「教育学」、人間と社会の関係を解明する「社会学」をカリキュラムの柱としている。

この分野のパイオニア的存在で、人間科学科をいち早く設置した大阪大では、人間の行動を心理学や生物学の立場から研究する行動学、人間の文化、

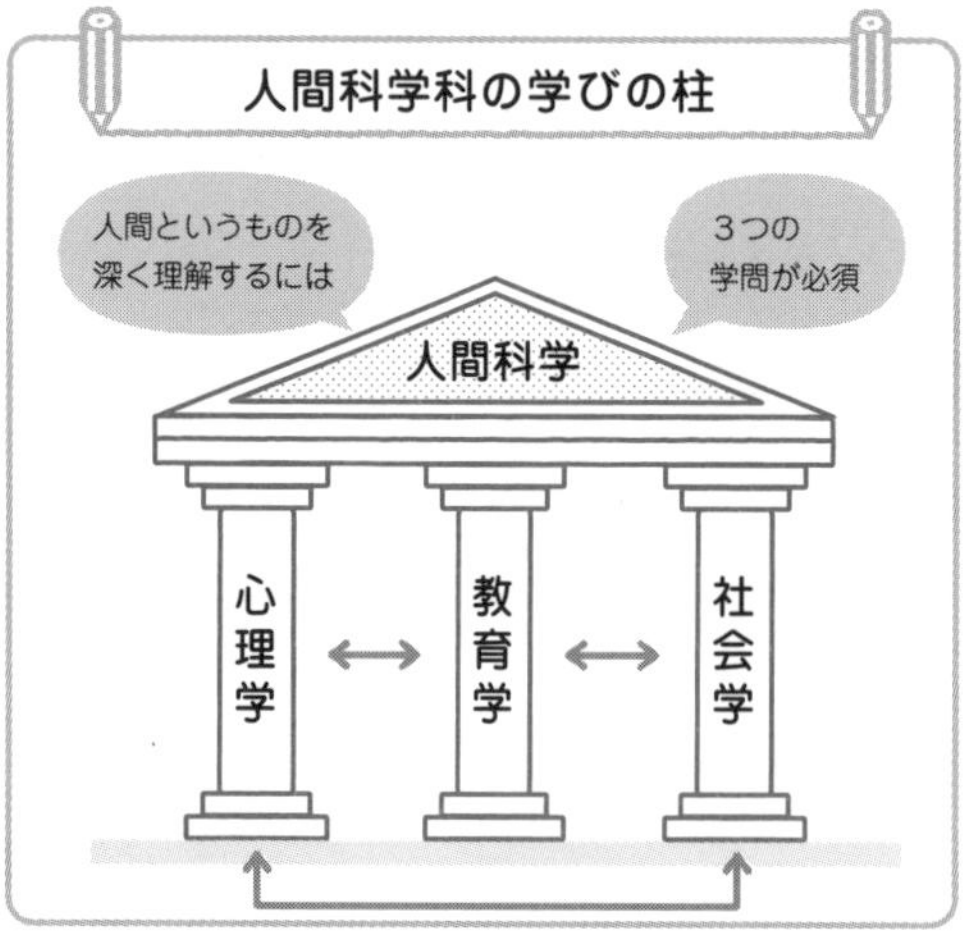

こんな学科もある

人間関係学科

人と社会と文化の相互関連を踏まえて家族問題、高齢者問題、環境問題、社会問題など、主に人間関係に関連する現代社会のさまざまな諸問題を深く体系的に教育・研究し、人間や社会をトータルに把握しようとする学科。大妻女子大は社会学専攻と社会・臨床心理学専攻をおき、前者では社会学的想像力と社会調査のスキルを備え、広い視野と柔軟な発想をもった人材を育成。後者では人間関係にまつわる問題に適切に対処できる人間関係力を備えた人材を育成する。

総合人間学科

急速に変動する現代における人間の営みや社会の仕組みについて、総合的かつ多角的に学ぶ学科。熊本大は、人間の知性と感性の働きを理解するための基礎を学ぶ人間科学コース、社会的存在としての人間について考える社会人間学コース、地域社会の生活主体としての人間について考える地域科学コースをおいている。

また、京都大は人間科学系、認知情報学系、国際文明学系、文化環境学系、自然科学系の5学系で構成され、人間についての根源的、総合的理解を深める。

社会、思想を人間学や人類学などの立場から研究する社会学、人間の発達や形成のあり方を教育諸科学の立場から研究する教育学のほか、人間を「共生」という視点で捉え、さらにそこからグローバル社会の状況まで反映させた共生学など、多面的なアプローチで人間について考察している。

講義だけでなく、実習や演習も重視

人間科学科では、人間とその営みを多角的、実証的に捉えるために、いずれの大学も、心理学、教育学、社会学を中心に履修する。各種の実験、調査実習が用意されており、それらを通して、さまざまなデータ収集と分析の技法を身につけることができる。また、同時に論理的な思考力や文章力も鍛えられる。文科系と理科系の専門科目が同居しており、理系学部に劣らない実験・研究設備を完備している大学も少なくない。

奈良女子大では、教育、芸術、思想、倫理などを研究対象とする教育学・人間学コースと、人間の総合的理解をめざして心理学の諸領域を研究する心理学コースをおいている。1年次では、人間を知るために、歴史や文化や言語の創造などについて各分野の概論を学ぶ。2年次からは、特殊研究で各領域の専門的な知識を身につけ、さまざまな専門科目を履修する。また、演習や実習では、専門性を高めるだけでなく、学問の基礎技能を学んでいく。3年次からは演習で研究の組み立てや論じ方を学び、4年次の卒業演習で実際に研究に取り組み、卒業論文にまとめる。

学べる専門科目

- 教育社会学
- 社会心理学
- 臨床心理学
- 民俗学概論
- 社会調査法
- マスコミ原論
- 高齢者福祉論
- 社会人類学概論　など

参考［琉球大学人間科学科］

人間行動学科

人間や社会を理解するための科学的方法を身につけ、人間行動や人間を取り巻く事象をさまざまな視点から考えることのできる人間を育成する学科で、大阪市立大におかれている。社会学、心理学、教育学、地理学の4コースがそれぞれの学問分野を中核としながらも、それらを有機的に結び付けた独自のカリキュラムを編成している。

卒業後の進路

- 中学校・高校の教員
- 社会教育主事
- 認定心理士
- 社会調査士
- 金融・保険・証券業
- 情報通信業
- 公務員

など

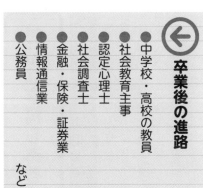

文化学科

さまざまな地域の文化を多面的に研究

世界には数多くの国があり、さまざまな民族が暮らしている。民族はそれぞれ独自の文化を持ち、伝統的な文化を守るとともに新しい文化も生み出している。また、同じ民族でも住む地域によって文化が異なるし、年齢層によっても違う文化を持っている。

文化学科では、言語、文学、哲学、芸術、宗教、民俗などの視点から研究を進め、多様化、グローバル化する社会と文化を読み解いていくが、一つの研究領域に留まらず、さまざまな領域にまたがって総合的に研究を進めていくのが特色。また、人文・社会科学の手法を使いながら、さまざまな人間、社会、文化への思考力と想像力を養い、総合的な視野に立った新しい発想を生み出していく。

文化学という学問分野が対象とする範囲はきわめて広く、重点をおく分野やアプローチの方法は、大学によってさまざまだ。三重大は、1年次で、文化学科スタートアップセミナーや地域文化研究総論などの基礎的な科目を履修し、2年次から日本研究、アジア・オセアニア研究、ヨーロッパ・地中海研究、アメリカ研究のいずれかに属し、それぞれの地域の文化を多面的・総合的に学ぶ。

一方、日本女子大では、学生全員が必ず受講しなくてはならない講義科目はなく、学生は自由に自分のカリキュラムを決めることができ、学べる内容も、文学、美術、音楽、地域文化、宗教、思想など多岐に渡る。卒論が必修だが、美学系を専門分野とする学生は、作品を卒論に代えて提出することも可能で、それに対応した美学系教員も多い。

こんな学科もある

総合文化学科

言葉、文化、表現などに関して、幅広い視点から総合的に、その奥深さ、多様性にアプローチしていく学科。和光大は、日本語と日本文化をベースとして、外国語や外国文化、神話や思想、音楽や映像、メディアや文化史などをフィールドワークも交えながら自由に学ぶ。

神戸女学院大は、宗教学、欧米の文化と歴史、哲学・倫理学・美学、社会学・メディア、日本語・日本文学、経済学・法学・国際関係論、日本・アジアの文化と歴史、社会福祉・子どもの8つの専攻科目群から3年次でメインを一つ、サブを一つ選んで学ぶシステムをとっている。

卒業後の進路

- 中学校・高校の教員
- 金融・保険業
- マスコミ
- 図書館司書
- 博物館学芸員

など

現代文化学科

さまざまな観点から現代日本文化を見つめ直す

社会学を基盤として、現代社会と文化の関係を学ぶ学科。人間、言語、文化、コミュニケーションなど対象とする領域は多彩のため、アプローチの仕方は大学によって異なっている。

立教大では、価値とライフスタイル、環境とエコロジー、グローバル化とエスニシティ、都市とコミュニティの４つの研究領域から現代社会と文化に迫る。１・２年次には社会学原論や社会調査法などの基礎科目を学び、キャンパス外でのフィールド・リサーチ科目も充実させて、社会に対するものの見方や考え方、社会学の基礎力を身につける。写真で社会を捉えたり、街作りの活動に参加したりと、教室のなかだけの学びにとどまらず、現実の社会に直接触れることも重視している。

札幌国際大では、学科の必須科目のほか、専門科目を現代文化領域（現代文化論、マンガ学など）、歴史文化領域（考古学、日本史演習など）、多言語文化領域（実用英語、ＴＯＥＩＣ入門など）の３領域にわけ、それらの多彩な授業に加えてフィールドワーク、少人数のゼミを通じて問題意識を高め、自ら考え、表現する力を身につける。さらに問題を解決する力、異なる文化を理解する力、相手を理解し自らを伝える力、さまざまな見方で物事を考える力なども獲得して、現代文化を語る「知の力」を育んでいくことを目標としている。また、福岡女学院大は、観光文化、交流文化、日本文化の３つの分野を通して、色鮮やかで奥深い文化を探求し、多様な文化を幅広く理解し、自文化を発信できる人材の育成をめざしている。

こんな学科もある

地域文化学科

地域活性化に貢献する人材の養成をめざした学科。岐阜大には、産業・まちづくりコース、自治政策コース、環境政策コース、生活・社会コース、人間・文化コース、国際教養コースがある。

文化創造学科

地域、まちづくり、国際的な文化交流などの担い手として、社会や地域に貢献できる人材の養成をめざした学科。山口県立大は、日本文化、地域文化への理解力を高める日本文化コースと、デザインを通して企画力と発想力を鍛えるデザイン創造コースをおいている。

卒業後の進路

- 観光系企業
- 金融・保険業
- 出版系企業
- 司書教諭

など

比較文化学科

世界の文化を学び 国際的な人格を形成

各地域の文学、思想、言語、歴史、芸術などさまざまな文化領域について、比較の視点から総合的、学際的に学習する学科。わが国の文化や歴史に根ざしながら、関心に応じてアジアや欧米の文化にも目を向け、日本との交流の歴史や相互の関係を比較する方法を学んでいく。さらに、各国の文化、社会、経済などを深く学ぶことによって、日本人としての生き方を考え、高い異文化適応能力やコミュニケーション能力を備えた国際的人格を育んでいく。

一般に、英語運用能力の強化に、特に力が入れられているのが特色。実践的な語学力の養成に力が注がれ、英語だけで、異文化理解や、現代社会の諸問題を討議するような授業もある。それと並行して、各自の関心に合わせて特定分野の科目を体系的に組み立てて学習する。

専門課程では、世界をいくつかの地域に分け、歴史、民族、地域事情、思想、言語、文学、ジェンダーなどの要素を組み合わせて研究を進めていく。

領域系の科目では、文学、美術、映像、歴史、宗教などのテーマに焦点を合わせ、そのなかで地域間の比較をしたり、時代間の比較をしたり、作家や作品を探究。地域系では、日本、アメリカ、イギリスといった国々や環太平洋といった大きな広がりの地域を枠組みとしながら、その特性が見えるジャンルやテーマについて探究する。

通常、専攻・コースを設ける場合は、日本、アジア、欧米といった地域別か、歴史文化、現代文化、国際文化などのジャンル別の、どちらかで分かれる。

こんな学科もある

比較文化学類

筑波大にあり、人類が築いてきたさまざまな文化を、現代性と学際性という視点から捉え直し、それを通じて、広い視野と柔軟な発想力を備えた人材を育成する。日本・アジア、英米・ヨーロッパ、フィールド文化、表現文化、文化科学、思想文化の6つの領域があり、いずれの領域も3年次からさらに細分化されたコースに所属する。ちなみに、日本・アジア領域には日本文学、日本研究、中国文学、アジア研究の4コース、英米・ヨーロッパ領域には英語圏文学・文化、ドイツ語圏文学・文化、フランス語圏文学・文化、欧米研究の4コースがおかれている。

卒業後の進路

- 外資系企業
- 旅行・ホテル業
- 金融・保険業
- 情報通信業
- 日本語教員

など

国際文化学科

国境を越え、人間同士の関係を模索

「映画でわかるイギリス文化」「アメリカにおける公民権運動」「アメリカ社会と黒人問題」「イギリス人と紅茶」。これは、ある大学の卒業論文のテーマの一例だが、文化をキーワードとしてさまざまなテーマを国際的な視野で学ぶのが**国際文化学科**である。自文化と異文化という異なる文化を学び、国際社会の諸課題を文化の視点から分析して、人類の共生について考え、海外の動きを的確に把握してすばやく対応できる能力や、国際社会の舞台でハッキリと自分の意見を主張できる力を持った人材の養成をめざしている。

　国と国、国民と国民との関係を学ぶ国際学や国際関係学に対して、国、民族、性別を超えて、人間そのものに照準を合わせているのが大きな特色。国の政策や経済、経営政策などを学ぶより前に、世界各地に住む人々の生活に関して、基本的な素養を身につけるための学問といえるようだ。

　国際理解の基本は、コミュニケーションの構築にあることから、さまざまな文化との交流の扉を開く語学教育に力を入れている。例えば英語では、標

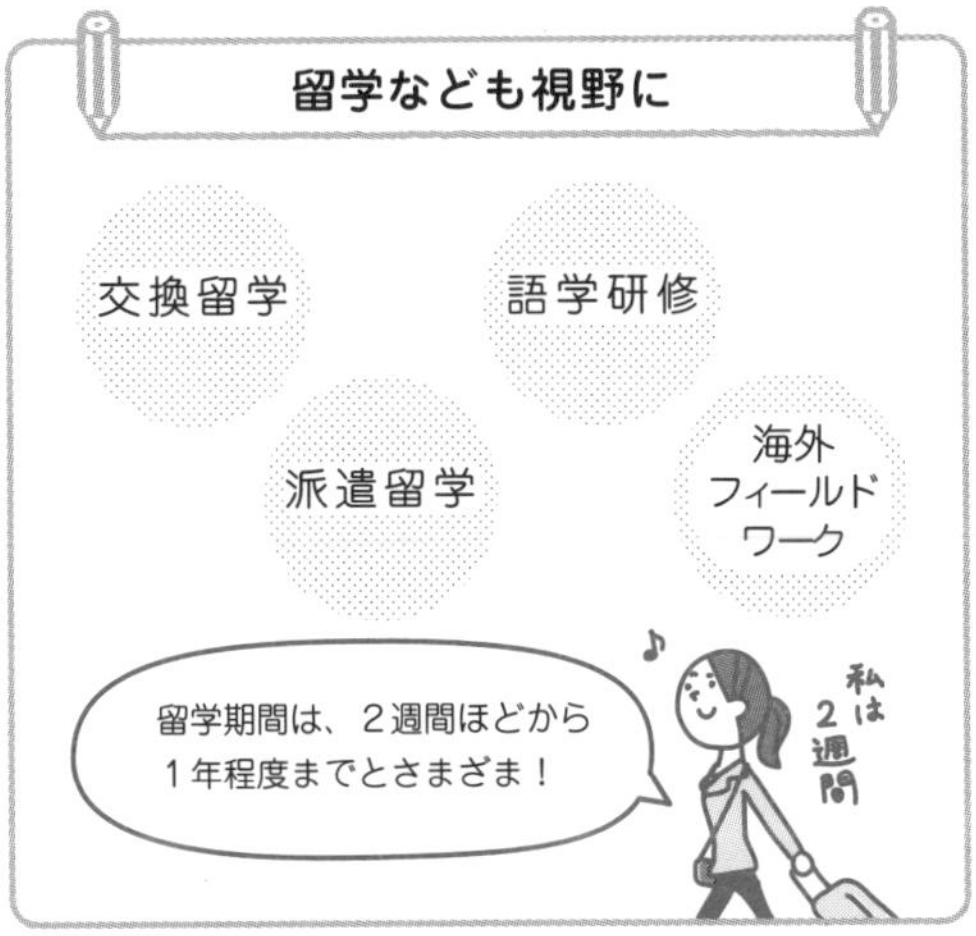
留学なども視野に
交換留学
語学研修
派遣留学
海外フィールドワーク
私は2週間
留学期間は、２週間ほどから１年程度までとさまざま！

こんな学科もある

グローバル文化学科

神戸大におかれており、高度な外国語の運用能力とICT教育に基づく情報分析力や発信力を駆使して、文化交流、文化摩擦などをめぐるグローバルな課題の解決への道筋を社会に発信する能力を持った人材を養成。外国人留学生を交えた国際共修授業、多彩な語学教育、長期の交換留学制度、国内外でのインターンシップなど多様なアクティブ・ラーニングを利用したカリキュラムが特色である。

グローバル地域文化学科

地域の文化、歴史、社会に関する学際的な知識を基礎に、そこで使われる言語を駆使しながらその特性を理解し、グローバルな視点から現代世界が抱える諸問題に迫る学科で、同志社大におかれている。複眼的アプローチでヨーロッパを理解するヨーロッパコース、アジアの今を学び、現実的課題の解決法を考えるアジア・太平洋コース、南北アメリカ大陸全体を視野に入れ、国際情勢を理解するアメリカコースをおいている。

交流文化学科

地域研究をもとに異文化に対する視点

準的な英語の理解から始まって、世界各地で話されている多様な英語を学び、さらに英文の精読や速読を繰り返し、聞き手の前でスピーチし、英語論文で説明し、論証するなど、あらゆる角度から英語の基本能力を訓練する。

学外実習、国際交流や海外留学も行われる

国際文化学科では、コミュニケーションのほか地域研究、国際理解、比較文化などのジャンルを研究するが、専攻・コースを設けて専攻分野を究める大学も増えている。例えば、法政大は情報文化、表象文化、言語文化、国際社会の4コースをおいており、バランスのとれた国際社会人を育成。また、西南学院大は、日本文化、中国・アジア文化、アメリカ・太平洋文化、ヨーロッパ・地中海文化、比較文化、表象文化の6コースをおいている。ユニークな表象文化コースでは、絵画、建築、写真、映画、マンガや音楽、舞踏など、人間の五感によって表象されたものすべてを文化として取り扱い、それを、言語を使って論理的に分析し、解釈し、再表現する。

各大学とも、国際文化全般の基礎科目と語学を学んだ後、専攻・コースに分かれるのが一般的。国内外での学外実習やフィールドワーク、地域国際交流やボランティア活動なども活発に行われており、4年間を通じて文化研究のための概念、方法、考え方を学ぶとともに実践的な応用力も養っていく。

外国語運用能力を伸ばし、異文化を理解するために、海外留学を必須としている大学が多いのが特色である。

学べる専門科目

- 国際関係論
- 比較文化論
- 文化人類学
- 日本文化論
- ヨーロッパ史
- アメリカ社会論
- 英語表現法
- フィールドワーク　など

参考［名古屋市立大学国際文化学科］

を養い、国際的な人材を養成する学科。立教大は、観光により生じる国際親善や文化交流など交流的側面と、観光が地域にもたらす文化的影響を明らかにする地域研究の視点から学んでいくカリキュラムを編成している。

また、獨協大は、「ツーリズムの先へ」を標語に、国境という考え方を超え、交流する文化・社会を、国際関係論、社会学、文化人類学など多角的な視点から学んでいく。

卒業後の進路

- 商社
- 旅行会社
- 運輸・貿易業
- 金融・証券業
- 国際機関
- 公務員

など

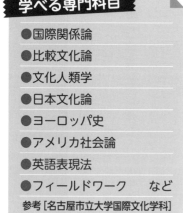

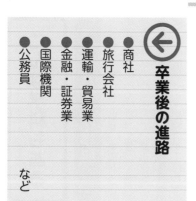

言語文化学科

言語を核として文化全般にアプローチ

「言語」をテーマに、哲学、言語学、文化人類学などの分野にまたがる学際的な教育・研究を行い、言語を核にした文化全般にさまざまな視点からアプローチする学科。日本語、中国語、英語、フランス語、ドイツ語などの各国語と、それらの言語を用いて営まれる文学や文化現象を深く追究し、または比較対照しながら、言語、文学、文化を考えていく。日本語・日本文学、中国語圏言語文化、英語圏言語文化、フランス語圏言語文化など、地域別の専攻・コース制を導入している大学が多い。導入しない場合も、専門科目をグループ化するなど研究対象を明確に区分している。

例えば、奈良女子大は2コースで構成。日本アジア言語文化学コースでは、国語学・国文学、中国語学・中国文学の分野で、文学作品や文献資料の精読を中心に、日本とアジアの言語文化を広い視点で学ぶ。ヨーロッパ・アメリカ言語文化学コースでは、英米、ドイツ、フランスの言語や文学を対象に、人間の認知や社会・文化との関わり、言語の仕組みを探る研究など、多様な視点から言語文化を学んでいく。

東京外国語大は、入学時に世界28言語のいずれかを専攻。3年次に、言語教育学、通訳・翻訳、人間科学など5つの学問分野から一つを選び、地域を超えて広く言語と文化を中心とする人間の営みを学ぶ超域コースか、世界を北西ヨーロッパ/北アメリカ、ロシア、東アジア、中東など10の地域に分け、言語学、文学、宗教など学問分野を横断して学ぶ地域コースのいずれかを選択する。

こんな学科もある

国際言語文化学科

コミュニケーションの手段としての言語と、それと表裏一体の関係にある文化とを合わせて教育・研究するとともに、文化を国際的視野から捉え直し、異なった文化を持つ人たちと共生していく能力を養う学科。豊かな国際感覚と言語運用能力、自文化と異文化との有機的、総合的な理解力、実践的な言語情報処理能力を養成し、将来、国際的レベルで活躍する人材の育成を目的としている。琉球大は琉球アジア文化、英語文化、ヨーロッパ文化の3専攻、静岡県立大は比較文化、日本研究、アジア研究、ヨーロッパ研究、グローバル・コミュニケーションの5プログラムをおいている。

卒業後の進路

- 中学校・高校の教員
- 運輸・観光系企業
- 金融・保険業
- 通訳
- 公務員

など

日本文化学科

日本文化の伝統と特質について研究

海外に渡った日本人は、「外国から日本をみると、日本の良さやすばらしさがよくわかる」と口々にいう。日本にいると当たり前に見えるから、そのすばらしさがわからないようだ。また、フランスでは毎年「ジャパンエキスポ・パリ」が開催され、マンガ、アニメ、コンピューターゲーム、音楽などのポップカルチャーから、書道、武道、茶道、折り紙などの伝統文化まで日本文化を紹介して、大変な人気となっている。

日本文化学科では、日本の言語、文学、思想、民俗、芸能などの諸文化を多面的な視野から見つめるとともに、日本の文化を客観的な視点で捉えて、深く理解し、世界に向けて正しく発信し、異文化との共生について思考できる力を身につけさせる。学ぶ分野は「言語」と「文化」に大別され、日本文化、日本文学、日本語学、日本語教育を総合的に学ぶほか、いずれかの領域を専門的に深めることができるようにしている大学もある。

言語の分野では、日本語概論、日本語学、日本語史などの科目で、外国語と比較対照しながら日本語の特質を知

こんな学科もある

国際日本学科

日本を国際という視点から見つめ直し、その魅力を再発見して、世界に発信する学科。世界から注目されている日本文化に対する深い理解と優れた語学力を有し、かつ異文化に対しても柔軟な理解力を兼ね備え、地球社会に貢献できる人材の育成をめざしている。明治大は、ポップカルチャー研究、視覚文化研究、社会システム・メディア研究、国際関係・文化交流研究、国際文化・思想研究、日本文化・思想研究、日本語研究、英語研究の8領域を開講。

追手門学院大は、2年次に幅広い日本文化の知識を活かす分野をめざすクールジャパン学コース、ユーモアやコミュニケーション力を活かす分野をめざす笑学コース、日本語の能力を活かす分野をめざす日本学コースから一つを選んで履修する。

ると同時に、言語の普遍的な側面にも目を向けて教育を進める。日本語を外国語の一つとして捉え、外国人に効果的に日本語を教える日本語教育法について学べる大学も多い。

文化の分野は対象が広く、大学によって研究対象や方法に特色があるが、日本の言葉や文化に関する幅広い教育・研究が行われている。近代や現代の優れた作品を読み解くことで文学や文化のあり方を探究し、さらには伝承、芸能、民俗、美術など日本文化に関する知識を総合的に修得。歌舞伎を鑑賞し、実際に演じることで江戸の文化を体感させている大学もある。

演習で表現力や思考力を伸ばす

基礎的な科目を幅広く学んだあと、各自の興味や関心の深い分野を中心に、専門的な知識を修得する。日本文化の特質の基礎を理解する科目としては、日本の文化政策をはじめ、言葉、文学や思想の歴史、茶道や華道などの伝統文化、日本の生活文化や社会制度の特徴、日本人論そのものをテーマにした科目などがある。日本の芸術と思想を学ぶ科目には、芸術の歴史と現状、宗教や芸道などの思想、日本文学の歴史、中国文学について学ぶ科目がある。

演習では、専攻したい分野のゼミナールを選択し、日本文化を主体的に考えていく力を身につける。観察や調査、見学などのフィールドワークも行われる。専門演習では、さまざまな分野の高度な研究・教育が展開され、専門性を深めながら、各自の研究テーマについて卒業論文としてまとめる。

学べる専門科目

- 日本文化史
- 日本文学史
- 表象文化論
- 地域文化論
- 近世文学研究
- 古典資料講読
- 日本語音声学
- 日本語教授法　など

参考［南山大学日本文化学科］

卒業後の進路

- 中学校・高校の教員
- 日本語教員
- 出版・印刷系企業
- 金融・保険業
- 外資系企業
- 図書館司書
- 博物館学芸員

など

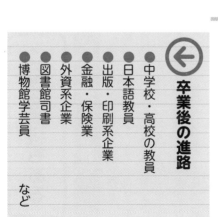

英語文化学科

英語圏の文化を総合的・学際的に研究

言語、文学、社会、歴史、思想などさまざまな視点からアプローチして、アメリカとイギリスを中心とする英語圏の文化を幅広い視野から総合的、学際的に学ぶ学科。言語や文学資料を文化的な側面から捉える言語文化研究、絵画、写真、映画、ミュージカル、音楽、インターネット、広告、マスメディアといった多様な表象文化を扱う表象文化研究、日本やヨーロッパといったほかの文化圏との比較文化研究といった研究分野が含まれる。

また、コミュニケーションの手段としての英語の修得を教育の柱の一つとして捉え、徹底した語学教育を実施するのがこの学科の特色である。多くの大学で海外研修を必修として、豊かな国際性と実践的な英語力を身につけられるように配慮しており、交換留学から語学研修の短期留学まで多彩な留学プログラムが用意されている。ネイティブ・スピーカーによる生きた英語を修得する授業も多く、英語力を大きく伸ばすことができる。

入学すると、まず、基礎科目や基礎演習で、総合的な英語力を養う。その後は、比較文化論、表象文化論、英米比較文化論、アメリカ文化論、広域英語圏文化論といった専門科目で、系統的に文化研究の手法を修得。そして、専門演習によって専門性を深めながら各自の研究テーマについて卒業論文をまとめる。高いレベルのコミュニケーション能力を磨く英語アドバンストコースを併設したり、学生たちがシェイクスピア劇を原語で上演するイベントを行っている大学もある。

こんな学科もある

英語英米文化学科

英語文化学科とほとんど同じ内容の学科。英語を話し、書き、聴き、読む力を高める科目、文法や用語法など英語の仕組みを学ぶ科目、英米の文学作品や、映画、写真を深く理解する科目、英米の社会や慣習、制度や伝統を広く学ぶ科目などが用意されている。

ヨーロッパ文化学科

フランスやドイツを中心に、広くヨーロッパ世界の文化と現象を学ぶ学科。成城大は、ドイツ語圏とフランス語圏に軸足をおいてヨーロッパの文化を総合的に把握するカリキュラムを編成している。

卒業後の進路

- 運輸・航空業
- 観光・ホテル業
- 金融・保険業
- 商社・外資系企業　など

人間文化学科

人間・文化・社会について総合的に学ぶ

人間の多様な知性と文化を総合的に学ぶ学科である。文化とは人間が創り出すものであり、その意味では「人間文化」も「文化」も同じだ。そのため、学ぶ内容は、かなり**文化学科**と重なっているが、学科名は人間探究の側面をより強調したものになっている。

学ぶ内容は、大学によって違いがあるが、茨城大は、文芸・思想、歴史・考古学、心理・人間科学という3つのメジャー（主専攻）をおき、文化や心理という面から人間と地域を理解し、文化や文化遺産を活かしたまちづくりや、地域の心理的な問題の解決に寄与できる力を養う。

帝京平成大は3コース編成。福祉コースは、福祉の専門知識と相談援助の技術を中心に履修。メディア文化コースは映像、写真、デザイン、アートなどの演習科目で制作のプロセスを学ぶ。また、グローバルコミュニケーションコースでは実践的な外国語能力と総合理解を深める異文化コミュニケーション能力の修得をめざしている。

4年間の流れは、ほかの文化学関係の学科とほとんど同じだ。基礎演習を中心に、語学、教養科目や、基本的な専門科目を履修した後、研究の入門となる専門書講読を中心にさまざまな専門科目を学び、自分の興味の対象を絞っていく。その後は、卒業研究につなげる専門演習に入り、講義で学んだ知識や考え方と関連づけながら、研究方法を学び、資料を調べ、現地調査などのフィールドワークも行う。4年次にはテーマを決めて調査研究を進め、卒業論文をまとめる。

こんな学科もある

人間文化課程

岩手大におかれ、地域社会の人々の心身の問題と、グローバル化した文化の問題に対応する実践力を持った人材の養成をめざしている。行動科学、スポーツ科学、現代文化、異文化間コミュニケーション、歴史、芸術文化、英語圏文化、ヨーロッパ語圏文化、アジア圏文化の専修プログラムのなかから主専修と副専修の2つのプログラムを学ぶことで、総合的な学問能力を養う。

卒業後の進路

- 中学校・高校の教員
- 日本語教員
- 公務員
- 情報通信業
- 図書館司書

など

観光文化学科

多角的な視点と国際性を育てる

わが国を訪れる外国人観光客は年々増え続けているが、さらに増やそうと観光庁が中心になってビジット・ジャパン事業を強力に推進している。訪日旅行者数の多い国・地域のほか、今後大きな伸びが期待できる国・地域を選んで、わが国の観光的な魅力を発信するとともに、魅力的な旅行商品づくりなどを官民一体となって展開している。

観光は、魅力と可能性にあふれる分野だが、この分野で活躍するためにはホスピタリティの精神が重要だ。これは日本人にとってはお手のもので、「おもてなし」の心に感動して再度訪れる外国人も多いようだ。

観光文化学科では、観光に関する基礎知識の教育とキャリア教育を行い、「おもてなし」の心を持って観光業界で活躍できる人材の育成をめざしている。松蔭大は、観光文化の本質を学び、理解するための観光文化の科目群を中心に据え、その土台をベースに観光経営・産業、地域観光、国際観光という実学を中心とする3つの科目群から観光産業の現場で必要な専門科目を学ぶカリキュラムを編成している。

また、川村学園女子大では、日本と世界の観光の基礎知識、現場で役立つ英語力、それらの東京での実践を通じて、観光を理解し関連業界で活躍する力を身につける。西南女学院大は、就職を意識したコース制できめ細かな教育を提供。2年次からツーリズムコースかビジネスコースを選択し、バランスよく幅広い教養を身につける。各大学とも実践的に語学を学ぶ科目が充実し、海外での語学研修も行っている。

こんな学科もある

表現文化学科

大正大は、クリエイティブライティング、出版・編集、放送・映像表現、エンターテインメントビジネスなどの5コース編成。

椙山女学園大は古今東西の文学・映画、演劇、マンガにおける幅広い表現の理解を深めるとともに、表現の基礎となる語学力も磨き上げ、日本文化の価値を世界に発信する力を身につける。

卒業後の進路

- 運輸・通信業
- 旅行・ホテル業
- 出版系企業
- アミューズメント系企業

など

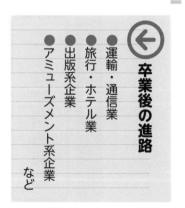

人文学科

専攻・専修に分かれて専門性を高める

人文学科の研究領域は、人間の知的営みのすべてを対象とする人文学全体で、哲学、歴史学、文学のような伝統的な分野から、心理学、社会学、人類学、地理学のように、環境や行動に関する分野にまで及んでいる。

ほとんどの大学が、共通する基礎教育を行った後、専攻・専修やコースに分かれて専門性を高めていくシステムをとっている。そのため、入学後にさまざまな学びの可能性を体験し、じっくりと本当に学びたい分野を決められる利点がある。また、自分の専攻する分野の専門科目に加えて、ほかの分野の専門科目を、興味に応じて履修できるというメリットもある。深く専門的な領域を学ぶと同時に、幅広い分野の知識を身につけることが可能となる。

京都大には多彩な6系32専修がある。2年次で専修を大枠で括った系に所属し、系共通の基礎的な科目を履修して進むべき方向を決め、3年次から専修に所属するシステムを採用。例えば、哲学に関する分野を学びたいという希望があれば、2年次で哲学基礎文化学系に所属し、3年次からは哲学、西洋哲学史、日本哲学史、倫理学、宗教学、キリスト教学、美学美術史学のいずれかの専修に所属する。3年次から本格的な専門教育が始まり、講義のほか演習や特殊講義といった専門的な授業を履修する。文献講読の授業が多いが、専修によっては実験や野外実習（フィールドワーク）も行われる。そして、4年次には各自が自ら論文のテーマを決定し、資料を集めて分析し、卒業論文を作成する。

こんな学科もある

人文科学科

人文学科とほぼ同じ学科。北海道大は哲学・文化学、歴史学・人類学、言語・文学、人間科学の4コースに18の研究室をおいている。

総合人文学科

人文学科とほぼ同じ学科。関西大は、英米文学英語学、英米文化、国語国文学、哲学倫理学、比較宗教学、芸術学美術史、フランス学、ドイツ学、日本史・文化遺産学、世界史、地理学・地域環境学、中国学、教育文化、初等教育学、心理学、情報文化学など19専修をおいている。

卒業後の進路

- 中学校・高校の教員
- 博物館学芸員
- 金融・保険業
- 図書館司書
- 公務員

など

人文社会学科

人文科学と社会科学を融合して人間を考察

人文学科と同じく、哲学、歴史学、文学、心理学、社会学など人文科学全般を対象としている。そして、ほとんどの大学が、共通する基礎教育を行った後、専攻やコースに分かれて専門性を高めていくシステムをとっている。

専攻やコースは大学によってマチマチで、慶應義塾大は、哲学系に哲学、倫理学、美学美術史学の3専攻、史学系に日本史学、東洋史学、西洋史学、民族学考古学の4専攻、文学系に国文学、中国文学、英米文学、独文学、仏文学の5専攻、図書館・情報学系に図書館・情報学専攻、人間関係学系に社会学、心理学、教育学、人間科学の4専攻をおいている。

入学すると、総合教育科目、語学科目を中心にさまざまな学問に接することによって自らの視野を広げ、1年次の終わりに進むべき専攻を決定。2年次からは専門教育科目中心の学びが始まる。専門科目は特色あるユニークな講義が目白押しで、専攻以外の科目も自由に履修できるよう配慮している。これによって、幅広い視野で複眼的、総合的に判断できる能力を身につけることができる。3年次からは各専攻の研究会に所属し、教育・研究の集大成として卒業論文を作成する。

中央大は、国文学、英語文学文化、ドイツ語文学文化、フランス語文学文化、中国言語文化、日本史学、東洋史学、西洋史学、哲学、社会学、社会情報学、教育学、心理学の13専攻。人文科学と社会科学を融合することによって、幅広い学問分野を有機的に学べる教育体制を構築している。

こんな学科もある

人文社会科学科

人文科学と社会科学の双方の視点を関連付けて、課題解決の糸口を学ぶ学科。山形大は、人間文化、グローバル・スタディーズ、総合法律、地域公共政策、経済・マネジメントの5コース、高知大は人文科学、国際社会、社会科学の3コースをおいている。

人文学類

「人間とは何か」という問いを根底において、人間の諸活動を主体的に考察する。筑波大は哲学、史学、考古学・民俗学、言語学の4つの主専攻をおき、さらに11のコースに分かれて専門的な教育を行う。

卒業後の進路

- 中学校・高校の教員
- 通信・出版業
- 金融・保険業
- 公務員

など

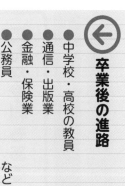

コミュニケーション学科

コミュニケーションのあるべき姿を追究

人は、コミュニケーションによって結びつき、理解を深め合うことができる。社会生活のあらゆる場面でコミュニケーション能力が必要とされているが、メールやSNSなど意思や情報を伝達するためのコミュニケーションツールは実にさまざまだ。人間関係がうまくいくかどうかは、それをどう使いこなすかにかかっている。現代社会では、あらゆる場面で卓越したコミュニケーション能力が求められている。

大量の情報が行き交う現代の社会では、情報はどのように伝わり、本当に必要な情報はどうしたら手に入れられるのか、どうすればスレ違いが少なくなるのか。あるいは、情報を伝える相手は外国人だったり、ビジネスの相手だったり、見ず知らずの一般消費者だったり……。こうした、あらゆる場面のコミュニケーションを学び、研究するのがコミュニケーション学で、最近はコミュニケーション学科のほか、多彩な学科がおかれるようになった。

マスメディアやインターネットなどの情報・コミュニケーション技術の発展とグローバル化によって、現代社会はますます複雑化している。そのため、**コミュニケーション学科**では、現代社

言語系	コミュニケーションの手段である言語の表現力に磨きをかける
表現系	身体表現などを実践し、人の心を動かす表現力を鍛える
調査系	インタビューやアンケートなどで情報を収集し、分析するテクニックを学ぶ

こんな学科もある

異文化コミュニケーション学科

グローバル化が進む世界で、何をすべきかを考え、自ら行動できる人材の育成をめざしている。立教大は、言語やコミュニケーションが関わる領域について専門的に学ぶカリキュラム編成で、体験や実践などの現場感を重視し、教室での学びに加えて留学やインターンシップなどを通して行動できる力を養う。異なった文化を持つ人々との交流には、英語だけでなく複数の言語やその文化を知り、複眼的な視点を持つことが重要。そのため、英語に加え、ドイツ語、フランス語、スペイン語、中国語、朝鮮語のいずれかを学ぶことで、グローバル化する世界のなかで必要とされる能力を養う。原則全員参加の2年次秋学期の海外留学研修や、英語で実施されている科目を履修して卒業する「Dual Language Pathway」を設置し、教室での学びだけに終わらない多様な仕組みをカリキュラムに組み込んでいる。

多文化コミュニケーション学科

多彩な語学や文化を学び、行動的な国際人の育成をめざす学科。亜細亜大では、多文化理解を深めるために異文化交流、

会のさまざまな特性や問題を、コミュニケーションという切り口で分析していく。コミュニケーション能力を高めるには、さまざまな文化に対する理解力や対応力、実践的な外国語能力、メディアへの理解と適応力、交渉力や説得力を、幅広く身につける必要があるからだ。

分析する力と表現する力を磨く

いち早く**コミュニケーション学科**を設けた東京経済大では、1年次でコミュニケーション学入門、メディアリテラシー入門、社会調査入門といった科目で基礎を固め、2年次からメディア、企業、グローバルの3コースに分かれて専門的な内容を学習する。

メディアコースは、テレビ、新聞、雑誌などのマスメディアと、タブレット、スマートフォンのような新しいソーシャルメディアによるコミュニケーションに関する科目を学び、仕事や日常生活で求められる知識と技能を身につける。企業コースは、企業のコミュニケーション活動や経営、さらにメディア環境や人々の意識に関する学習を通じて、企業の広報や広告担当者に求められる知識と技能を広く学ぶ。また、グローバルコースは、文化の固有性と多様性に対する理解を深め、コミュニケーションツールとしての英語を身につけたうえで、グローバル化の進む現代社会において多様な人々と協力していくための知識と技能を学ぶ。各コースは自由に履修モデルを設定できる。

学べる専門科目

- コミュニケーション心理学
- マス・コミュニケーション論
- ソーシャルメディア論
- コミュニケーション戦略論
- 組織コミュニケーション論
- プレゼンテーション論
- グローバルコミュニケーション
- パブリック・スピーキング　など

参考［東京経済大学コミュニケーション学科］

観光学、言語学、文化人類学など幅広い国際教養科目を学び、言語面では国際共通語である英語に加え、韓国語、中国語、インドネシア語、ヒンディー語、アラビア語、スペイン語のうち一つを必修で学ぶ。また、国際法、国際政治、国際経済、国際協力などを学び、2〜4年次には海外で1週間程度の現地調査を行う多文化フィールドスタディーといった科目もある。

卒業後の進路

- 観光・旅行業
- IT産業
- メディア産業
- NGO・NPO
- 日本語教員
- 公務員

など

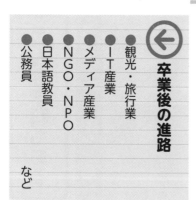

英語コミュニケーション学科

実践的な英語力と、判断力・発信力を養う

英語によるコミュニケーション能力を検定するTOEICは、さまざまなシーンで英語運用能力の判定材料に用いられている。**英語コミュニケーション学科**では、このTOEICのスコアを大幅に向上させるため、高度な英語運用能力とコミュニケーション力を身につけることができるようカリキュラムを編成している。

昭和女子大は、習熟度別少人数クラスでリーディング、ライティング、リスニング、スピーキングの4つのスキルを徹底的に鍛え、英語運用能力を高める。2年次には全員がアメリカのキャンパス・昭和ボストンに1学期間留学して異文化を体験し、英語の運用能力を高める。ほかに長期間滞在するプログラムがあり、休学せずに留学することも可能だ。3年次からは、英米文学・文化、英語研究、英語教育、メディアコミュニケーション、ビジネスコミュニケーションのなかから主専攻を通じて集中的に学ぶ。

東京国際大は、多彩な英語教育と充実した留学プログラムを活用して、国際社会で使える英語力を養成。グローバル化の進む現代社会で必要となる異文化理解や国際コミュニケーション力を養成する言語と文化コース、実践的な英語力やコミュニケーション能力に加え、ビジネスの現場で必要になる経済やグローバルビジネスに関連した知識、実務能力を修得する英語ビジネスコース、英語の指導法や言語の習得課程を学び、英語教育のスペシャリストをめざす英語教育コースを用意して専門知識を深めさせている。

こんな学科もある

英語文化コミュニケーション学科

東海大は、コミュニケーション、英語教育、言語学、英米文学という4つの専門分野を柱にしたカリキュラムを編成し、知識と教養を身につけたうえで、自らの考えや意思を適切に表現できる英語のプロフェッショナルを育成。本場の英語とコミュニケーションに触れるため、イギリスで語学研修を実施している。

外国語コミュニケーション学科

金城学院大は、英語と並行して中国語、フランス語、ドイツ語のいずれかを徹底して学んだ後、2年次から海洋文化コースか大陸文化コースを選択して興味ある分野の知識を深める。

卒業後の進路

- 商社・貿易業
- 観光・旅行業
- 日本語教員
- 観光ガイド・通訳
- NGO・NPO　など

国際コミュニケーション学科

異文化理解、国際感覚の修得をめざす

国際関係と国際機構、世界各地域の多様な文化を学ぶと同時に、英語運用能力を育み、高いコミュニケーション能力を身につける学科。語学や、国際コミュニケーション論、国際関係論、異文化コミュニケーション論などが基幹科目で、外国人教員による指導や、海外の提携校などに語学留学する海外留学プログラムを通して、世界中の人々とコミュニケーションができる能力を養っていく。

青山学院大では、多様化、複雑化する国際社会の動向を、主に言語、地域文化・比較文化、コミュニケーションの3つの視点から教育して、将来、国際的に活躍できる人材の育成をめざしている。言語関連分野では、認知言語学、社会言語学、英語発音の理論と演習などを履修。地域文化・比較文化の分野では、宗教文化論、イスラム文化論、各国文化論を履修。コミュニケーション学については、通訳の理論と実践、翻訳の理論と実践、国際ビジネス・コミュニケーションといった実践科目も履修できる。

各大学とも、外国人教員による指導や、海外留学プログラムを通じて、ビジネスで通用する語学力を高めるとともに、コミュニケーションできる能力を養う。例えば、神田外語大では、1年次から外国人教員が担当する英語の授業が多数組み込まれているほか、TOEICのスコアに学年ごとの到達目標が設定されている。また、留学制度を積極的に活用して、イギリスなど海外の大学で、生きた英語を学ぶこともできる大学も多い。

こんな学科もある

グローバル・コミュニケーション学科

大学によって、グローバル・コミュニケーション学科、またはグローバルコミュニケーション学科と称しているが、内容は同じだ。同志社大では、国境や文化圏を超えたコミュニケーションを体得する英語コース、地球規模で展開する中国圏への架け橋となる高度な中国語スキルと異文化への理解力を養う中国語コース、外国人留学生を対象に日本文化への理解と高度な日本語能力の修得をめざす日本語コースをおいている。英語コースと中国語コースでは、すべての学生が、それぞれの言語圏の大学に留学。1年間の異国での学びを通して、きわめて高い外国語運用能力の修得と異文化理解の深化をめざしている。

卒業後の進路

- 外資系企業
- 商社・貿易業
- 翻訳・通訳業
- NGO・NPO

など

社会科学系統の学科

社会
科学

＊ここでは、社会科学系統に含まれる主要な学科と、それを設置しているおもな大学を紹介しています。

法学科、法律学科

リーガルマインドで社会を正しく捉える

わが国には、日本国憲法があり、民法、刑法、労働法などさまざまな法律がある。私たちは、この法律に守られ、一面では制約を受けながら生活している。自転車通学では道路交通法を守る義務があるし、アルバイトをしていれば労働基準法が関わってくる。こうした、さまざまな利害の対立や意見・主張の不一致を調整するために設けられたルールが法律であり、この法律を学ぶところが**法学科**や**法律学科**である。

法律を学ぶというと、六法全書を片手にたくさんの条文を暗記するだけのように思われがちだが、決してそうではない。人間社会で起こる事故や事件、法律的な争いなどについて、法律の条文にあてはめて考えるというリーガルマインド(法的なものの見方や考え方)の修得を最大の目的としている。

リーガルマインドという言葉は、ちょっと抽象的でわかりにくいが、脳死からの臓器移植を例に考えてみよう。そもそも死という概念があいまいで法的に定義する必要がある。日本の法律では、死とは心臓と肺と脳幹の機能が停止した状態のことで、厳密には脳死は死ではない。しかし、脳死状態から回復することはなく、脳死になればやがて心臓と肺が止まり死に至ることは確実。一方で、脳死状態のドナーから臓器移植を受ければ病気が治る患者も数多くいる。そうした患者の利益を考えれば、脳死という状態を法的に定義して、脳死からの臓器移植を可能にする意義は大きい。ところが、「脳死とは、臓器移植をしたい医師が定めた勝手な概念にすぎない」などと主張する法学

こんな学科もある

法学課程

法学と政治学全般について、より専門的な知識を学ぶ課程で、北海道大におかれている。2年次2学期から、基本的な実定法についての知識を身につけ、法知識を生かした専門職に就くことをめざす法専門職コース、法的素養と政策判断能力、広い視野と国際感覚を身につけることをめざす総合法政コースのいずれかを選択する。

法学類

金沢大にあり、法的・政策的な観点から複雑な問題の解決をはかり、社会に貢献できる人材の育成をめざしている。3年次進級時に、行政・公共部門で活躍できる人材を育成する公共法政策コース、企業の経済活動の法的な基本ルールを理解する企業関係法コース、さらに高度な専門的能力を修得するため大学院進学を視野に入れた総合法学コースのいずれかを選択することで、進路に即した教育を受けられる。

総合法律学科

信州大にあり、実務に接続する法学を基礎から実践まで幅広く学ぶことができ

者も少なくない。以上のように、ものごとを法律的な定義で捉え、社会で発生する利害の対立を調整していこうという精神がリーガルマインドだ。難しいのは、法律はさまざまな解釈ができ、解釈の仕方も時代や状況、法学者の立場・思想などで変わってくるところだ。

将来の進路に合わせた多彩な専攻・コース

法律は大きく分類すると、憲法、行政法など国家の組織や活動などに関する「公法」と、民法、商法など私的な活動に対し成立する「私法」の2つに分けられる。そのため、将来の目的に応じたコース制を導入している大学も多い。例えば、神戸大では、法科大学院に進学して将来は法曹実務家をめざす司法コース、公務員や企業で法律の知識を活用してビジネスに携わる人材をめざす企業・行政コース、国際公務員や外交官、民間の企業やNGO・NPOで活動する人材をめざす政治・国際コースのいずれかを選択する。

私立大の場合は、多彩な専攻・コースをおくケースがある。例えば、青山学院大はビジネス法、公共政策、司法、ヒューマン・ライツの4コース編成。國學院大は、法律専攻に法律学の基礎と応用、政治と法の基礎の2コース、政治専攻に分析と応用、歴史と理論の2コースをおいている。中央大は、裁判官、検察官、弁護士を希望する者に法曹コース、公務員を希望する者に公

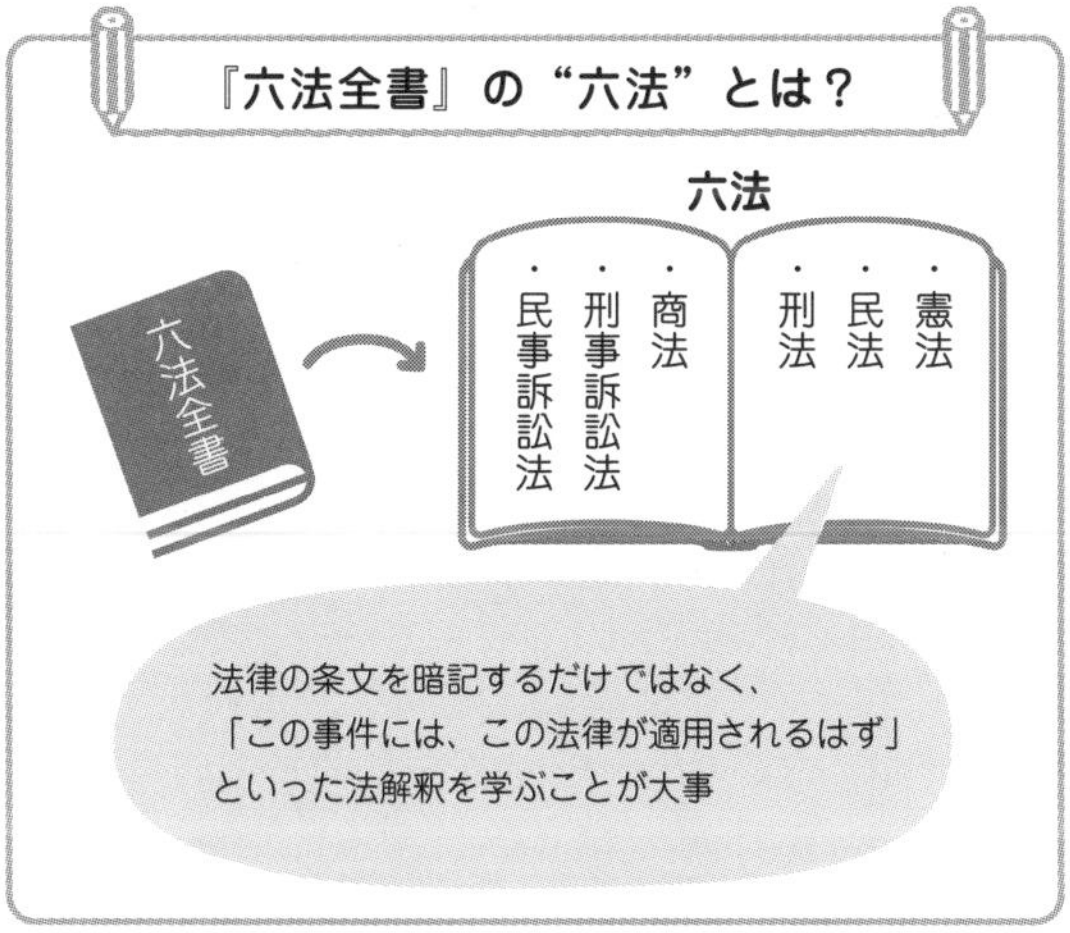
『六法全書』の“六法”とは？
六法全書
六法
・憲法
・民法
・刑法
・商法
・刑事訴訟法
・民事訴訟法
法律の条文を暗記するだけではなく、
「この事件には、この法律が適用されるはず」
といった法解釈を学ぶことが大事

るのが特色。自然環境をめぐる紛争解決や政策立案のできる人材を養成する環境法務コース、都市行政を担ううえで必要な能力や、法令・条例の形に法制化できる能力を備えた人材を養成する都市・行政法務コース、民間企業での業務に必要な能力を備えた人材を養成する経済・企業法務コースのいずれかを選択して、それぞれの進路で求められる能力を身につける。

法律・政治学科

名古屋大におかれている。大局的見地に立って総合的にものごとを判断する能力を修得させるため、基礎から応用まで4年間の系統的なカリキュラムのもとで、じっくりと法学や政治学を学ぶことができるのが大きな特色。段階的、系統的なカリキュラムを前提としながらも、具体的にどのような科目を履修するかは学生の自主性に委ねられている。

法学政治学科

関西大におかれている。憲法、民法、刑法からビジネスに関連する法律、思想や歴史、公共政策、国際関係、政治学まで他分野にわたって数多くの科目が開講されているが、法職科目、ビジネス法科目、公共政策科目、政治学科目、法政史・法政理論科目、国際関係科目という6つの履修科目群から、趣味や進路に応じて履修プランを組み立てられるのが大きな

共法務コース、民間企業を希望する者に企業コースを用意している。

また、法曹をめざす者向けの法科大学院をおく大学もある。

法解釈学中心に学び運用能力を養成

法律学科で学ぶ法律は「基本六法」と呼ばれる憲法、民法、刑法、商法、民事訴訟法、刑事訴訟法が中心だ。なかでも、最も基本的な憲法、民法、刑法の3つは必須とされ、1年次から学習を積み重ねていく。それ以外の労働法、社会保障法、経済法、租税法、破産法、知的財産法、国際法などは、主に3年次から選択して学ぶ大学が多い。

どの法律も、難しそうなイメージがあるが、神奈川大の講義内容をみると、憲法では、日本国憲法の基礎知識や概念を学んだあと、人権論、国民主権と天皇、平和主義などを詳しく学び、歴史的沿革や具体的事例、裁判の判例など身近な問題として憲法を理解しやすく紹介していく。会社法では、会社がどのように設立され、運営されていくかについて学び、国際法では、劇的に変化しつつある国際社会を背景にして、これからの国際法のあり方を市民との関わりも含めて展望する。

いずれの大学も、実際の法律の解釈を学ぶ法解釈学のほか、法の思想や基礎理論を学ぶ法哲学や法社会学、法の歴史を探る法制史、、外国の法律との比較研究をする外国法や比較法などの科目がある。法律運用能力を養成するためにゼミナールが重視され、さまざまな分野の法律を専門に学ぶ豊富な講座が用意されている。

特色である。

学べる専門科目

- 憲法
- 行政法
- 刑法
- 民法総則
- 不法行為法
- 会社法
- 行政学
- 民事訴訟法　など

参考［東北大学法学科］

卒業後の進路

- 法曹（裁判官、検察官、弁護士）
- 公務員
- 裁判所事務官
- 国税専門官
- 司法書士
- 行政書士
- 社会保険労務士　など

国際関係法学科

国際間の法律・政治問題を扱う

国際社会では、外交、安全保障、国際紛争、難民、商取引、婚姻などに関する問題が絶えず起きている。こうした国際間の法律や政治問題を扱うのが**国際関係法学科**で、国連職員や外交官、国際性のある職域で活躍するビジネスマンなどの養成をめざしている。

入学すると、まず、憲法、民法、刑法、国際法など法学の基礎を十分に身につける。そのうえで、国際関係の具体的問題を扱う法律・政治分野を学び、法学と政治学に基づく国際関係の分析方法とともに、国際的な分野で活躍するためには欠かせない語学力や幅広い教養を身につける。国際舞台で活躍するには、実務に即した専門的な語学力が必要ということから、英語や、ドイツ語、フランス語、中国語、ロシア語などを通して法律や政治を学ぶ科目も開講しているのが特色だ。

上智大の主な開講科目を見ると、国際法総論では、歴史的背景を説明したうえで、国際法の基本構造をなす概念や制度を学ぶ。国際取引法は、国際的な売買契約を中心に、国際的な商取引に関する法的問題を、適用法規、契約規則、紛争処理など多様な角度から総合的に検討。国際紛争処理法は、国内の紛争解決とは様相の異なる国際紛争の解決方法や手続きを詳細に説明する。また、国際経済法は、現代国際通商体制の法制度と政策の概要を理解。国際政治学は、現代国際政治を深く理解するために、国際関係の諸理論を学び、国際政治を批判的に検討する眼と、グローバルな諸問題を建設的に議論できる力を養う。

こんな学科もある

国際ビジネス法学科

立教大にあり、広い視野とリーガルマインド、深い洞察力を身につけ、世界と日本の企業を橋渡しできる人材の育成をめざしている。法律の観点から、外国企業との取引のための交渉や、紛争の予防、解決に向けた考え方について学び、国際舞台で通用する法知識とセンスを磨いていくカリキュラムを編成している。

国際企業関係法学科

中央大にある学科で、国際社会において企業活動から生じる法律問題を中心に、グローバルな観点で問題を解決する基礎的能力を養う。法律の知識を学ぶことと、現代の国内・国際社会のなかでの企業の役割を知ることを、有機的に結びつけて学習できるように配慮している。

卒業後の進路

- 国際機関
- 外資系企業
- 金融・保険業
- 運輸・通信業

など

経営法学科

ビジネスと法律を融合した教育内容

現在の社会は、国際化、情報化が急テンポで進み、きわめて複雑になっている。また、インターネットを使った商取引が盛んになるにつれ、トラブルも急増している。こうしたことから、法と経済や経営との連携が重視されるようになり、リーガルマインドと経済・経営の専門知識を併せ持ったビジネスマンが必要とされるようになった。

経営法学科は、法実務と経営学を融合した学科で、民事法、企業関係法といった法律関係の科目を体系的に学んでリーガルマインドを身につけ、法律に通じたビジネスマンとして必要な知識を身につける。もちろん、それらと並行して、経営学の幅広い専門知識も修得する。

社会で役立つ実践的な教育を行うため、将来の職業や進路に合わせたコース制をとっている大学もある。日本大は、企業法務や企業リスクに関する専門知識、マーケティングなどを学び、企業経営に関わる法知識のプロをめざすビジネス法コース、グローバルなビジネスの場で国際取引や国際契約の専門家として活躍するために実践的な法知識を身につける国際法務コース、特許や著作権などの知的財産の創造、保護、活用に対する理解と知識を修得した弁理士や特許専門者といったスペシャリストをめざす知的財産コースに分かれる。福岡大には、起業や自営をめざして民法と商法を主に学ぶビジネスマネージメントコース、商社や外資系企業、旅行業などでの国際的な活躍をめざして国際法や商法を主に学ぶインターナショナルスタディコースがある。

こんな学科もある

経済法学科

法律と経済を融合した学科で、国際経済の中で発生した諸問題の解決に至る道筋を考え、法的紛争への対応能力を身につけた人材の育成をめざしている。

ビジネス法学科

経営法学科とほぼ同じ。ビジネス社会の進展を受け、企業活動に不可欠となってきた法の基礎知識と運用能力を身につけ、経営にも強い人材を養成する。流通経済大は、ビジネス法務、法律専門職、スポーツ法務の3コースをおいている。

卒業後の進路

- 金融・保険業
- 流通業
- 弁理士
- 税理士・公認会計士　など

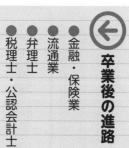

政治学科

政治理論と政策を学び 国際秩序を考える

政治学科＝政治塾ではない。法律学科に対比する法学部の二本柱として、政治そのものを学問として研究しているのが**政治学科**である。

利害の対立や意見・主張の不一致を調整して、社会の秩序を保つのが政治であり、そのために制定されるのが法律だ。つまり、法律学は法の解釈という視点で学ぶのに対し、政治学は法を作り、執行するという国家や政治権力のプロセスを学ぶ学問といえる。

政治学科では、政治に関する理論、政策、歴史などを体系的に学ぶ。そして、新聞の政治面に載っているような、さまざまな政治現象の仕組みや成り立ちを、理論的に解明するとともに、現状分析を行うなど、実証的な研究を行う。さらに、政治哲学や政治思想などの理論研究により問題点を掘り下げ、望ましい政治状況のあり方を探り、変革する方法を研究課題としている。

政治の理論や思想、現代の政治や行政の実態、さまざまな社会問題の現状とその解決、国際社会の動向など、研究対象は無限といえるが、学科内に専攻・コースをおいて研究対象を絞っている大学もある。例えば、中央大は公共政策、地域創造、国際政治、メディア政治の4コース、同志社大は国際関係、現代政治、歴史・思想の3コース、関西学院大は政治システム、公共政策、国際法政の3コースをおいている。

また、政治学は、経済学や社会学など、他分野の知識が要求される総合科学的な色彩が強いことから、多彩な専門科目が開講されており、隣接部門の諸科学も幅広く学ぶことができる。

こんな学科もある

国際政治学科

国際政治に特化したカリキュラムで、国際社会や日本外交が直面する諸問題を歴史的、思想的かつ理論的に理解し、異なる文化や価値体系に対する高い感受性を身につける。

政治行政学科

国際政治、国内政治、地方政治など、政治の各局面をトータルに学び、公共性と社会性を備えた人材を養成する。

地域行政学科

明治大は、地域コミュニティ、産業社会、行政などを理論と実務の両面から研究・分析し、より良い地域運営と地域経済、産業、社会の活性化を実践できるプロフェッショナルを養成する。

卒業後の進路

- 公務員
- 新聞・通信業
- 金融・保険・証券業
- NGO・NPO　など

経済学科

人間生活に密着した経済の原理を学ぶ

新聞やテレビでは、為替変動、株価の動き、企業再編の動き、財政や金融制度の問題点などといった、さまざまな経済ニュースを連日報じている。経済は、人間の生活に必要な財貨やサービスを生産、分配、消費する活動のことだが、こうした経済について学問的にアプローチしていくのが経済学で、人間の経済生活の仕組みや機能、発展の法則を研究する学問分野である。

　何の関連もないように見えるいくつかの経済現象を論理的に深く分析していくと、「こういう消費活動が盛んになると、インフレになる」などと経済法則が見えてくることがある。逆にそうした経済法則から、より良く経済活動を促進する方法を模索することも可能になる。これが経済学の基本的な研究方法である。このような基本を念頭に、経済新聞や専門書を読みこなすまでの経済知識と応用力を獲得するのが**経済学科**での学習の中心だ。学ぶうえで論理的思考力も求められる。

将来の目標に合わせた専攻・コースを設定

　学ぶ分野は、経済学と経営学が両輪となっている。経済学が、経済を通して人間社会を大きな視点から考えるのに対し、経営学は、企業経営というより身近な立場から経済現象を考察する学問であり、現代経済を見るにはどちらもきわめて重要な分野だ。そのため、経済学と経営学の2つの専門分野を自由に選択できる体系的なカリキュラムを導入している大学が多く、学科名を**経済経営学科**や**経営経済学科**などとし

こんな学科もある

総合経済学科

　グローバルな視野を持って、現代の経済・経営の諸問題を解決できる実践的エコノミストを養成。長崎大は、経済と政策、グローバル経済、ファイナンス、経営と会計の4コースから興味や関心に応じて選択履修するシステムをとっている。

経済経営学科

　経済学、経営学に関する学際的な分野の教育・研究を行う学科。単に経済学科とせず、経営学も重視しているという観点から、経済経営学科とする大学も存在する。大和大では金融・会計、起業・事業承継、経営戦略、国際経済、経済・経済分析の5コースをおいている。例えば、金融・会計コースでは、経済社会を貨幣や金融を中心に理解し、金融・会計に関する専門的知識を身につけ、金融関連や企業経営管理、資格を活かした会計関連業種などで活躍できる実力を養う。また、起業・事業承継コースでは、会社を興したい、事業を継ぎたい学生などに、経営者をめざすためにビジネスにおいて必要な法的知識・素養を修得させる。

経営経済学科

ているケースもある。

経済学科では、幅広い教養をベースに、広い視野で現実の経済の動きを的確に把握し、現代的な諸問題に対応した経済政策を提起できる人材の育成をめざすが、広範な経済学の領域を、学生の興味・関心や将来の目標に合わせて、系統立てて学べるようにコースを設定している大学も多くある。

例えば法政大は、3年次から現代経済分析、社会経済・歴史、文化・思想、環境、政策、金融・国際、産業・企業の7つの分野から主専攻と副専攻を選んで履修する。また、関西大は、基礎力を確実にしたあと、2年次秋学期から経済理論、金融・会計、公共経済、歴史・社会、産業・企業経済、国際経済、統計・情報処理の7専修に分かれ、より深く経済学の専門知識が修得できるようにしている。國學院大は、3年次から、経済の歴史と理論コース、日本の経済システムと政策コース、グローバル経済コースに分かれて専門性を高める。

部門別、体系的なカリキュラムを編成

カリキュラムは、部門別に編成されている。理論経済学部門では、経済現象を理解、分析するための基礎理論を学ぶが、企業や消費者の経済行為を分析するミクロ経済学と、国家や国民、市場といった大きな視点から経済のメカニズムを研究するマクロ経済学に分

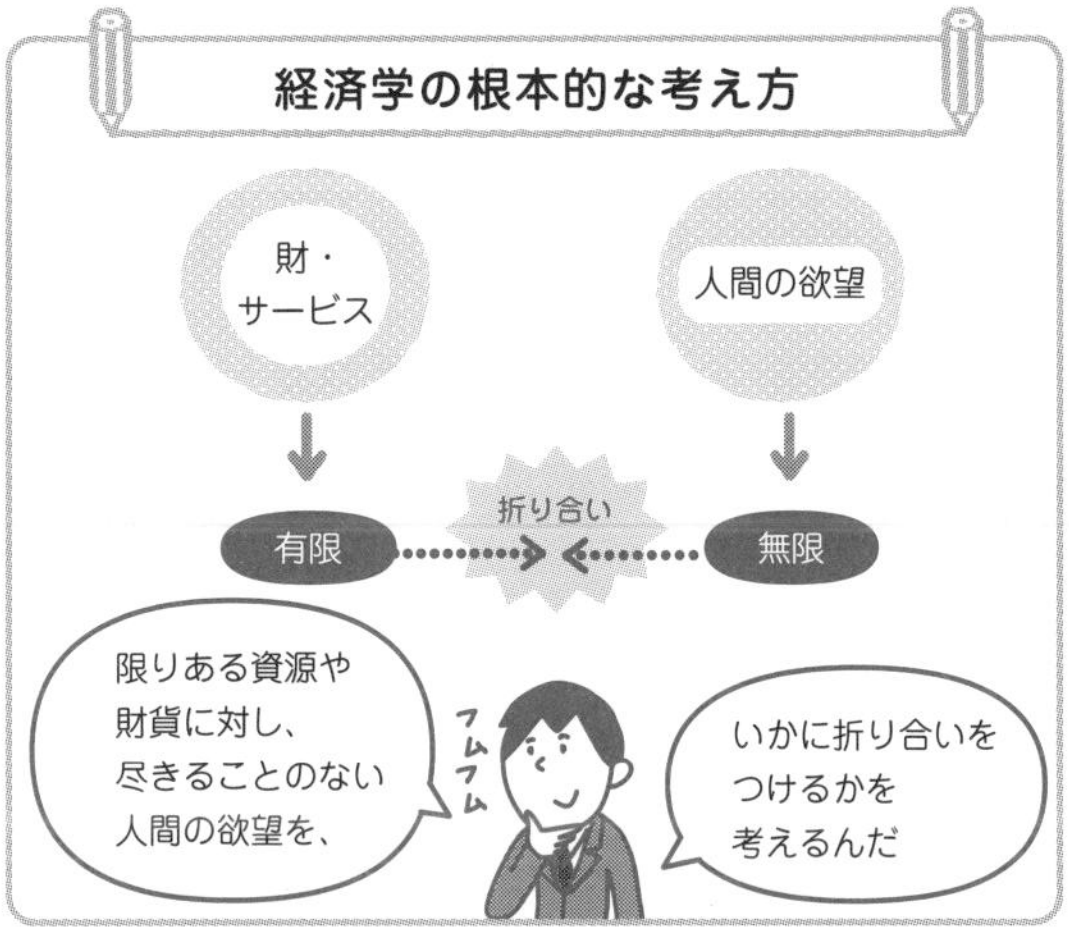
経済学の根本的な考え方
財・サービス
人間の欲望
有限
折り合い
無限
限りある資源や財貨に対し、尽きることのない人間の欲望を、
フムフム
いかに折り合いをつけるかを考えるんだ

経済経営学科などとほぼ同じ。経済学、経営学、簿記・会計学、マーケティングを連携した体系的なカリキュラムによって、社会の仕組みを多面的に学び、実践的な職業人としての能力を身につけさせる。将来の進路に合わせたコース別の教育を行っている大学が多い。

経済政策学科

主として政府や自治体などの政策分野を扱う学科。立教大は、税負担のあり方や都市政策、社会保険制度、環境、NPOの役割などを学ぶ「公共サービスと生活」、産業構造の転換や産業政策、労働と生活などを学ぶ「競争と規制」、諸国間の通商関係や途上国開発、国際関係の役割などを学ぶ「グローバル化と地域」の3つのカテゴリーから、経済や社会をめぐる政策を深く掘り下げていく。

地域経済学科

地域の活性化、再生を実現できる人材の育成をめざしている学科。帝京大では、経済学の基礎と幅広い教養を身につけ、社会の現状と経済学に関する理解を深めたあと、3年次にそれに関連する分野を学びながら自分で深めたい分野を絞り込む。4年次では、地域経済の現状や問題点、原因についてさまざまな角度から深く考察し、4年間の学びを卒業論文にまとめる。

けられ、経済現象を観察し、その間に存在する法則を明らかにしていく。経済原論のほか、経済学説史、国民所得論、経済変動論といった科目もある。

経済史部門では、概論的な経済史のほか、日本経済史、アジア経済史、西洋経済史があり、世界のさまざまな地域や国の経済と社会を歴史的な流れのなかで学習する。中世史、近現代史といった時代によって分けたり、商業史、金融史といった分け方や、数量経済史というように分析手法で分けることもあり、経済現象の発達や変化を個別的、具体的に研究する。

経済政策部門は、経済理論や経済史によって明らかにされた知識を実際の政策に応用する分野。物価、インフレ、環境、福祉対策を考えることをおもな目的とした経済政策のほかに、貿易政策、工業政策、商業政策といった産業政策関係の科目もある。

このほか、金融・財政学部門では、財政学を通して国家財政の構造と動向について学び、金融論で貨幣の種類と機能、金融構造、金融市場、金融政策の歴史的発展と現状などを学ぶ。また、統計学部門には統計学、経済統計、経済数学、計量経済学などがあり、経済現象を数量的に分析するための理論と手法を実践的に修得する。

各大学とも、ゼミナールが重視されている。興味あるテーマに沿って研究を進め、少人数の学生同士が報告・討論し、成果を発表する。ここでの学びは専門知識を深めるだけでなく、社会人に必要とされる洞察力、分析力、表現力やプレゼンテーション能力などを飛躍的に伸ばすことになるようだ。

学べる専門科目

- 現代日本経済論
- 金融論
- 財政学
- 国際経済学
- 現代経済政策
- 産業組織論
- 労働経済学
- 地域開発論　など

参考［明治大学経済学科］

卒業後の進路

- 金融・保険業
- 商社
- 情報通信業
- 不動産業
- 中学校・高校の教員
- 公務員

など

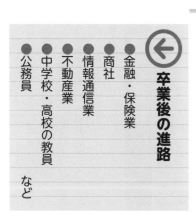

現代経済学科

現代的・科学的な手法で経済分析を行う

現代経済は、グローバル化と変革の波に洗われて、大きな変貌を遂げている。**現代経済学科**は、経済構造の変化に対応する経済分析や、経済理論の構築、変貌する経済社会に対応する経済政策、社会政策などを研究対象とする学科で、深い専門知識と論理的思考力を修得し、国際感覚と実践力を備えた人材の養成をめざしている。

龍谷大は5つのプログラムをおいている。現代経済学プログラムは、大学院進学や経済理論の理解を深めたい人のためのコースで、経済学の基礎科目を学んだうえで、上級の経済理論を学び、経済分析手法を体得させる。産業経済プログラムは、企業や産業をマクロと地域の両方の視点から学ぶとともに、地域活性化プロジェクトなどを通じて実践的な問題解決能力を養う。また、ファイナンスプログラムは、大きく変化している金融分野を理論と実践の両面から学び、最新の金融問題に取り組む。応用政策プログラムは、公務員志望者などに環境問題や都市問題などに対する経済的視点からの政策立案能力を養う。そして、経済情報プログラムは、社会にあふれる情報を的確に入手できる技術を身につける。

大東文化大では、経済データ分析入門などを必修科目として学び、論理的思考力の基礎を形成したのち、ミクロ経済学、マクロ経済学を必修として学び、経済学の基本的な理論を身につける。また、選択科目の履修によって、現代社会を分析するうえで必要とされる最小限の分析ツールを、比較的早い段階で身につけることができる。

こんな学科もある

現代経済デザイン学科

国際・地域社会の役割や相互関連性を理解し、現代経済を取り巻く諸問題を発見する能力、分析する能力、解決に向けて政策を立案する能力などを身につけさせる。青山学院大は、2年次後期から、税制、社会保障、第三セクターなど公共部門のマネジメントに関わる諸問題に取り組む公共コースと、地域社会の諸問題、求められる政策などについて多様な検討を行う地域コースに分かれる。

応用経済学科

現代社会が抱える課題を解決する最先端の経済学を基礎から応用まで学ぶ学科で、信州大は、リスク分析、公共経済、企業と制度の経済分析という3つのコースに分かれて専門性を高める。

卒業後の進路

- NGO・NPO
- ファイナンシャル・プランナー
- 金融・保険業
- 公務員

など

国際経済学科

国際的な経済問題の解決法を学ぶ

わが国では国際貿易が盛んに行われているが、貿易摩擦などさまざまな問題が発生している。また、ＥＵ（ヨーロッパ連合）やＡＰＥＣ（アジア太平洋経済協力会議）などの地域連合で貿易を盛んにしようとする動きも活発だが、環太平洋経済連携協定（ＴＰＰ）や自由貿易協定（ＦＴＡ）などさまざまな問題をはらんでいる。

こうした日本と諸外国の間の経済問題を総合的に学び、国際化する経済社会に対応する国際経済人の養成をめざしているのが**国際経済学科**だ。グローバル経済を捉えるには、経済の見方、海外主要国・地域の経済や社会の動向と構造、国際経済学の基礎を頭に入れておく必要がある。そこで東洋大では、入学するとグローバル・エコノミー入門で国際経済学の基礎を固める。中国、アジア、アメリカ、ヨーロッパの経済を学ぶと同時に、経済理論や経済データ分析を通じて情報取得ノウハウや情報処理能力を高めていく。２年次では、国際経済学の基礎をさらに強化する。同時に、国際経済学の本流である国際貿易論、国際金融論、開発経済論、近代欧米経済史などを学ぶ。３年次からは、国際経済学をさらに深めたり、世界の産業や金融に視野を広げたり、外国語能力を一層高めるなど、各自の興味に応じてより専門的に学ぶ。

専攻・コースに分けて教育を行う大学も多く、例えば青山学院大では、経済学の基礎を学んだ後、学生の関心と目標に合わせて国際経済政策コースか国際ビジネスコースを選択し、専門分野を体系的に履修する。

こんな学科もある

国際環境経済学科

人類にとって環境問題は、地球全体として取り組まなければならない最重要課題だ。また、貧困と飢餓の問題、人口と食料の問題、経済格差の問題、資源・エネルギー問題、貿易や投資の自由化に伴う問題など、グローバル社会は数多くの課題を抱えている。この学科は獨協大にあり、いかにして環境と開発を両立し、持続可能な社会を実現するのかという問題について、経済学の視点から解決策を考え、地域社会や国際社会に貢献できる実践的な人材の育成をめざしている。

卒業後の進路

- 商社・貿易業
- 運輸・通信業
- 金融・保険・証券業
- 情報サービス業

など

商学科

商業活動の実践を学び 即戦力の実力を育む

学科名に「商い」の文字がついているため、商人や商取引を連想しがちだが、商売や帳簿だけを対象とする学科ではない。商学の研究対象の中心は、生産者と消費者をつなぐ流通であり、企業経営やマネジメントを含めて流通に関わるさまざまな現象を教育・研究するのが**商学科**である。ここでは、生活者の求める、快適で便利な生活の在り方を追究するとともに、それを提供するための商業活動の原理や方法論を実践的に学んでいる。また、流通と販売のプロセスは大規模化、複雑化しているため、これらに対応する形で、企業経営に関する諸問題を、あらゆる側面から科学的に学ぶようになってきた。

商学科では、さまざまな企業の活動を通して生きた経済を学ぶが、今日の商学の中心分野はマーケティングといっていい。個人や企業が消費者のニーズを製品などに反映させて、その製品を消費者にいかに売るかを研究する分野で、宣伝広告、販売促進、市場調査などの内容が含まれる。

各大学では、このような専門科目を幅広く学び、あらゆる商業活動に不可

商学科のカリキュラムの柱
経営学
金融
会計学
マーケティング
主に企業や消費者、国家、市場などを全体的にとらえるのが経済学
商学は企業経営と消費者に的を絞って学ぶことが多いよ

こんな学科もある

商業学科

商品やサービスの流れについて研究する学科で、流通のメカニズムから金融、保険、証券、マーケティングなど幅広い分野を研究対象にしている。ビジネス、経済に関する実学的知識を基礎に、マーケティング、流通、貿易、ビジネス法務など多様な科目を総合的かつ体系的に学び、グローバル化やIT化など変化が激しい市場環境の動向を冷静に分析・判断できる実践的な問題解決能力を備えた人材の育成をめざしている。

マーケティング学科

マーケティングに関する知識とスキルを修得したビジネスパーソンを育成する学科。専修大は、インターネットの活用や商店街の活性化などマーケティングの視点を養うマーケティングコース、「お金の流れ」を金融・証券・保険の3つの側面から理解するファイナンスコース、グローバルビジネスにおけるビジネスリーダーやスペシャリストを養成するグローバルビジネスコース、激動するビジネスの現場で確かな判断力を培うビジネスインテリジェンスコースをおいている。

欠なマーケティングセンスと、最新の実践理論を修得させている。また、流通分野では、商品が生産されてから消費者の手に渡るまでの流通プロセスの研究、その現状と将来のあり方など幅広い分野が含まれているが、どれも実践的な内容である。

特色あるカリキュラムで専門性を追究

専門課程は、商学に関連する科目を中心に編成されるが、経営・経済学分野まで基礎科目として学ぶのがふつうだ。これらの対応科目には、商学、商品学、会計学、経営学、経済学などがあり、さまざまな分野を幅広く学ぶことになる。基幹科目として重要なものは、金融論、流通論、マーケティング論、貿易論、市場調査論、経営分析などで、これらのなかから各自の希望に応じて選択し、その後の方向性を決めるのが一つのパターンとなっている。

そのため、多くの大学では、各自の希望進路に応じて専門性を追究できる。また、必修科目を少なくし、自由に科目を選択できるのが、どの大学にも共通する特徴だ。最近では、国際化に対応して語学教育や国際関係教育を充実させることにも重点がおかれる。

商学科では、少人数でのゼミナールが伝統的に重視されている。ほとんどの大学では、1年次で入門・教養的な内容のゼミナールを、高学年次ではテーマ別の専門的なゼミナールを開講。専門ゼミナールでは、より深くテーマを掘り下げ、教員との徹底的な討論を通じて、自分の頭で物事を考え、明確に表現できる能力を養っている。

学べる専門科目

- 商業史
- 流通論
- マーケティング論
- 金融論
- 証券論
- 貿易論
- 国際金融論
- 国際商取引論　など

参考［同志社大学商学科］

流通マーケティング学科

東京経済大におかれている。市場を創造し、顧客や取引先、社会との良好な関係を構築するための流通、マーケティングに関する専門知識と技術を修得し、流通業、製造業、サービス業などで問題解決に貢献できる人材の育成をめざしている。

卒業後の進路

- 金融・保険業
- 公務員
- 流通業
- 商社・貿易業
- 運輸・通信業

など

会計学科

会計・経理・財務のスペシャリストを養成

企業経営において最も重要なことの一つが資金の流れで、それを研究する会計学は、経営者や管理者にとって必須のスキルだ。そして企業にとっては、経営活動の動きを貨幣額や資産などから把握し、経営管理に役立て、財務内容を開示する役割を担う会計のエキスパートの存在が、ますます重要なものとなっている。

会計学は、商学科や経営学科などでも学べるが、**会計学科**では、会計の知識を体系的、専門的に身につけて、社会環境の変化に柔軟に適応でき、ビジネス社会をリードする人材の育成を目的としている。そのため、会計学を理論的、体系的に深く学べる。また、企業は市場から資金を調達して機械設備や製品開発などに投資するわけだが、この資金の流れが金融・財務であり、会計（アカウンティング）と金融・財務（ファイナンス）の密接なつながりを、実践的に学ぶことができる。

会計学科では、会計学を中心に据えて、経営学、経済学、商法、税法といった関連分野の専門科目を体系的に開講している。そして、それらを学ぶことによって、会計の手法に基づいて企

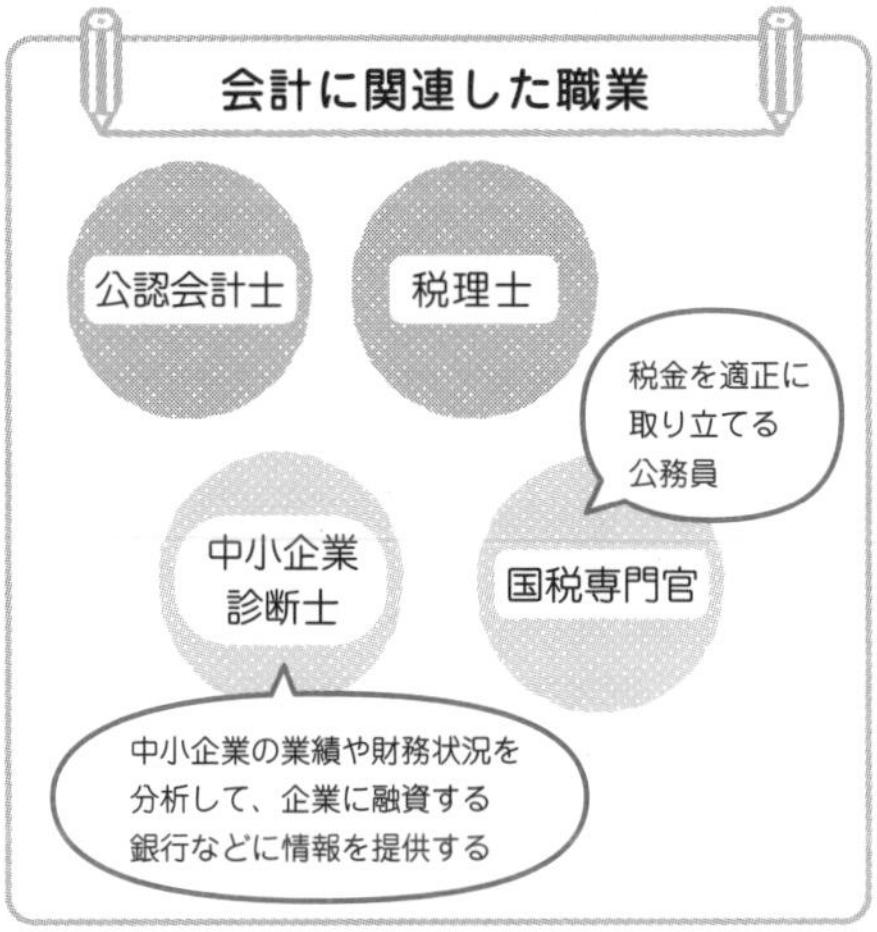
会計に関連した職業
公認会計士
税理士
税金を適正に取り立てる公務員
中小企業診断士
国税専門官
中小企業の業績や財務状況を分析して、企業に融資する銀行などに情報を提供する

こんな学科もある

会計情報学科

企業経営において重要な「お金の流れ」に関することを理論的、実践的に学ぶ学科で、滋賀大におかれている。財務会計、管理会計、国際会計の3講座があり、企業の利益はどのようにして計算されるのかという問題や、製品を作るのにかかったお金を計算した情報が経営にどのように役立つのかといった問題を探っていく。

会計ファイナンス学科

会計とファイナンスを重点的に学ぶ学科。企業経営全般に通じるとともに、会計分野、ファイナンス分野で高い専門性を持ち、企業を科学的に分析できる能力を持った人材の育成をめざしている。東洋大は、ビジネス会計、公認会計士・税理士、国際ビジネス、ビジネス金融、ファイナンス・プロフェッショナルの5コースに分かれて専門性を高める。

ファイナンス学科

滋賀大にあり、金融に関する基礎理論と政策を学ぶファイナンス計画、金融取引が行われる市場について学ぶファイナンス市場、金融に関する計画や市場の枠組みとなる制度を学ぶファイナンス・シ

業の財政・財務状態や経営成績を示す会計報告書を作成し、分析する企業会計の理論と実践力を身につけられる。

また、会計のプロフェッショナルをめざすための教育を体系的に実施するため、公認会計士試験や税理士試験に対応したカリキュラムを用意している大学もある。日本大では職業会計人コースを定員制で設けて、国家試験合格をめざすために必要な科目を履修させており、専修大は将来の進路に応じた4つの履修モデルを設定。会計プロフェッショナル履修モデルでは、公認会計士など職業的会計専門家をめざす学生のための専門教育を行っている。

簿記の基礎から高度な会計領域を履修

会計学は知識を積み重ね、段階的に学ぶ学問といえる。入学すると、まず会計学科用の簿記論（日商簿記検定2級レベル）の授業を通じ、基礎を確実に固める。そして、2年次になると、財務会計総論、管理会計総論を履修し会計学の基礎を固める。3年次からは、財務諸表論、会計監査論などの財務会計領域、原価管理論、経営分析論などの管理会計領域の専門科目を幅広く深く履修。2〜3年次から公認会計士試験をめざすための科目を選択履修する学生もいる。

ゼミナールでは、企業の業績は優れているのか、新たな戦略プロジェクトの価値はどの程度あるのか、買収や合併のターゲット企業の価値はどの程度あるのかなどの問題について研究し、プレゼンテーションやディスカッションで高度な内容に踏み込んでいく。

学べる専門科目

- 商業簿記
- 財務会計
- 原価計算
- 監査報告書論
- 株式会社会計
- 税務会計
- 租税法
- 財務分析　など

参考［近畿大学会計学科］

ステムの3講座を開講している。

金融学科

金融の仕組み、金利や株価の決定といった金融の基礎から、新しい金融商品を作り出す金融工学まで幅広く学ぶ。武蔵大では、お金の視点から家計や企業活動を総合的に管理・運営する方法を学ぶ金融コースと、専門職をめざす証券アナリストコースをおいている。

卒業後の進路

- 金融・保険業
- 投資系企業
- 証券アナリスト
- ファイナンシャル・プランナー
- 監査法人
- 公認会計士
- 税理士
- 国税専門官

など

経営学科

企業戦略・経営組織・人間行動を幅広く学ぶ

わが国の企業では、多くの人々が生産・製造、流通・販売、財務・経理、研究・開発といったさまざまな業務に携わっている。**経営学科**では、こうした企業の経営管理や組織のあり方、経営戦略とマーケティング、会計情報の処理や資金の調達方法、企業行動の社会的意味などを多面的に教育・研究し、現実的な実務スキルを身につける場となっている。

企業を経営するためにはさまざまな知識が要求され、企業内では、お金、人、商品管理の知識が求められ、企業外部との関連では流通や市場について熟知しておく必要がある。また、国際的な視野に立った経営戦略が不可欠になっているし、コンピューターを利用した情報管理とその応用知識も、経営の重要な要素となってきている。そうしたことから、学ぶ内容は幅広い分野にわたるが、経営学部門の科目と、経営管理のうえで欠くことのできないツールである会計について研究する会計学部門の科目が中心となる。そして、商品の流通を扱う商学部門が重要な柱として加わる。「販売なくして企業なし」といわれるように、販売戦略が企業経営を大きく左右するからだ。

ふつう専門科目は、経営学、商学、会計学の3分野で構成される。経営学分野は、経営理念、経営行動、経営戦略、経営管理、経営情報などの企業経営に密接に関係する理論及び技術を研究し、企業活動に関する洞察力と実践能力を磨く。商学分野は、マクロ的な視点の流通機構に関する理論と、ミクロの視点のマーケティング行動に関す

こんな学科もある

産業経営学科

経営や会計の実践的なスキルを磨く学科。日本大では、産業・企業論、経営学、会計学、商学の4つの領域を柱にしたカリキュラムを編成。産業の実態や企業の戦略などを理解し、企業や組織の経営・運営に携わることができる人材や、起業をめざす人材の養成をめざしている。2年次からは企業マネジメント、国際マーケティング、会計・ファイナンス、経営情報の4つのプログラムに分かれて専門的な教育を行っている。

企業経営学科

経済活動の単位である企業に焦点を当てた学科。滋賀大は、企業の組織や仕組み、経営戦略、生産管理、新しい製品の開発など、経営のさまざまな実践の現状やその理論などを探っていくカリキュラム編成。経営学やマーケティングの分野に関しても、理論的、歴史的、管理論的に学ぶことができる。杏林大は、企業活動における戦略立案などの能力を身につける経営コース、お金の動きから経営を理解する能力を身につける会計コースをおいている。

る理論と技術の研究を行い、企業のマーケティング戦略の企画、立案、実行を学ぶ。会計学分野は、外部への報告書である財務諸表の作成に関係する財務会計と、経営内部での利用を目的とする会計データの構築に関係する管理会計を研究し、企業活動を貨幣の動きで捉える力を養う。

経営学・会計学・商学が軸で、ゼミも重視

具体例をみると、明治学院大では経営学、商学（マーケティング）、会計学の3分野をバランスよく体系的に学べ、基礎から応用までスムーズに移行できるようにカリキュラムが段階的に構成されている。導入科目群には、経営学入門、マーケティング入門、会計学入門があり、基幹科目群には、経営学原理、経営組織論、マーケティング、市場システム、財務会計論、管理会計論などがある。また、応用科目群には、経営史、情報ネットワーク論、消費者行動、証券論、原価計算論、税務会計などがあり、演習科目群には、データ処理理論や簿記、ワークショップ、演習などが用意されている。

また、亜細亜大では、多岐にわたる授業科目を経営、マーケティング、会計の3つの領域に整理し、領域ごとに体系的な履修モデルを提示している。マーケティング領域を例にとると、1年次は、流通・マーケティングで、製

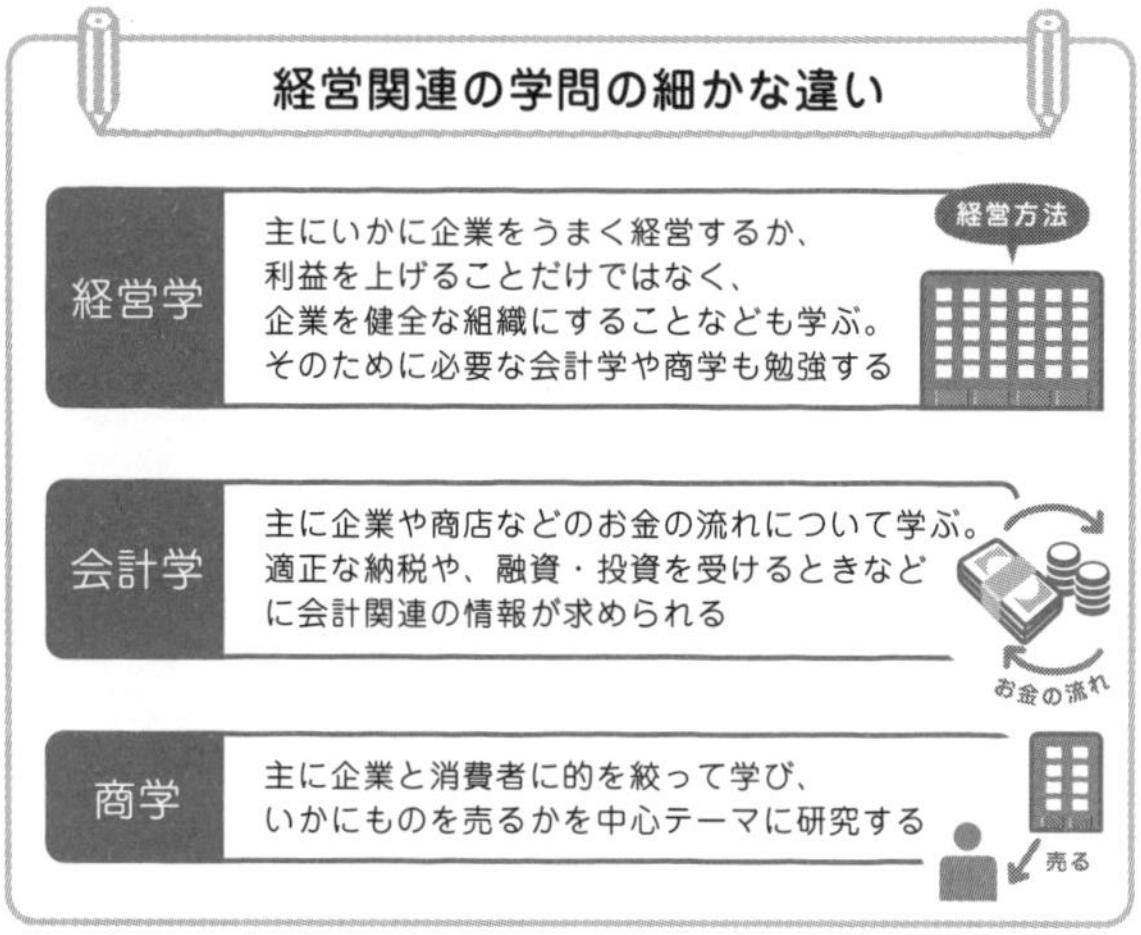

経営関連の学問の細かな違い
経営学
主にいかに企業をうまく経営するか、
利益を上げることだけではなく、
企業を健全な組織にすることなども学ぶ。
そのために必要な会計学や商学も勉強する
経営方法
会計学
主に企業や商店などのお金の流れについて学ぶ。
適正な納税や、融資・投資を受けるときなど
に会計関連の情報が求められる
お金の流れ
商学
主に企業と消費者に的を絞って学び、
いかにものを売るかを中心テーマに研究する
売る

公共経営学科

行政やNPOといった公的組織のマネジメントを対象とした学科。行政組織に加え、医療・福祉・教育、まちづくり、環境保全、国際協力、公的施設・スポーツ組織の運営など、幅広い公共サービス分野のマネジメントについて学ぶカリキュラムを編成。明治大では、卒業後の進路をNPO、行政、パブリック・ビジネスの3つのマネジメントに方向を定めている。

現代経営学科

東洋学園大は、実践的な経営知識を学ぶ経営学専攻、マーケティングやサービスビジネスのあり方を考えるマーケティング専攻、経済の仕組みやお金の動きを知る経済学専攻で、現代のビジネスを学ぶ。また、環太平洋大は、グローバルビジネスの基盤を身につけ、経営の専門領域を学ぶグローバルビジネスコースと、確かなビジネス基礎体力を身につけるビジネスマネジメントコースをおいている。

総合経営学科

ビジネス領域に加え、公的機関や非営利機関、スポーツ・健康分野、情報通信といったさまざまな領域で創造力と実行力豊かなマネジメント力をもった人材の育成をめざしている。大学によっては、将来の進路や学びたい分野に対応した公

品やサービスの生産から、流通、販売までの広い範囲にわたるマーケティングの基礎を学ぶ。2年次は、選択必修科目の流通論、マネジリアル・マーケティング論が開講され、両科目を学ぶことで、マーケティングの体系的な知識を修得することができる。3年次以降は、それまでに学んだマーケティングのより専門的な知識を修得するため、マーケティング・コミュニケーション論、小売マーケティング論、ブランド・マネジメント論、消費者行動論などが開講されている。

情報処理教育やゼミナールにも重点

注目度の高い電子商ビジネスなどへの対応のほか、経営分析などのデータを処理するときにはコンピューターの使用が欠かせない。そのため、**経営学科**では情報処理教育に重点がおかれ、基本的な情報リテラシーはもちろんのこと、コンピューターを用いた高度なデータ処理がしっかり学べるよう、情報関連科目が多く設けられている。

また、グループ研究と討論を中心に展開するゼミナールは、概ね必修となっている。ふつう、1、2年次は基礎的な内容で、3年次からは個別的な専門テーマで開講される。一橋大では、1年次の導入ゼミナールで、大学で学ぶうえで必要となる基本的な知識を身につけ、2年次の前期ゼミナールでは、英文の専門書を読みこなすための基礎能力を育む。そして3、4年次の後期ゼミナールでは、自ら選択した専門領域で、本格的な学習・研究に取り組み、卒業論文として結実させる。

学べる専門科目

- 産業組織論
- 資本市場論
- 経営管理論
- 人事管理論
- 国際財務論
- 意識調査法
- 内部監査論
- 経営分析論　など

参考［南山大学経営学科］

共マネジメント、スポーツマネジメント、会計ファイナンスなど多様なコースを設置している。

卒業後の進路

- 金融・保険業
- 流通業
- 商社
- 運輸・通信業
- 公務員

など

現代ビジネス学科

実践的・具体的知識や技法を修得させる

わが国では、構造改革、規制緩和といった大きな流れのなかで、国際社会で活躍できる力とビジネスの理論と実践力を身につけた人材の育成が急務。また、経済問題だけでなく、地球規模や地域社会など、幅広い領域での問題解決が重要なテーマとなっている。

こうしたニーズに対応して、現代のビジネス社会を総合的に理解し、実践する技能を備えた人材や、企業で即戦力となるビジネスパーソンの育成をめざしているのが**現代ビジネス学科**だ。企業経営、流通、マーケティング、会計などビジネス系科目を重視している点が大きな特色である。

神奈川大では、2年次進級時に貿易・国際ビジネスコース、経営・マーケティングコース、企業・会計コースを選択。貿易、ビジネス、マーケティング、会計などビジネス系の科目が重視され、企業経営に必要な能力を修得できるよう科目が配置されている。さらに、経済とビジネスの国際化に対応した学習ができるよう貿易理論、貿易ビジネスに関する科目、グローバルマーケティングやアジア経済論といった科目、ビジネス英語など多彩な科目を用意している。

ゼミナールは、専門書の読み方、レポートや発表方法など、大学における学習方法の基礎を修得したあと、経済入門ゼミで経済の仕組み、世界経済の状況など幅広く経済学の面白さに接し、専門ゼミでは、担当教員の指導のもとで専門書を読み、互いに討論しながら自分で選んだテーマを追究し、その成果は卒業論文としてまとめられる。

こんな学科もある

ビジネス学科

社会で即戦力となりうるビジネスの専門知識と、企業が求める能力を兼ね備えた人材の育成をめざしている。愛知淑徳大は、現代ビジネス、グローバルビジネスの2専攻をおき、実践的な学びによって専門性を磨く。

ビジネスデザイン学科

価値を創造するビジネスの仕組みを、顧客づくり、組織づくり、経営資源づくり、視野づくり、経済学的思考という5つの視点で捉え、その基礎から応用までを体系的に学ぶ学科で、昭和女子大にある。最新のビジネス戦略や業界の特性をアクティブに学ぶのが特色である。

卒業後の進路

- 金融・保険業
- 情報通信業
- 運輸・旅行業
- 流通業
- 公務員

など

国際経営学科

国際ビジネスの知識やスキルを身につける

ボーダレス、グローバル化の時代を迎え、ビジネスの現場で求められているのは、世界的な視野に立って柔軟な思考で問題を発見し解決していく能力だ。刻々と変動する経済環境のなかで展開される国際ビジネス界で活躍するには、国際ビジネスの専門知識やスキルを身につけるとともに、それをビジネスに活かすコミュニケーション能力を高める必要がある。こうした背景から、英語コミュニケーション能力を駆使し、国際環境で活躍できるビジネスリーダーの育成をめざして**国際経営学科**が登場した。

履修の流れを明治学院大の例でみよう。1年次は、国際ビジネスの基礎科目を中心として、経済学、ビジネスに必要な法律、基礎演習などの入門科目を学ぶ。2年次には、国際ビジネスに関する専門科目を、企業の組織や戦略について学ぶマネジメント&ストラテジー、企業の資金調達や利益計算について学ぶアカウンティング&ファイナンス、貿易や産業組織について学ぶトレード&インダストリーの3分野に分け、各分野における思考方法、特に国際的視点からの問題解決を重視した内容の授業が行われる。3年次からは一つの分野を選択し、より深く学習するが、応用力の向上をめざした専門科目や特講科目などで、理論と実際を身につけることができるよう工夫されている。

外国語のスキルアップのために、ビジネス外国語、国際ビジネスを外国語で理解する外国書講読、国際研修プログラム、海外フィールドスタディなど多様なプログラムも準備されている。

こんな学科もある

グローバルビジネス学科

ビジネス社会でグローバルに活躍できる人材の育成をめざした学科で、武蔵野大におかれている。グローバルビジネスに欠かせない英語と中国語の言語運用力を高めながら、英語で経営やビジネスを学ぶことによって、英語を使った実務能力を修得させている。

国際ビジネス学科

国際性とコミュニケーション能力を兼ね備えた企業人の育成をめざした学科。国際取引に関する専門知識やビジネスコミュニケーション能力、高度な情報処理能力、世界の人々と相互理解を深める力など、国際的なビジネスの現場で活躍するための実践的な能力を身につけさせる。

卒業後の進路

- 商社・貿易業
- 金融・保険業
- 外資系企業
- 公務員
- 国際機関

など

経営情報学科

企業経営を左右する情報の活用法を研究

高度情報化社会の進展によって、コンピューターによる情報システムの利用が企業活動に浸透し、企業のさまざまな分野で情報に精通した人材が求められている。企業経営に情報を活用するためには、従来の経済学や経営学の知識だけでなく、理系の分野にまで踏み込んで情報処理技術をマスターした優秀な人材の育成が必要となる。

そこで**経営情報学科**では、情報技術を駆使し、情報を含む経営資源を適切にマネジメントするスキルについて、経営学と情報学の視点から多面的に学び、情報処理能力とマネジメント力を身につけたビジネスリーダーの養成をめざしている。ＩＴ革命が叫ばれるなか、21世紀型の新しいビジネスの場面で、経営情報学の知識は欠くことのできない重要な要素としてさまざまな分野で必要とされている。この分野の専門知識とセンスを持った人材への期待は、ますます高まるばかりである。

経営情報学科の特徴は、経済・商学系の学科で行われている教養的な情報教育よりも、専門的で踏み込んだ内容であること。そして、より実践色が濃く、企業などですぐに生かせる即戦力

テキパキ
統計学のスキルで経営分析を行うこともできる
カタカタカタカタ

こんな学科もある

経済情報学科

企業、産業、国民経済などを情報科学、システム科学の観点から学び、情報処理能力や論理的思考力を備えた人材の育成をめざしている学科。尾道市立大は、経済系、経営系、情報系の3分野からなる専門教育科目を配置し、基礎学力の涵養と応用能力の育成に配慮したカリキュラムを編成している。

産業情報学科

グローバルな視点を取り入れた経済知識とITを修得した人材の育成をめざしている学科。沖縄国際大に設置されている。

医療情報学科

電子カルテに限らず、病院ではIT化が進み、病院情報システム、電子カルテの管理や運用には、医療情報の専門的な知識を持った人材が必要とされている。そうした専門家の養成をめざしている学科で、高崎健康福祉大では、医療と情報のW資格取得をめざす。

を養うものになっている点だ。

経営学分野と情報学分野を幅広く開講

カリキュラムは、大学によって異なるが、基本的には経営学分野と情報学分野に大別された専門科目を履修することになる。

経営学分野では、**経営学科**とほぼ同様の基礎的部分を学ぶ。そして、高学年になると、それまで蓄積したコンピューターの知識や技術をいかに経営に活かすかといった専門的なテーマに取り組むことになる。オフィス管理論、研究開発管理理論、社会情報システムなど独特の科目もあるが、経営管理論、人事管理論、経営戦略論といった経営学分野の研究のなかで、コンピューターを使って与えられた課題を効率的に達成する方法や、逆にコンピューターによって解決することができる目標を発見していく方法など、現代の企業経営で求められる課題を扱う。

情報学分野では、情報の意味と役割からコンピューターの応用技術までを一貫して取り扱う。情報概論、経営情報論、情報通信論、人工知能論などの科目が設けられており、データベース構築、経営モデル分析、意思決定支援システム、ニューメディアといった最新の課題に挑戦する。

ゼミナールは少人数制で、多彩なテーマで行われるが、経営システム、情報分析法、経営モデリング、多変量解析などといった専門性の高い内容を学ぶことができ、テーマによっては企業や地域社会とも共同研究が活発に行われている。

学べる専門科目

- 意思決定論
- 情報システム管理論
- 情報システム論
- ベンチャー・マネジメント
- 現代企業論
- 簿記原理
- 証券経済論
- 国際マーケティング　など

参考［北星学園大学経営情報学科］

卒業後の進路

- 金融・保険業
- 情報サービス業
- 運輸・通信業
- 建設業
- 医療・福祉業
- 公務員

など

マネジメント学科

企業や組織のマネジメントを学ぶ

企業経営に関する用語という意味で考えると「マネジメント」と「経営」の違いは分かりにくい。では、**マネジメント学科**と**経営学科**は何が違うのか。**経営学科**に比べ、比較的最近になって設立されてきた**マネジメント学科**は、実務に直結した組織マネジメント能力を養う方向に特化したものが多い。

もちろん、**経営学科**で学ぶような経済の現場や企業の活動、経済の事例分析の手法なども学ぶが、一般にビジネスリーダーの育成や組織の意思決定論などに主眼をおいて勉強していく。

マネジメントの視点から現代社会を理解するため、経済・経営、金融、法律・行政、国際交流、文化に関わる学問分野を幅広く学べるように多彩な科目を開講。さらに、情報処理や実務英語といった実務的な能力を身につける科目も用意している。将来の就職を強く意識したカリキュラム編成が大きな特色で、経営学の基礎的な分野を履修した後、将来の進路に合わせた専門科目を選択履修できるケースが多い。

独立した学科は少ないが、マネジメント学は**経営学科**などでも学べるケースが数多くある。例えば、名城大は、**経営学科**にマネジメントコースをおいている。このコースでは、企業の現場を意識し、経営組織の機能や課題を考察するとともに、これからの企業はどうあるべきか、どう動くべきか？　その戦略を幅広い角度から探求している。このほか、國學院大や桃山学院大なども**経営学科**にマネジメントコースをおいて、ビジネスの専門知識や経営手法を身につけさせている。

こんな学科もある

現代マネジメント学科

マネジメント力を発揮して、社会のさまざまな分野において活躍する人材の育成をめざしている学科。産業能率大は、スポーツマネジメント、マーケティング企画、ビジネスマネジメント、コンテンツビジネスの4コースをおいている。

スポーツマネジメント学科

スポーツに関わるさまざまな要素をマネジメントする能力、人と組織をプロデュースする能力を養う学科。順天堂大では、スポーツマネジメント論やスポーツマーケティング論、メディア概論などを学び、スポーツイベントの企画運営実習などを通して実践的なノウハウを磨く。

卒業後の進路

- 金融・保険業
- 医療・福祉業
- 情報・マスコミ系企業
- スポーツ関連産業
- 公務員

など

社会学科

社会の出来事をさまざまな角度から検証

私たちは社会の一員であり、社会は、家族、地域、学校、企業など集団や組織によって構成されている。そこには秩序や人間関係などのルールがあるとともに、意見の違いや葛藤があり、少子高齢化、経済格差、食糧不足などさまざまな問題を抱えている。

社会学は、人間が社会と関わるうえで起きる現象のすべてを対象として、人間と人間の関係や、個人と社会の関係を研究する学問である。近代社会になってから、新しく生じたさまざまな社会問題を解決するための学問として生まれた。そして、社会の発展や変化に応じて柔軟に対応してきた。

社会の範囲が大きく拡大し、複雑で多様な問題を提起している現代の社会学は、多様な学問分野を含んでいる。この多様な対象を大きく分けると、①社会学の理論に関する分野、②社会福祉の分野、③広報関係の分野、④現代産業社会に関する分野などになる。

狭い意味での社会学は①の分野をさしており、現代社会についての原理論と、仮説を実証する実証的研究方法の両面を教育の対象としている。現代社会学の最も大きな特徴は、社会調査の方法と技術の急速な進歩であり、フィールドワークに実際に参加して市民、労働者などの日常生活の一端に触れる学習は、社会学特有のものである。

②～④は応用的な分野で、いずれも現代の社会において重要さを増しており、ほとんどの大学が学科内にいくつかの専攻・コースをおいている。ちなみに、静岡大は、人間という存在の根本を見つめ、具体的な問題を足がかり

こんな学科もある

総合社会学科

現代社会について多様な視点から学べる学科で、専攻やコース別に教育する大学が多い。近畿大は、社会・マスメディア系専攻、心理系専攻、環境・まちづくり系専攻をおき、新しい社会システムを構築できる人材の養成をめざしている。また、京都文教大は、経済・経営、メディア・社会心理、公共政策、観光・地域デザイン、国際文化の5コースをおいている。

人間社会学科

現代社会のあらゆる問題に関して人間に着目し、社会や心理、経済、経営、情報、言語など幅広い視点から研究を進めている。千葉商科大では、企業や自治体で実際に働くインターンシップや、企業や地域と連携して行うプロジェクト演習、地域の課題を学んで活動するボランティア実践など、アクティブ・ラーニングの場をふんだんに用意している。

地域社会学科

地域社会の諸問題を解明し、地域社会で主体的に行動できる人材の育成をめざした学科。目白大では、観光を軸に現代

に人間社会の未来を考察する人間学コース、現代社会が抱えるさまざまな問題の解決方法を探求し、新たな視点を身につける社会学コース、多様な手法で人間の心のあり方を見つめ、人間理解を深めていく心理学コース、異文化との対話を通じて人間の生き方の可能性を考える文化人類学コース、日本史、世界史、考古学の分野から過去との対話を通じて現代社会の諸問題を見つめ直していく歴史学コースをおいている。

また、②は**社会福祉学科**、③は**新聞学科**や**広報学科**、④は**産業社会学科**や**産業関係学科**といったように、学科として独立させている大学も多い。

人間と社会、その変化を学際的に研究

社会学で、人間を理解する具体的な手法は、まず社会の現状を分析・診断することから始まる。現代の日本は官僚システムの肥大化、国民の政治的無関心、少子高齢化、企業の海外進出と産業の空洞化など、さまざまな問題を抱えているが、これらの具体的な問題を綿密に調査、分析して理解を深め、それをもとにこれからの社会のあり方を追究。さらに、各種の社会集団の構造と機能、社会を構成する人々の年齢層やバックグラウンド、主要な文化体系などを理解したうえで総合的に社会変動の基本的特徴を解明していく。そのほかに、近代化の過程で発生する矛

“社会学”と“社会科学”の違い

社会学	社会科学
人間の社会について、「こういう現象が起きると、このように社会は変化する」などと、検証していく学問	一般に、経済学、政治学、法学、国際関係学など、人間社会に関する学問の総称で、社会学も社会科学に含まれる学問領域

社会学が、社会科学のなかのひとつの学問領域ということは頭に入れておこう！

社会のさまざまな問題に迫る観光領域、世界のさまざまな事象に注目し、社会の仕組みを探る国際領域、地域や都市が抱える今日的な課題を理解し、掘り下げる地域領域を学び、社会で生き抜く力を身につけさせている。

公共社会学科

行政など、主に公的組織の立場から、地域社会と国際共生に焦点を当てた教育・研究を行う学科で、福岡県立大におかれている。地域社会ネットワークとアジア国際共生の2つの履修領域で編成されたカリキュラムとなっている。

地球社会共生学科

青山学院大におかれ、政治学、経済学・経営学、メディア・空間情報学、社会学の4つの領域を複合させた学びを提供、専門的な学問分野の垣根を越えて学際的に学ぶことで、多様な視点から複雑な社会の姿を捉える力を身につける。

多文化社会学科

多文化の共生と協働が求められている現代社会において、政治・経済、文化、社会活動分野などで存在感を持って国際的に活躍できるグローバル人材の育成をめざしている。長崎大は、国際社会で発生するさまざまな政策課題について、主に政治学、法学、経済学の知識や分析手法を駆使して実践的に学ぶ国際公共政策

盾や人間疎外、現代の技術文明に潜む問題点を発掘することなども、社会学の重要な課題となっている。

実践力を身につけるフィールドワーク

社会学科で学ぶための基礎となる科目が社会学原論、社会調査、社会科学方法論などの科目である。同時に法学、政治学、経済学の基本や、現代社会のさまざまな社会問題を扱う概論的な科目で、広く社会科学的素養を身につける。

2年次からは、より専門的、具体的なテーマに取り組むが、現代社会学の対象範囲が非常に広いため、多くの大学では専攻・コース別の履修となる。カリキュラムは、大学ごとに特色があるため、何を学びたいのかを明確にし、比較検討することが大切だ。

社会学科では、教養的なものから専門テーマ別まで、4年間一貫してゼミナールが設けられることが多い。テーマの多彩さは社会学科ならではの特色といっていい。また、社会学の研究フィールドは実社会である。調査を通して集められたさまざまなデータをもとに、人と人との関わりから起こる諸現象を理解し、説明していくことが重視されており、社会調査実習や社会学演習（ゼミナール）を通じて学外へ出て、調査や観察、インタビューなどを行う。地域社会との交流の機会を数多く設け、フィールドワークを重視した学びを追求したり、実験や面接調査による精密な実証に至るまで、多様な手法を駆使した研究活動を行っているのもこの学科の特色だ。

学べる専門科目

- 社会学概論
- 社会学専門演習
- 都市社会学
- 文化社会学
- 市民社会論
- マス・コミュニケーション概論
- 医療社会学
- 社会調査実習　など

参考［駒澤大学社会学科］

コース、広い地域を対象とした社会の変化を実践的に理解する社会動態コース、多文化共生社会の基礎となる言語や文化の重要性について学ぶ共生文化コース、多文化における言語の個別性と普遍性及び言語と文化の関わりについて学ぶ言語コミュニケーションコース、オランダについてさまざまな角度から学ぶオランダ特別コースをおいている。

卒業後の進路

- 医療・福祉業
- 観光系企業
- 金融・保険業
- 情報通信業
- NGO・NPO
- マスコミ
- 中学校・高校の教員
- 社会調査士
- 公務員

など

現代社会学科

あらゆる社会現象を多角的に分析

私たちが生きている現代社会は、グローバル化、情報化が進み、日々変化している。このような、複雑な現代社会の姿を正しく認識し、どうすれば社会が抱える諸課題を解決できるかを考えていくのが**現代社会学科**だ。身近な問題を、実証科学の手法で多角的に検証し、問題解決のための方策を立案できる人材の養成が学科の目的。多くの大学では、社会学や社会諸科学の理論を幅広く学ぶとともに、常に変動する社会の情勢を取り込みながら、その解明にアプローチしている。

カリキュラムでは、多彩な学問領域を横断的に学び、課題を解決するために必要な問題発見力、情報収集・データ解析力、コミュニケーション力、表現力と文章力、柔軟な発想力を養って、多角的な視点から現代を読み解いていく。成蹊大では、1年次で理論科目、方法科目、演習科目によって専門分野の基礎理論と分析の方法論を履修。具体的にデータなどを用いて実証的に思考する基礎を養い、自分の興味と関心を探究し、総合教育科目で幅広い教養を身につける。2年次は、専門領域の基礎知識をさらに深めながら、社会学系とメディア研究系の科目を学び、多様化する現代社会を解明する専門能力を高めていく。3年次からは演習が学習の中心となり、専門研究のための概念、方法、考え方など高度な能力を身につける。4年次には、ゼミナールで培った専門知識、それを支える語学力や情報処理能力などのスキルや学際的教養をバックボーンに、卒業論文をまとめ上げる。

こんな学科もある

新聞学科

新聞をはじめとするジャーナリズムやメディアに関する業界で活躍できる人材を養成。上智大は、メディア・コミュニケーション、ジャーナリズム、情報社会・情報文化の3コース編成。日本大は、ジャーナリズム、広報広告、メディアコンテンツ、ネットメディア、出版メディアという履修モデルを用意している。

マスコミュニケーション学科

現代社会とメディアの関係を、多彩な学問を通して学ぶ学科。成城大は、現代のメディアとコミュニケーションに関する理論的・経験的研究を通して、科学的で批判的な知性を身につけさせている。

卒業後の進路

- 情報・サービス業
- 金融・保険業
- 社会福祉系企業
- 社会調査士
- マスコミ

など

観光学科

新しい観光のあり方などを幅広く学ぶ

わが国では、観光立国、観光大国の実現をめざして、さまざまな政策が打ち立てられている。とりわけ、観光庁では、最重点市場である中国や韓国をはじめとする東アジア各国・地域でのテレビや紙媒体を使った海外プロモーションを展開するなど、積極的な動きをみせている。

そうした背景もあって、観光分野に携わる人材の養成をめざしたさまざまな学科が誕生している。そのなかでメインとなるのは**観光学科**だ。旅行業やホテル業だけでなく、観光産業やサービス産業をマネジメントできる人材、ホスピタリティマインドを備え、観光分野における専門家として社会で活躍できる指導的人材など、観光関連のスペシャリストの養成をめざしている。

立教大では、観光産業の経営、観光による地域活性化という2つの視点から、新しい観光のあり方を構築するための教育・研究を展開。旅行業、ホテル、航空会社などの経営問題や、観光・リゾート開発などに関する充実したプログラムを用意して、新しい観光サービスのあり方を模索し、事業化していくための方策を考えている。また、東海大のカリキュラムは、観光文化、サービス・マネジメント、レジャー・レクリエーション、地域デザインの4分野で構成され、幅広い領域をカバー。観光を理解するために実際の現場へ出向き、五感すべてで体感するフィールドワークや研修も多数用意している。

インターンシップ、海外フィールドワークなど多様で幅広い体験の機会を提供している大学も多い。

こんな学科もある

国際観光学科

国際観光に特化し、幅広い国際知識と教養やマナー、即戦力となる実務能力や語学力を身につけた、これからの観光業界をリードする優れた人材の育成をめざしている。東洋大では、観光産業、観光政策の2分野があり、観光産業分野にはツーリズム、観光プロフェッショナルなど、専門性を高める4コースをおいている。

観光経営学科

主に観光ビジネスの経営を学び、観光業界で即戦力となる人材を育成する学科。観光の意義や消費のメカニズムなど、観光に関する知識を幅広く学びながら、観光の現場を想定した実学教育を行っている。

卒業後の進路

- 観光関連産業
- エンターテイメント系企業
- 運輸サービス系企業
- 情報・通信業

など

メディア社会学科

メディア・表現・情報のプロフェッショナルを養成

若者による社会変革を応援するためのソーシャルメディア「オルタナS」。各地にキャンパス支局があり、大学や地域のトピックス、若者の考えなどを発信している。武蔵大ではメディア社会学専門ゼミ内に支局を開設。メディアを活用して、人にいかに伝えるかという実践的な活動を行っている。

私たちの生活は、テレビ、ラジオ、新聞、インターネットなど、さまざまなメディアから伝えられる膨大な情報に取り囲まれて成り立っている。学生が情報を発信する作業を体験することで、不特定多数の他者とパブリックなコミュニケーションを可能とする力を修得させるのがねらいである。

メディア社会学科では、社会学を基盤におきながら、社会のなかでのメディアとコミュニケーションに関わるさまざまな現象について考えるために必要なことを学んでいく。特に重視しているのは発信力で、そのために、理論だけでなく、調査や取材、文章作成といった実践的な授業も開講している。

武蔵大では、メディアが伝えるべき内容と方法について学び、現代社会が抱える問題について考え、メディアを活用する力を育てるため、コースに分属して専門性を高める。メディアコミュニケーションコースは、放送、活字メディアなどのコンテンツ文化について、社会的・心理的側面から考察。パブリックコミュニケーションコースは、メディアリテラシーを身につけて、さまざまな社会的活動に取り組む。ほかにメディアプロデュースコースなどがある。

こんな学科もある

メディア学科

メディアの情報を読み解く感受性と批判力を養う学科で、同志社大ではメディアとジャーナリズム、情報と社会、コミュニケーションと文化の3領域を結びつけるようにカリキュラムを構成している。

メディア表現学科

効果的な表現、コミュニケーションの方法やコンテンツの制作技術を学びながら、メディアの持つ可能性を追求する。

情報メディア学科

最新の情報機器やメディアを活用して情報を読み解くとともに、自分の視点や表現を社会に発信できる知識、感性、技術を備えた人材を育成する。

卒業後の進路

- マスコミ
- 情報通信業
- 金融・保険業
- 映像制作系企業
- 情報サービス系企業　など

社会福祉学科

社会福祉について広い視野から学ぶ

わが国では、平均寿命の延びや出生率の低下による少子高齢化が急速に進んでいる。それらに伴う経済停滞の克服が急務となっており、高齢者福祉のあり方も喫緊の課題だ。また、子どもや障害者福祉も大きなテーマである。

社会福祉学とは、すべての人々が社会的、文化的に人間らしく生きていくためには、何が必要かを科学的に考える学問であり、それを実現するための具体的な福祉サービスやシステムを創造し、現実社会での実践を通じてさまざまな問題を解決していく学問だ。

かつては、通常の社会生活が困難な少数の弱者に対して施すのが福祉だった。しかし、高齢化が進むこれからは、国民全体が、等しく福祉サービスを受けながら、福祉システムを維持していくために働く社会になっていく。そのためには、少子化に伴う労働力の減少に備え労働効率を高めて生産性を向上させ、高齢者でも過剰な負担を強いられることなく暮らせる高度に発達した社会システムが必要となる。**社会福祉学科**で学ぶことは、福祉に携わるソーシャルワーカーをめざすだけではなく、新しい社会を実現するという大きなテーマに挑戦することでもある。

福祉と医療との連携をめざす動きも盛ん

人間のライフスタイルから見た福祉学の分野は、乳幼児保育、児童福祉、教育福祉、障害者福祉、高齢者福祉などに分類される。また、社会福祉が行われる場所に注目すると、医療・保健と福祉の連携や協力関係を研究する保

こんな学科もある

福祉学科

人間性豊かなソーシャルワーカーの養成をめざした学科。立教大は、福祉を実践する際に必要な知識や能力を獲得することだけに留まらず、福祉の骨格である制度や法律について理解し、社会学や心理学などの専門関連科目も履修。そして、人間福祉に関連する諸学をコミュニティ福祉に位置づけ、幅広い意味での社会福祉を考えていくカリキュラムを編成している。西南女学院大は、福祉・養護教諭コースと子ども家庭福祉コースをおいており、将来の進路に合わせて選択することができる。

福祉コミュニティ学科

福祉コミュニティを創造するために地域社会の福祉リーダーを養成する学科。法政大は、福祉・地域づくりを中心に、幅広い分野で活用できる基礎的な専門科目に加え、フィールドスタディ入門、ソーシャルワーク実習、コミュニティマネジメント実践科目など、多彩なフィールドワークを用意している。

コミュニティ福祉学科

福祉コミュニティ学科とほぼ同内容の

健・医療福祉、家族や地域社会のあり方を考える地域福祉、社会福祉に関わる制度や政策を学ぶ福祉行政、福祉社会にふさわしい住環境や都市環境や、福祉の情報ネットワークづくりに取り組む福祉環境などがある。

社会福祉学科では、このような分類をもとにした専攻やコースに分かれて学ぶケースもある。例えば、日本福祉大では、国家公務員や地方公務員をめざす行政専修、児童相談員や保育士、スクールソーシャルワーカーをめざす子ども専修、病院や地域の施設で傷病に関わるすべての人を支援する医療専修、高齢者や障害者をはじめ、さまざまな人々を支援する人間福祉専修に分かれて、専門的な学習を積み上げていくシステムを採用。また、明治学院大では、社会福祉士あるいは精神保健福祉士をめざすソーシャルワークコースと、国内・国際の福祉課題に関するテーマについて学ぶ福祉開発コースに分かれて、深く学ぶ。聖徳大は、福祉のニーズに応える社会福祉、介護福祉、養護教諭の3コースをおいている。

社会の高齢化、少子化に伴って福祉社会の充実を担う人材の育成は急務とされており、社会福祉関連の学科が毎年のように増え続けていることがそれを証明している。また、福祉と医療との連携による制度や体制の充実を図る動きも盛んだ。

福祉関連の理論を基礎に専門分野を実践的に学ぶ

専門分野では、理論はもちろん現実に即した教育が重視され、社会福祉原論、社会保障論、児童福祉論、障害者福祉論、高齢者福祉論、医療福祉論などの専門科目が開講されている。

社会福祉原論では、社会福祉の思想や理念を理解し、社会的な仕組みとして成立した社会福祉制度を学び、その意義や重要性を考える。社会保障論では、年金などの社会保障がどのような理念に基づいて形成されたかを学び、

学科。金城学院大では、福祉、医療、NPO、企業など、さまざまな分野で必要とされる福祉マインドを養い、リーダーシップのある人材の育成をめざしている。

福祉計画学科

福祉を広く捉える多様な価値観と社会を見る眼を身につけ、問題を解決できる人材や、新たな価値を創造し、それに基づくアイディアを実行することができる人材を養成する学科。日本社会事業大は、福祉経営や政策の専門家を養成する福祉経営コースと、地域福祉の計画化、環境整備、実践を担う専門家を養成する地域福祉コースをおいている。

総合福祉学科

医療・保健・福祉の包括的連携を視野に入れた実務能力の高い総合福祉を担う人材を養成することを目的とした学科。浦和大は、福祉・心理、健康スポーツ、ビジネスの3コースをおいている。

福祉社会学科

福祉を社会学的な観点から研究。地域福祉活動の発展を援助する専門職、あるいは人々の生涯発達に寄与する専門職などを養成する学科。京都府立大は、社会福祉学と社会学を中心としたカリキュラムで構成される社会福祉学群、教育学と心理学を中心としたカリキュラムで構成される人間形成学群をおいている。また、

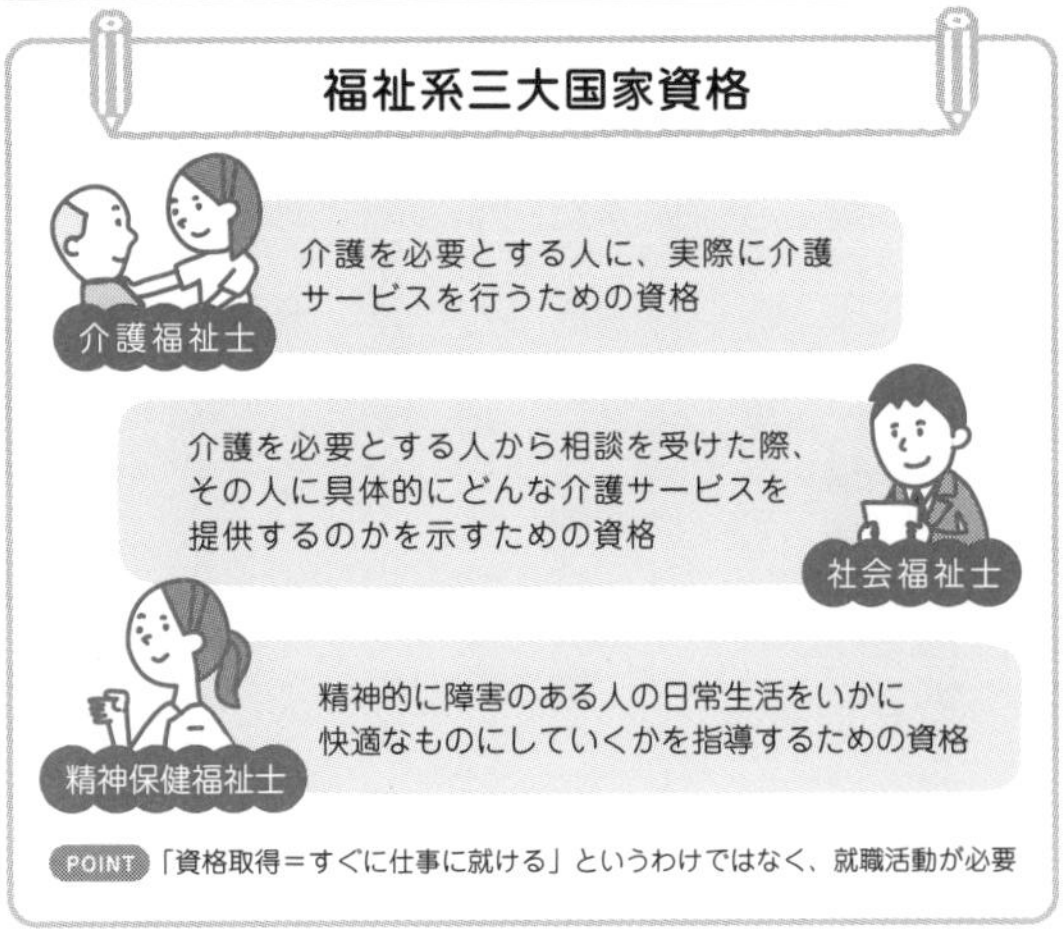
福祉系三大国家資格
介護福祉士
介護を必要とする人に、実際に介護サービスを行うための資格
社会福祉士
介護を必要とする人から相談を受けた際、その人に具体的にどんな介護サービスを提供するのかを示すための資格
精神保健福祉士
精神的に障害のある人の日常生活をいかに快適なものにしていくかを指導するための資格
POINT 「資格取得＝すぐに仕事に就ける」というわけではなく、就職活動が必要

わが国の社会保障制度の課題は何か、今後のあるべき方向性はどうあるべきかを考察していく。また、高齢者福祉論では、社会問題化した高齢者問題とその社会的対応策、これからの高齢者福祉のあり方について教育・研究。医療福祉論では、保健・医療の場における福祉の視点を歴史的、社会的、文化的なアプローチによって具体的に明らかにしていく。

大学によっては、福祉に対する国際的な視野や問題意識を養成し、国際的な舞台で福祉に携わることができるように、国際福祉の分野にも力を入れている。この場合は、国際福祉論、比較福祉論、地域開発論などが中心的な科目となる。また、援助実践の意味と方法を学ぶ実習が重要されているが、これは社会福祉士などの資格を取るためには不可欠である。実習は、福祉施設や相談機関などの実践現場で行われ、講義や演習で身につけた社会福祉専門職としての知識や技術の理解を深めるとともに、支援を必要とする児童、高齢者、障害者との関わりを通して、仕事のやりがいや喜びを実感する。

学べる専門科目

- 社会福祉法制
- 共生社会の法と人権
- 精神医学
- 児童福祉論
- 国際福祉論
- ソーシャルワーク
- 社会保障論
- NPO論　など

参考［明治学院大学社会福祉学科］

昭和女子大は、地域福祉、保健医療福祉、国際・多文化福祉、児童・家庭福祉の4つの領域を、卒業後の進路を意識しつつ多角的に学ぶ。

卒業後の進路

- 社会福祉施設
- 社会福祉協議会
- 児童相談所
- 病院・医療機関
- 公務員
- 社会福祉士
- 精神保健福祉士

など

人間福祉学科

人々を専門的に支援するノウハウを学ぶ

人間福祉学とは、人間発達と福祉を併せた学問分野である。現代は、経済の成熟化や急速な情報化の進展によって、多様で新しい問題を人々が抱えるようになった。そして、すべての人が人間らしく生きることができる福祉社会の実現のために、人間発達と福祉のスペシャリストが社会のあらゆるシーンで求められている。

人間福祉学科では、水準の高い福祉を実現するための知識や実践的技法を修得したうえで、保健や医療の基礎知識を身につけ、地域のリーダーとして活躍できる専門家の育成をめざしている。したがって、福祉の専門スタッフを養成する点では、**社会福祉学科**と変わらない。ただし、研究対象はやや広く、人文科学系のジャンルまで踏み込むなど、より〝人間〟に焦点を当てたものとなる。児童や青年の心理、家族問題など、現代社会における人間の問題に焦点を当てて考える点も特徴だ。

教育内容の中心にあるのは、福祉のさまざまな場面で活躍する人材の養成である。大阪市立大では、医学、心理学、教育学、社会学、経済学、社会福祉学などの多様な学問的視点で、乳幼児期から高齢期までのヒューマンライフをトータルに捉え、また、個人・家族から地域、国際社会までの幅広い視野で、よりよい21世紀社会のあり方について、科学的に考察できるような教育・研究を行っている。カリキュラム自体は、福祉系と心理系の2分野に分かれるが、人間支援の方法を十分に習得するために、両方をバランスよく学ぶように指導をしていく。

こんな学科もある

福祉援助学科

さまざまな日常生活の問題に直面する問題解決につながる直接的支援、支援環境整備についての専門的知識や援助について学ぶ学科。日本社会事業大は、保健福祉コース、子ども・家庭福祉コース、介護福祉コースをおいている。

生活支援学科

東洋大にあり、時代に即した社会福祉、介護福祉、精神保健福祉などの領域で活躍する人材を育てる生活支援学専攻と、保育のプロとしてだけでなく、子どもの心を理解し、問題解決できる能力をもった人材を育成する子ども支援学専攻をおいている。

卒業後の進路

- 社会福祉士
- 精神保健福祉士
- 介護福祉士
- 保育士

など

福祉心理学科

福祉分野における心の問題を教育・研究

現代は「心の福祉」が叫ばれているように、いくらモノやカネで満たされていても、自分は不幸だと感じる人が少なくないといわれる。

こうした、福祉分野における「心の問題」に焦点を当てたのが**福祉心理学科**で、福祉の対象となる人々の問題を、心理学、福祉学、医学など福祉心理学に関連する学問領域から研究する。

東北福祉大では、心理学の理論と方法を幅広く学んだあと、2年次から興味や関心の方向に沿って一つの履修コースを選んで学習を深めていく。臨床心理学履修コースは、心に悩みを抱えた人に対する実際の支援（臨床）で用いられる基本的な理論や技術を学び、人の心の問題を解決する力を養う。発達・教育心理学履修コースは、人間の生涯にわたる発達の道のりやそのなかで生じる問題、必要な教育や支援について、心理学的・教育学的・健康科学的視点から学び、対応する力を培う。認知・社会心理学履修コースでは、人間の見る・聞く・考えるといった認知の仕組みについて学び、社会的状況と人との関わりの法則性を理解し、現実の社会問題に対処する力を養成していく。

各大学とも、心理一般の知識から臨床現場に応用できる知識まで幅広く修得できるのが特徴で、心の働きを実証的に学ぶ実験や実習科目によって、人間理解の本質を見極める力を高めていく。社会福祉援助技術や精神保健福祉援助技術などの演習・実習も重視され、社会福祉施設や機関に出向いて援助方法や技術の指導を受け、実際に体験する実習もある。

こんな学科もある

心理福祉学科

心理と福祉をバランスよく学び、福祉の知識を持つ心理のスペシャリスト、心の通ったケアのできる福祉の専門職の養成をめざしている。仙台白百合女子大は、心理コースと福祉コースをおいている。

教育福祉学科

東京家政大は、社会教育、社会福祉、心理学からなる多角的な学びで、対人援助のエキスパートの養成をめざしている。淑徳大は、学校教育コースと健康教育コースに分け、子どもの成長・発達を支援する職業に必要な専門性を身につけさせている。

卒業後の進路

- 社会福祉施設
- 児童福祉施設
- 児童相談所
- 公務員

など

医療福祉学科

医療、福祉の分野で活躍する専門家を養成

わが国では病気、事故、障害、老齢などにより、さまざまな生活上の困難に直面している人々が増加している。

こうしたさまざまな課題を抱える人たちを、医療、保健、福祉などの総合的な立場から支援するソーシャルワーカーの養成をめざしているのが**医療福祉学科**だ。川崎医療福祉大では、社会福祉士、精神保健福祉士、医療ソーシャルワーカー、教員養成の4コースをおき、ソーシャルワーカーに必要とされる知識や技術を、講義、演習、ソーシャルワーク実習を通して身につけさせる。川崎医科大学附属病院や医療福祉の現場で、確かな実践力を身につけさせているのが特色で、例えば精神保健ソーシャルワーク実習では、ソーシャルワーカーが果たすべき機能や役割を学び、専門職に必要な知識、価値観、倫理観や、ほかの医療専門職との連携について理解を深める。また、ソーシャルワーク演習では、ソーシャルワーカーの相談援助について、具体的な事例を通して理解を深めていく。鈴鹿医療科学大は、医療福祉学専攻と臨床心理学専攻に分かれ、地域包括ケアなどに対応した専門教育を行っている。

いずれの大学も、理論のほか、学内の設備や学外の施設を利用した実習・演習を重視しており、現場実習を通して社会福祉専門職として仕事をするうえで必要な専門知識、専門援助技術などを身につける。学外の実習先は、社会福祉施設（高齢者施設・障害者施設・児童福祉施設など）、福祉事務所、児童相談所、社会福祉協議会など多岐にわたっている。

こんな学科もある

健康福祉学科

健康と福祉を学ぶ学科で、静岡福祉大は、福祉をベースとして、介護、健康、運動、医療のプロフェッショナルを育成する。杏林大は、養護教諭や保健科教員をめざす教職課程と、メディカルソーシャルワーカーをめざす社会福祉士課程をおいている。

保健福祉学科

岡山県立大は、社会福祉士、介護福祉士、精神保健福祉士などを養成する社会福祉学専攻と、幼稚園教諭、保育士などを養成する子ども学専攻をおいている。東北文化学園大は、保健福祉、生活福祉の2専攻に分かれる。

卒業後の進路

- 福祉施設
- 医療機関
- 医療福祉系企業
- 公務員

など

総合政策学科

政策決定から実行、国際政策までを学ぶ

「わが国に原子力発電は必要か?」「所得格差や教育格差をどう解消すべきか?」「超高齢社会で年金制度をどう維持すべきか?」……。

近年、簡単には答えの出せない課題が山積している。現代社会では、さまざまな問題が複雑に絡み合い、一つの専門知識、一方からの見方では全体を把握することが困難だ。そのため、いろいろな知恵を集め、あらゆる角度から課題を解決に導くための政策を立案し、実行することが求められている。

政策といえば、一般的には政府が行う公共政策を思い浮かべるが、大学で扱う学問としての政策は、通常、民間企業をはじめとするさまざまな組織で行われる方針の立案、意思決定をも含む幅広い内容だ。現代のように、国際化や情報化の進展によって広域化し、激しく変動する社会環境のなかでは、政策が絶えず迅速に行われる必要がある。また、現代の世界は、環境、エネルギー、格差拡大、戦争、民族・宗教対立など、特定の学問領域だけでは解決不可能な多くの問題に直面している。

総合政策学科の教育目的は、現実の世界を的確に認識し、総合的な観点と方法によって政策を立案、実行できる

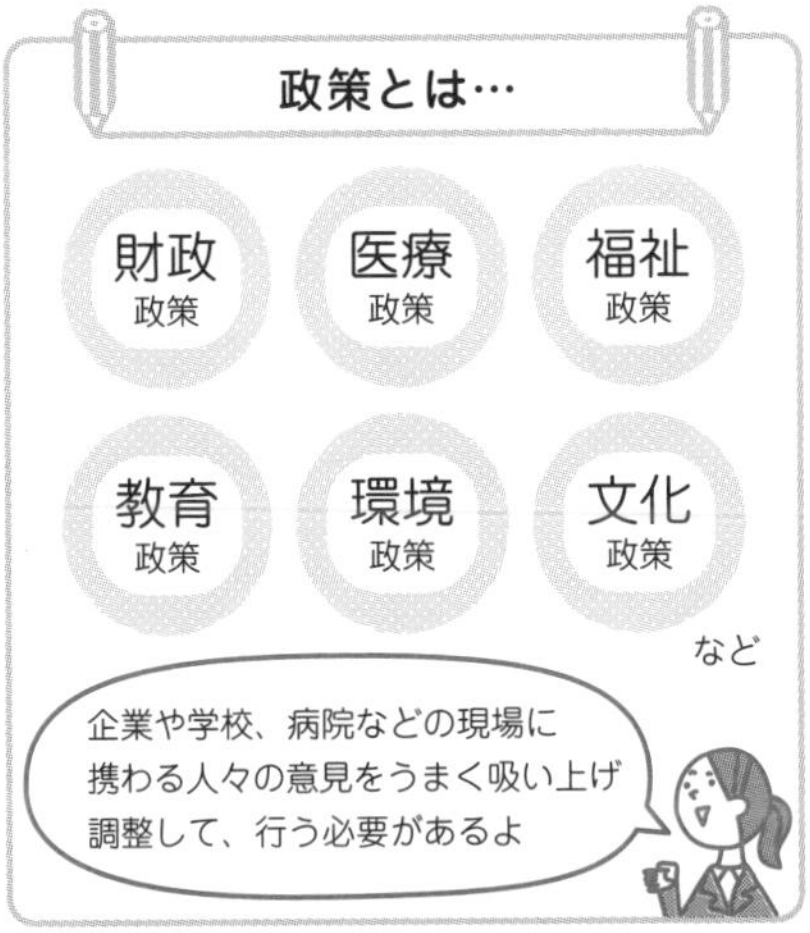
政策とは…
財政 政策
医療 政策
福祉 政策
教育 政策
環境 政策
文化 政策
など
企業や学校、病院などの現場に携わる人々の意見をうまく吸い上げ調整して、行う必要があるよ

こんな学科もある

政策学科

同志社大は、国際機関や国、自治体、民間企業、非営利団体など大小さまざまな組織における問題発見から解決するまでのプロセス（政策）を研究対象としている。社会で実際に起こるリアルな状況を想定しながら、理論的かつ体系的に政策を学べること、実社会の諸問題を題材に社会、政治、経済、法律などの具体的な知識や理論、技術を身につけていけることが特色である。関西大は、国際政治経済、政治・政策、地域・行政、組織・経営の4つの専修で、実践的な政策立案能力を養う。

政策科学科

中央大は、政治、法律、経済に関する科目を多く開講して、社会科学の視点から諸問題に多面的にアプローチする。併せて国際政策文化に関する科目も履修することで、諸問題の背後にある文化と向き合い、さまざまな価値観を踏まえたうえで解決策を提案できる能力を身につける。立命館大は、複雑に絡み合っているさまざまな社会問題を理解し、解決する道を探るために、公共政策系、環境開発系、社会マネジメント系の3つの学系を

能力を養成することだ。そのために、従来の社会科学の枠を超えた横断的な知識の再編成を行い、問題解決型の新しい教育を行っている。

さまざまな政策を企画・立案できる能力を育む

政策が行われる組織主体でみると、政府や自治体、病院や学校、非営利組織、民間企業、国際機関や国際企業など国際レベルの組織がある。そこで、それらの政策の決定過程や個別的・具体的な政策分析、経営・管理分析などを学び、国際政策の分野では、国際関係法、比較文化、地域研究などの基本的知識と方法を修得。これらの知識を使って外交政策、経済政策などの国際的比較・分析を行う。また、問題発見能力、問題解決能力、情報処理能力などの開発に力を注いでいるのが特徴で、どの大学でも、語学や情報を含めた基礎教育を重視して、外国語とコンピューターを操りながら考え、対話し、行動できる人間の育成を、教育目標に掲げている。

南山大では、入学するとまず、政策立案の基礎となる文明論や宗教科目のほか、基礎演習で知の技法を身につけ、コンピューターリテラシーや英語コミュニケーションも学ぶ。そのうえで3年次には、国際政策、公共政策、環境政策の3コースから一つを選択する。さらに3年次、4年次にはゼミ形式の総合政策プロジェクト研究を履修し、各自が具体的な政策課題を選んで研究を進めていく。

学べる専門科目

- エコロジー政策
- 資源循環型社会論
- 国際環境政策
- 行政法
- 公共経済学
- 異文化間コミュニケーション論
- 言語政策論
- 広告コミュニケーション論　など

参考［関西学院大学総合政策学科］

設定。これらの学系を系統的、横断的に学び、多角的な視野と幅広い知識を身につけさせている。

コミュニティ政策学科

立教大は、コミュニティ（ある一定の特色を持つ人々の集まり）が直面する課題を明らかにして解消し、さらに、コミュニティの福利を向上させるシステムを形成するための政策を策定するなど、福祉社会の構築に貢献できる研究と、人材育成を目標としている。淑徳大は、ビジネス、行政、スポーツ・文化という3つのプログラムを設定している。

卒業後の進路

- 通信・情報系企業
- 流通・商事
- マスコミ
- 金融・保険業
- 公務員

など

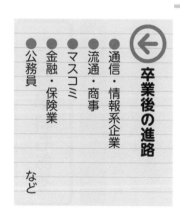

公共政策学科

課題に目を向け、政策を考えて実行

少子高齢化や地域間格差など、国や地方公共団体が主導して行う政策に的を絞った学科。法律学、政治学、経済学の知識を基礎として、公共政策の立案や政策の効果を分析する能力の養成をめざしている。

日本大は、行政職課程で、公務員試験に合格することをめざした教育を行い、国や地方自治体で指導的な役割を担う人材を養成。公共政策総合コースは、公共政策を客観的に評価、分析し、活用、応用できる能力を育んで、公益組織や非営利団体の職員、地方自治体の職員など、多方面で活躍できる人材を育成。また、福祉・社会政策コースでは、福祉政策、社会政策の分析力や問題解決能力を身につける教育で、公共機関の社会サービス部門や医療・社会福祉法人、非営利団体などで活躍できる人材を養成する。

名古屋市立大は、1年次で、経済学の基礎、経営学・会計学の基礎、日本経済の現状を学ぶ。2年次になると、マクロ経済学やミクロ経済学で市場経済の機能をより深く学ぶとともに、公共経済学や財政学、金融論、国際経済学などの科目で、経済学からみた政府の行動、金融市場の働き、国際貿易や国際金融についての分析方法を幅広く学ぶ。また、政策効果を検証するために役立つ統計的手法も学習する。3年次からは、特定の分野での経済現象や政策効果の分析を行う数多くの科目が用意され、国や自治体、NPOで活躍することをめざすか、企業でのキャリアを選ぶかによって、学習する科目を系統的に選択することができる。

こんな学科もある

地域政策学科

地域と政策の基礎を知り、地域に貢献する力を養う学科。愛知大は、公共政策、地域産業、まちづくり、地域文化、健康・スポーツ、食農環境の6コース編成。専門的に政策理論や地域における政策の内容・手法について修得し、多様化する地域ニーズに応える力を養う。

地域創造学科

地域を元気にし、地域に貢献できる人材の育成をめざした学科。東海大は、健康スポーツ、地域社会・経済の2コース編成。奈良県立大は、観光創造、都市文化、コミュニティデザイン、地域経済の4コモンズを開講している。

卒業後の進路

- 非営利団体
- 公務員
- 金融・保険業
- 観光関連産業
- 環境関連産業

など

国際関係学科、国際学科

世界を捉え、地域を理解する視点を育む

国際社会で生じているさまざまな問題を、政治学、歴史学、社会学、経済学などの学際的な視点から分析し、現実に対処する方法を考える学科。国際社会の仕組みを理解し、外国人を含むさまざまな人たちと意見を戦わせる訓練をしながら、国際社会の一員としての人間性を身につけ、日本の文化、歴史、社会にも十分な理解を持って世界に巣立っていく人材を養成する。

国際関係学科では、どの大学も導入的な科目として、国際関係学を開講している。これは、以後の学習の全体像を把握する内容で、国家と民族、国家主権と国際組織、軍事問題、核戦略の変遷、世論と外交、国家間の相互依存、地球環境問題など多岐にわたるテーマを取り上げる。なかでも「戦争と平和」は中心的な課題だ。

国際関係学で国際社会の諸問題を概観した後は、平和、人権、環境、開発、国際協力などから各自のテーマを設定していく。これらは、一方向からのアプローチで解決策を見いだせるものではなく、政治、経済、文化など多様な領域から研究に取り組む必要がある。

国際関係学科の学びの内容

POINT
ひと口に国際関係といっても、経済的なつながりや文化的なつながりなど、分野別にスポットをあてて勉強していく

こんな学科もある

国際総合政策学科

経済、環境、紛争など世界規模の問題に目を向け、その本質を素早く見抜き、解決できる政策を決定、実行できる高度な問題解決能力と行動力を養う。日本大は、2年次から国際関係、国際ビジネス、グローバルスタディ、グローバル観光の4コースに分かれて、専門分野を探究する。

国際社会学科

世界のさまざまな地域の複雑な仕組みを分析し、グローバルな視点から問題を考え、解決することができる実践的な能力を備えた人材を養成。より〝社会〟という観点に着目して学ぶのが特色で、東京外国語大は、世界教養プログラムを履修したあと、3年次から、地域社会研究、現代世界論、国際関係の3コースに分かれる。東京女子大は、国際関係、経済学、社会学の3専攻編成。世界を横断的に学び、地域社会や国際社会で活躍できる地球市民を育成する。

国際交流学科

聖心女子大は、国際社会の変化に適切に対応できる見識と幅広い視野を備え、

そのために、国際政治・国際法、国際経済・経営、国際文化・社会など緩やかなコース制を採用する大学が多い。

同時に、地域研究も重視されており、アメリカ、アジア、ヨーロッパ、中東、アフリカなどの各地域を選択して多面的に学び、地域の諸問題に対する専門的な知識を養っていく。また、地域研究を行う必須のツールとして、当該地域で使われている語学を、第二外国語として修得する。

国際事情に関する課題を理解し、分析

いっぽう**国際学科**は、文化、経済、政治など幅広い学問分野を国際関係という視点から学べるという特徴がある。しかし、なかには**国際関係学科**とあまり差のないケースも見られる。

関西学院大は、国際的なビジネスや市民社会で活躍できる人材を養成するため、高い外国語能力を修得し、日本や世界の諸事情を多面的に理解し、分析できるカリキュラムを編成している。そして、そのような理解力と分析力を高めるために、世界のなかでわが国と密接な関係を持つ北米とアジア地域の文化・言語、社会・ガバナンス、経済・経営の領域に関する教育に主眼をおき、北米研究コースとアジア研究コースをおいている。

広島市立大は、国際政治・平和、公共政策・NPO、多文化共生、言語・コミュニケーション、国際ビジネスの5つのプログラムを組み合わせ、多様な履修形態を可能にしている。また、近畿大は、グローバル専攻と東アジア専攻に分かれて教育している。

学べる専門科目

- 国際政治学
- 国際経済学
- 国際協力論
- 国際法
- 国際機構論
- 地域開発論
- 安全保障論
- 国際貿易投資論　など

参考［立命館大学国際関係学科］

異なる文化間の深い相互理解を持ち、国際的な交流や協力に貢献できる人材を育てることが目標。国際経済、国際社会と法、国際政治、国際文化といった専門領域を幅広く学ばせている。フェリス女学院大は、国際協力、文化交流、人間環境の3つのプログラムを用意している。

国際地域学科

新潟県立大は、国際関係、比較文化、露中韓の3コース編成で、国際的に活躍するとともに、グローバル化への対応能力にも優れた、地域作りを担う人材を養成。東洋大は、国際地域、地域総合（イブニングコース）の2専攻をおき、環境との調和を図りながら地域の特性を活かした街作りと、その持続的な発展を実現できる知識と実行力を有した人材を育成する。

卒業後の進路

- 金融・保険業
- 商社
- 外資系企業
- 情報・通信業
- 国際機関
- 外交官・公務員
- NGO・NPO　など

社会情報学科

社会科学と情報学の理論・技術を融合

現在はITのめざましい進展によって、社会構造、産業構造、経済活動から個人の生活まで、社会のあらゆる仕組みやあり方が変革を遂げている。こうした、複雑化、多様化する社会において生起する問題を解決するために、社会科学の理論に基づいて、さまざまな社会現象を把握し、それを情報科学の理論と技術を利用して解明するのが社会情報学といわれる学問だ。**社会情報学科**では、コンピューターの利用法から一歩踏み込んで、ITと情報で社会をより便利にするスキルを育むカリキュラムを編成。社会環境の急激な変化に対応し、合理的に対処することのできる知識や技能を身につけていくことが目的となっている。

青山学院大では、文系・理系の枠を超えて社会が抱える諸問題を理解し、解決する能力を育成するためコミュニケーション能力、分析力、論理的思考力、英語力などの実践力を鍛える教育課程を編成。3年次以降は、社会・情報、社会・人間、人間・情報の3コースから一つを選ぶ。大妻女子大は、情報を整理・活用して問題を解決する能力を養う3専攻をおいている。社会生活情報学専攻では、情報社会の成り立ちやメディアとコミュニケーションの問題、経済の仕組みや消費生活、地域社会のあり方などを総合的に研究。環境情報学専攻では、環境学について総合的な知識を修得し、さまざまな視点から環境問題を考え、判断する能力を養う。また、情報デザイン専攻は、現代社会で求められる情報デザインの技術を身につけさせている。

こんな学科もある

社会システム学科

システムという視点から、複雑な現代社会を読み解く学科で、同志社女子大は、将来の進路に合わせて多文化共生、京都学・観光学、ライフデザイン、ビジネスマネジメント、公共政策と法の5コースをおいている。

情報社会学科

新しい情報社会をデザインし、実現できる人材の育成をめざしている学科。大阪経済大では、社会学、情報学、経営・経済学を融合したカリキュラムを整備。社会を概念的に捉えるだけではなく、数値などで客観的に把握できる力を養う。

卒業後の進路

- 情報通信業
- 金融・保険業
- ホスピタリティ関連産業
- 広告系企業
- 公務員

など

理学系統の学科

理学

＊ここでは、理学系統に含まれる主要な学科と、それを設置しているおもな大学を紹介しています。

数学科

現代数学を学び、数学的思考感覚を育む

高校1年生を対象とした国際的な学習到達度調査（PISA）の数学的リテラシー部門で、わが国は上位の評価を受けている。また、世界各国の高校生が参加する国際数学オリンピックでも、毎年優秀な成績を収めている。

高校生の基礎学力は高いレベルにあるようだが、大学で学ぶ数学は、高校までの数学とは概念の異なるさまざまな考え方を含んでいる。数学という学問は、最終的に実験によって理論を検証する物理学や化学と異なり、自分の頭で理論を検証する必要がある。高校までの数学ではすでに当たり前の約束事であった事柄についても、視点を変えてみることが大学で数学を学ぶことの第一歩であり、これが思考力や表現力を高めることにつながる。

数学科で学ぶ数学は、純粋数学と応用数学の2つに大別できる。純粋数学は、数学の伝統的な流れのなかに発展し、高度な抽象概念を導入して創造されたもの。一方、応用数学は、近代産業の飛躍的な発展に伴い、諸技術の裏づけ理論として応用されるようになった数学や、ほかの学問との結合によっ

数学科の学びの内容
代数学系
確率論・統計学系
数学教育系
幾何学系
解析学系
"○○予想"など、数学上未解決の問題を証明することも数学科の学びのひとつ

こんな学科もある

応用数学科

数学を基礎から学習し、数学の理論を機械的に適用するだけではなく、自らの論理的思考力で状況を的確に把握し、さまざまな問題を解決することができる人材を養成。東京理科大は、数学的基礎とプログラミング基礎などを学習したのち、2年次からは情報数理、統計数理、計算数理を柱として、最先端の応用数学を学習する。

数理科学科

慶應義塾大は、数学専攻と統計学専攻をおいている。数学専攻では、解析学（特に関数解析、微分方程式論）、幾何学、代数学、数理情報など純粋数学の諸分野における基礎を学び、統計学専攻では数学、統計学を基礎として、工学や社会科学の諸問題を解決する専門家を養成する。

東京女子大は、数学、情報学、自然科学を横断的に学んだあと、専攻に分かれてそれぞれの専門領域を学ぶ。数学専攻では、現代的な純粋数学（代数学、解析学、幾何学）と応用数学について体系的に学習。情報理学専攻では、情報学と自然科学を学び、現実の自然現象や社会現象に対して数理モデルを構築し、コンピ

て生まれた境界領域における新しい数学である。**数学科**では、純粋数学と応用数学を軸にして、コンピューターや情報処理などの応用分野や、境界領域も幅広く学んでいる。

基礎から学び、新しい概念や理論を構築

お茶の水女子大では、現代数学を学ぶうえで基礎となる線形代数、微分積分、集合論を講義と演習でしっかり学んだあと、2年次の後半から位相空間論、群論など、より抽象的な理論が導入され、3年次前期にかけて代数、幾何、解析の基礎を本格的に学習。3年次後期から4年次には幅広い分野にわたる選択科目が用意されている。

東京理科大では、1年次で、微分積分学、線形代数学、論理と集合を柱にして専門の基礎固めを行う。数学の道具としても便利なコンピューターの扱いもしっかり学ぶほか、関連分野の物理学、化学、生物学といった科目も選択できる。2年次は、解析学、代数学、幾何学、数理統計学、位相、コンピュータ概論など、より専門性の高い内容を学び、厳密な論理性と自由な発想を身につけていく。3年次になると、必修の数学研究に加えて、関数解析、微分方程式論、微分幾何学、確率論、プログラミングといった専門科目の学習に移り、さらに高度な内容をより深く学ぶ。4年次には、集大成としての卒業研究を、少人数のゼミナール形式で行う。また解析学特論、代数学、幾何学特論、数学特別講義といった最前線の内容を含んだ科目も、選択科目として開講されている。

学べる専門科目

- 線形代数学
- 論理と集合
- 幾何学基礎
- 解析学
- 微分方程式論
- 数理統計学
- 確率論
- プログラミング　など

参考［東京理科大学数学科］

ユーターシミュレーションを行うなど、自然科学と情報学を連携させて学ぶことができる。

現象数理学科

医学・生理学上の問題、社会的問題、社会現象など、身の回りにあふれている現象を、数学を用いて解明していく学科。最先端のカリキュラムを通じて、単に現象を解明するだけでなく、数理モデルを多様な分野に応用できる力とセンスを備えた人材の育成をめざしている。

卒業後の進路

- 中学校・高校の教員
- 情報産業
- 金融・保険業
- 電機メーカー
- 環境コンサルタント系企業

など

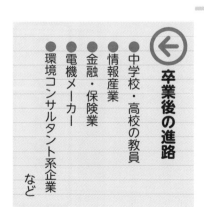

情報科学科

現代数学とコンピューターサイエンスを学ぶ

情報化、ネットワーク化が高度に進んだ現代社会で、欠かせないのがコンピューターだ。情報科学は、コンピューターやそれを使ったデータ処理に関する学問。文系の情報系学科と違い、**情報科学科**では理学的な立場に立って、情報に関する諸問題を、現代数学を活用して解決する能力を持った人材の養成をめざしている。

工学部にある、情報技術を基盤としたさまざまな学科は、その多くがコンピューターを道具として利用する分野を扱っている。しかし、情報科学科では、情報処理の根本原理の解明、コンピューターの設計や使い方など、情報に関する基礎理論、コンピューターのソフトウエアとハードウエア、情報システムに関する教育・研究を行っている。人間の知的活動の解明までを含む、さまざまな問題を扱う間口の広い学問で、人文・社会科学、人間科学との境界領域も対象としているのが特徴だ。

大阪大では、基礎的な分野を修得したあと、計算機科学、ソフトウエア科学、数理科学の3コースに分けて教育している。計算機科学とソフトウエア科学の2コースは、コンピューターそのものの可能性を追求する科学と、そ

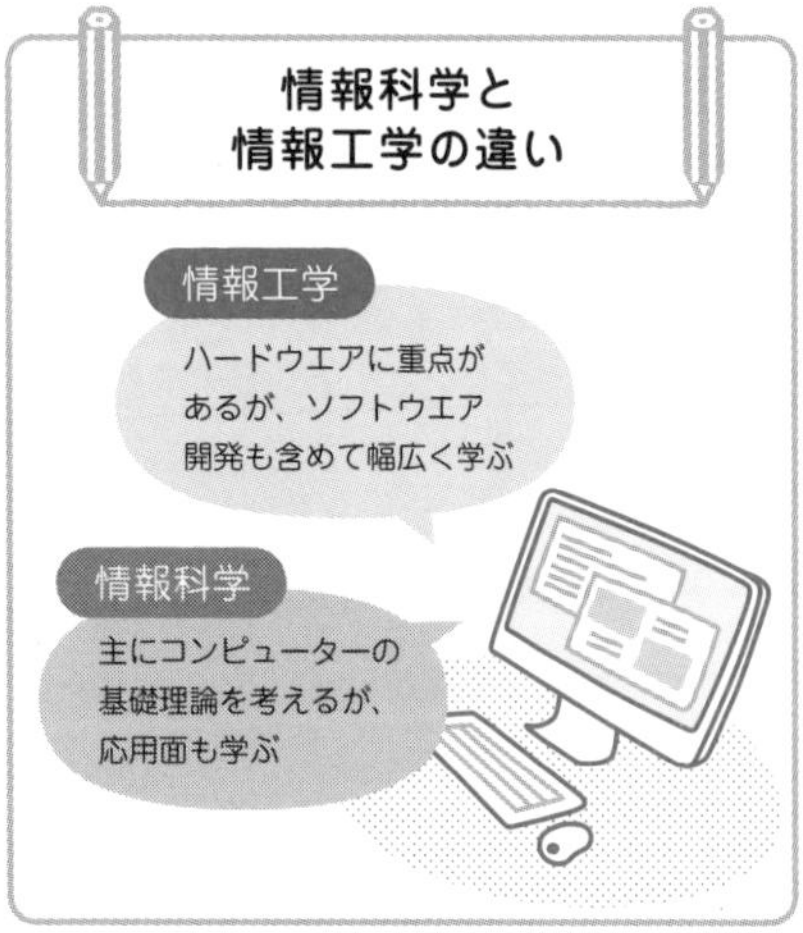

情報科学と
情報工学の違い
情報工学
ハードウエアに重点があるが、ソフトウエア開発も含めて幅広く学ぶ
情報科学
主にコンピューターの基礎理論を考えるが、応用面も学ぶ

こんな学科もある

情報学科

情報技術の専門知識の修得を通じて、高度情報化社会で広い視野を持って活躍できる人材を養成。明星大は、学生同士や社会との相互作用で学びを深める科目群、プログラミングを基礎からしっかりと学び応用力を養う科目群、最先端の専門分野を学べる科目群、教育分野で情報学を活用する科目群などを設けている。

情報数理学科

数学と情報が融合した最先端の理論に取り組み、現代社会の変革の鍵を握る人材を育成する学科。代数学、幾何学、解析学、確率・統計に代表される伝統的な数学と、コンピューターとともに発達してきた離散数学、数理論理学をはじめとする新しい数学が、ＩＴに関する力を身につけながら学べる。

数学・情報数理学科

千葉大では、学科内に数学コースと情報数理学コースをおいている。代数学、幾何学、基礎解析学、応用解析学、確率・統計学、情報数理学の各分野を開講しており、情報数理学分野では情報科学、計算機数理、情報基礎論などを学ぶ。

の技術の基礎をなす数学的手法、さらに、コンピューターをツールとする新しい応用技術を主な教育課題としている。また、数理科学コースは、理学、工学、経済学などさまざまな分野に生じる数学的、統計学的問題に共通する数理的法則を抽出、解明し、それを応用に役立てる術を学んでいる。

現代の最先端分野の研究・教育を展開

一般に、カリキュラムをみると、コンピューターサイエンスの基礎と、それに関連したプログラミング演習に加えて、線形代数学、微分積分学、離散数学など数学関連の科目も数多く開講され、2年次後期になると、マルチメディアなど最先端の授業も始まる。3年次からはほとんどが選択となり、情報数理や計算機科学の基礎からネットワーク、マルチメディア、環境シミュレーションなど、各自の興味に合わせて多彩な授業を受けることができる。

専門科目は、情報科学を理解するために必要な数学に関する科目、情報科学とほかの理学分野との関連を教えるための科目、コンピューターを使える能力を身につけるための科目、情報数理や情報処理の分野で研究者や技術者となるために必要な科目に大別され、情報科学の考え方、プログラミングの基本、コンピューターやネットワークの原理を基礎からじっくり修得する。それと同時に、少人数制のゼミで専門書を読み解き、新しい技術を自分の力で学んでいく基盤を築いていく。

学べる専門科目

- 情報科学演習
- 計算機構成論
- ハードウエア構成法
- オペレーティングシステム
- 知識処理理論
- 計算アルゴリズム論
- 応用統計学
- 生体情報論　など

参考［東京大学情報科学科］

システム数理学科

実社会における課題を数理学を用いたシステムによって解決する能力を修得することを目的にした学科。工学院大は、企業や社会が必要とする情報システムを企画・構築し運用できる技術者や、数理的な思考力でビッグデータを扱う実践的なデータ科学を修得し、経営戦略、マーケティング、企業情報戦略などをリードできる技術者を育成する。南山大は、統計学、オペレーションズ・リサーチ、情報数学の3分野を柱として教育している。

卒業後の進路

- 情報産業
- IT系企業
- 運輸・通信業
- 金融・保険業
- 公務員

など

物理学科

新しい事実の発見が新技術につながる

あらゆる科学技術を支える、重要な学問の一つが物理学だ。簡単にいうと、水や空気の流れ、熱の変化、音の大きさ、光など、世の中のあらゆるものがどのような仕組みになっているのかを数字で解明する学問といえる。

物理学における新事実の発見や、新しい理論の展開が新技術の発明につながり、産業の開発や発展を促してきたことは歴史が証明している。一例をあげると、固体物理学という物理学の一専門分野の進歩によって半導体開発の研究が進み、高度に発達したエレクトロニクス技術を生み出した。そして、エレクトロニクス技術の発達は、電気製品の小型化、高性能化をもたらし、コンピューターの発明につながった。

コンピューターの登場によって、私たちの生活や社会の様相が一変したが、さらに、研究の進展によって輝かしい未来が予測される。わが国の物理学研究は、世界的にも高水準であり、限りない魅力に富んでいるといえるだろう。

物理学科では、クォークなどの極微小な素粒子から、高温超伝導体などの固体、何億光年というスケールの宇宙

物理学科の学びの一部
天体物理学
宇宙や天体がどのような仕組みになっているか、数学で検証していく学問
熱学
地上や宇宙などで発生するあらゆる熱について、そのメカニズムを数学で検証する学問
流体力学
水や空気など流れるもののメカニズムを数学で検証していく学問
POINT
あらゆる面に関して、世の中がどのような仕組みで成り立っているか、そのメカニズムを数学で検証していく学問といえる

こんな学科もある

物理科学科

物理学を中心に、材料、環境、生命などに関わる広範な科学を学び、合理的な視点、思考法、問題解決能力を養い、それを生かして社会の発展に貢献できる人材養成をめざしている。立命館大では、力学、電磁気学、熱力学・統計力学、量子力学などの物理の基本を学ぶとともに、物理学実験やセミナー形式の科目など、学生自身が実験し発表することを重視している。鹿児島大は、物理コースと宇宙コースをおいている。

天文学科

宇宙の誕生から死に至るまでの星の活動、巨大なエネルギーで活動する銀河中心核、銀河や大規模構造の形成など、多様な活動現象を研究する学科で、東京大におかれている。現代の天文学は、ニュートリノや宇宙線など観測手段、研究対象が次々に広がってきており、それに伴って、物理学、化学、地球物理学との境界領域での研究も広がっている。

地球惑星物理学科

地球や惑星の上で生起するさまざまな現象を、物理的手法を用いて解明する学

に至るまでを研究対象としており、研究分野は実に多彩だ。九州大では、素粒子・原子核理論、素粒子・原子核実験、物性理論、物性実験、宇宙物理などの分野を教育・研究しており、例えば宇宙・天体物理分野では、宇宙はどのように誕生し進化してきたのか、目の前にある物質はどのようにして生まれ変化していくかを世界的なレベルで研究している。

大別して理論物理学と実験物理学の2分野を学ぶ

物理学の研究対象は、宇宙、地球、生物、固体、原子分子、原子核、素粒子など自然の各階層に及んでいる。多くの大学では、現代物理学の基礎となる科目を学習したうえで、豊富に用意された選択科目の中から、個々人の目標や興味に応じた科目を、自由に履修することができる。

講義のほか、演習と実験にも力を入れている。ふつう1年次の必修科目には、物理学、力学、物理数学、物理学実験などがあり、2年次は自然や現象を、実験を通して学ぶことに重点がおかれる。そして、力学、電磁気学、熱学を三本柱とする古典物理学の体系に力を注ぎ、現代物理学の基礎として欠かせない量子力学を学ぶ。3年次は、物理学とその関連分野を系統的に学ぶほか、計算物理、大気物理学、弾性体力学、流体力学、物性論、天体物理学などの選択科目が豊富に用意され、学生の目標や興味に合わせた科目を履修。4年次では、卒業研究を行い、これまでに修得した知識や方法を実地に応用しつつ物理学を総合的に捉え直す。

学べる専門科目

- 物理学実験
- 電磁気学
- 量子力学
- 地球物理学
- 原子核物理学
- 生物物理学
- 弾性体力学
- 原子分子物理学　など

参考［東京理科大学物理学科］

科で、東京大におかれている。地球惑星物理学の対象は極めて多岐にわたっており、太陽系や惑星の進化、宇宙空間での現象までを含んでいる。近年では地球温暖化予想や深海探査、固体地球深部の探査、宇宙における生命発生の探求など、研究の場は広がっている。

宇宙地球物理学科

宇宙、銀河、ブラックホール、太陽系、惑星、地球と、その内部で起こる多彩で壮大な現象のメカニズムを解明する学科で、東北大は、天文学（宇宙物理学）の総合的な教育・研究を行う天文学専攻と、物理学を基礎として固体地球、海洋、大気、電磁圏、惑星圏を研究する地球物理学専攻に分かれている。

卒業後の進路

- 中学校・高校の教員
- 情報通信業
- IT系企業
- 半導体メーカー
- 電機メーカー

など

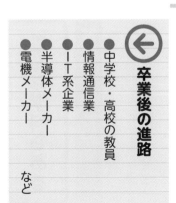

化学科

多様で魅力的な分子の世界を研究

　多くのノーベル化学賞受賞者を輩出するなど、わが国の化学研究のレベルはかなり高く、世界的にも注目される数々の研究が生まれている。

　化学は、自然界にあるすべてのものを、原子・分子の結合と、その変化という視点で研究し、得られた知識を体系化する学問である。また、化学現象や、物質の構造、性質、変換過程を、分子や分子集合体のレベルで理解するとともに、分子を自在に操り、物質を創り出す学問ともいえる。身のまわりの物質は、ほとんどが分子集合体であり、自然界の営みのほとんどは、分子や分子集合体のレベルで制御されている。そして、生命は生体内での分子反応によって維持され、エネルギーの大半は酸化反応（燃焼）によって得られる。これらが化学の守備範囲なのだ。

　現在の豊かな生活は、驚異的な化学工業の発展によって導かれたが、化学工業の発展は、基礎化学の研究によって支えられてきた。今後は、エネルギーや食料の確保、環境問題の解決、機能材料や薬品など医療材料の開発といった分野においても、化学の果たす役

化学科の学びの一部

生命化学
生命というものがどのように成り立っているか解明する学問

有機化学
炭素原子を含む化合物のほとんどを有機物といい、それらを研究する学問

無機化学
有機物以外の物質を無機物といい、それらを研究する学問

原子・分子の視点から世の中を解明する学問が化学である

こんな学科もある

基礎化学科

　埼玉大にあり、物理化学、無機・分析化学、有機化学など化学研究の土台となる分野について重点的に教育し、さらにそれを礎にして応用の分野まで幅広く教育している。物質の創製を主に研究する合成化学講座と、物質の性質や機能、構造の解析に重点をおく解析化学講座から成り、各講座が物理化学、無機・分析化学、有機化学及びそれらの境界領域の基礎から応用までの幅広い分野の研究を行っている。

化学・生命化学科

　物質を作る最小単位である原子、分子の性質、構造などを、電子の挙動を中心としたミクロな立場から解明する学科で、早稲田大におかれている。物理化学、有機化学、無機・分析化学、生命化学の4分野に分け教育・研究している。

化学・生命科学科

　青山学院大では、物理化学、無機分析化学、有機化学、生命科学の4系列の専門コア科目を基盤に、化学分野及び生命科学分野から構成される多様な選択科目群を配置。広い視野と柔軟な思考力を

割は大きくなるに違いない。

物質を分子レベルで捉える視点を養う

化学は、合成繊維、プラスチック、医薬品、半導体など、現在の社会にとって欠かすことができないさまざまな物質を創りだす夢の学問でもある。そこで、資源やエネルギー源の枯渇、食料不足、人口問題、環境汚染など、人類が繁栄していくために解決しなければならない課題に対して、大きな役割を果たすことが期待されている。

化学科では、このような期待に応えるために、基礎と実験を重視し、有機化学（主に炭素を含む化合物を研究）、無機化学（有機化合物以外を研究）、物理化学、生物化学、分析化学、地球化学などの幅広い分野を教育・研究の対象としている。

一般的な教育課程を見ると、1年次は、基礎学力に重点をおいて物理化学、有機化学や無機化学などの専門基礎を必修として学び、2年次は、必修科目として物理化学、無機化学、有機化学、分析化学などを履修するほか、授業で学んだ理論を、実験で検証するとともに、その報告書の書き方を学ぶ。

3年次には、学生の多様な資質や才能を開花させるため、無機化学、有機化学、量子化学、電気化学、高分子化学、コロイド化学、生物化学、無機工業化学、有機工業化学など多彩な選択科目を用意。4年次には研究室に配属されて、卒業研究を行う。教員の指導の下、選んだ課題について研究漬けの毎日が続くが、研究することの喜びを味わう充実した1年間になるようだ。

学べる専門科目

- 物理化学
- 生物化学
- 量子化学
- 無機分析化学
- 基礎有機化学実験
- 物質機能化学
- 環境分析化学
- 生物物理化学　など

参考［福岡大学化学科］

機能分子・生命化学科

同志社大におかれており、原子や分子、あるいはそれらの集合体が持つ機能に着目し、化学の持つ素晴らしさを勉学できるよう工夫するとともに、新しい機能性物質を開発できる独創性豊かな化学技術者や研究者を養成することをめざしている。

身につけ、学問の発展及び変化する社会のニーズに対応できる人材の養成をめざしている。

卒業後の進路

- 中学校・高校の教員
- 製薬・薬品業
- 化学工業
- 研究所・検査機関
- 環境分析系企業
- 食品系企業

など

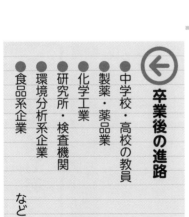

生物学科

動物や植物の生命現象を解明

愛知県岡崎市にある基礎生物学研究所では、多様な生物の生存戦略を理解するため、すべての生物に共通で基本的な仕組み、生物が多様性を持つに至った仕組み、生物が環境に適応する仕組みを解き明かす研究を行っている。そこからノーベル賞を受賞した研究も生まれているが、こうした世界的な生命科学研究につながる現代生物学の基本的事項を、講義と実験・観察によって学ぶのが**生物学科**である。

高校で学ぶ生物は、動物と植物の双方についての基礎的な部分を対象としているが、大学では、生物学的現象などについて、分子、細胞、器官、個体、群集の各レベルにわたって教育を行うとともに、動物と人間の関係性など境界領域や学際的分野での研究も重視している。そして、遺伝子やタンパク質を対象とした分子生物学や生化学、細胞や器官の分化、成長、機能を対象とした発生学や生理学、動植物の個体や個体群を対象とした分類学や生態学の広範な分野を学び、生命現象を総合的に理解していく。

今日の生物学は、分子生物学から群

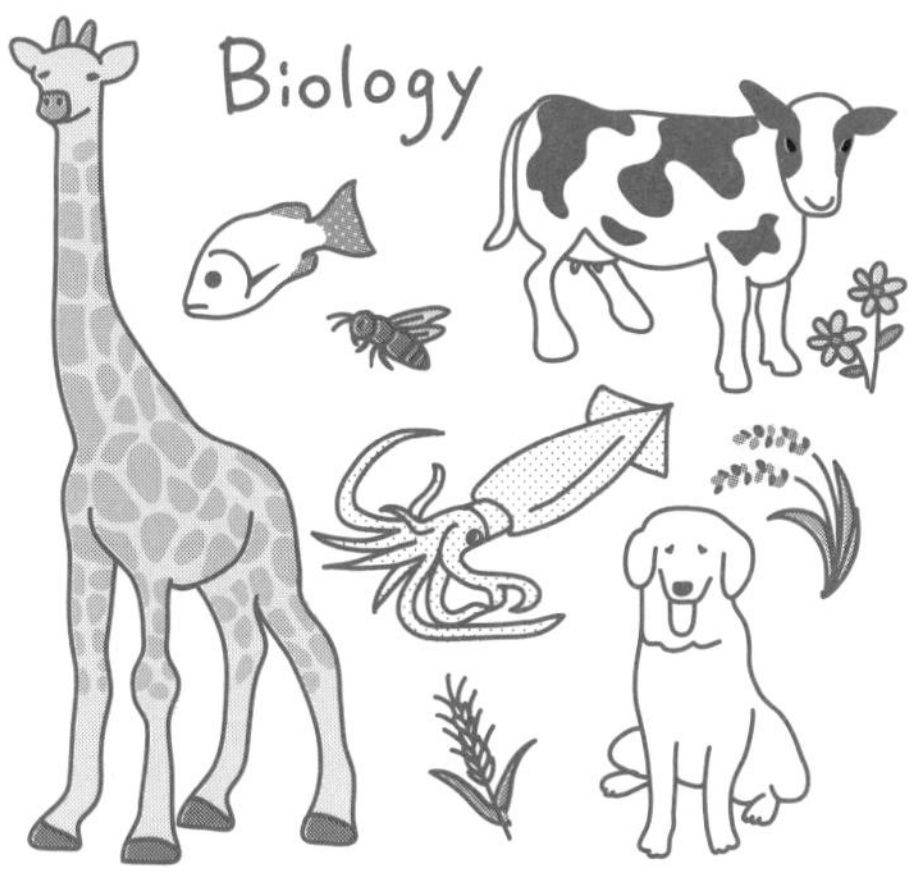

こんな学科もある

生物科学科

生物の仕組みや法則を、分子レベルから群集レベルまでの各階層で明らかにする学科。北海道大は、多様性生物学・進化学系、形態機能学系、行動神経生物学系、生殖発生生物学系、生態遺伝学系、環境分子生物学系の6つの研究グループからなる。また、大阪大は、細胞生物学、生化学、分子生物学などを対象とした生物科学コースと、化学、物理学、数学などの知識に基づいて生命科学研究を行う研究者をめざす生命理学コースをおいている。

分子生物学科

遺伝子発現の仕組み、生体物質の働きを、生化学を基礎として学ぶ学科で、埼玉大におかれている。専門科目の授業には、タンパク質生化学、糖質生化学、エネルギー代謝、酵素学、生物英語、脂質生化学、遺伝情報発現、ゲノム生物学、分子微生物学演習、植物分子生理学、環境生物学演習などがある。

生物化学科

タンパク質、核酸、糖、脂質などが生命現象にどう関わるかなど、未知の領域集生態学に至るまで著しい発展を見せている。生命に支配的役割を果たす遺伝子が発見・研究されてから、分子的側面から生物を捉えるという研究方法が急速なスピードで発展。ヒトをはじめ種々の生物で、遺伝子の全塩基配列が決定され、これからの生物学はさらに新しい時代を迎えようとしている。

分子レベルから集団レベルまでを開講

生物学科では、分子レベル、細胞レベル、個体レベル、群集レベルでさまざまな教育・研究が行われる。分子がどのように細胞を構成し、一つの細胞から一個体の生物がどのように発生・分化してくるのか、さらには生物間相互の作用や生物と環境の関わりといった、未知の部分が多いさまざまなテーマに、生態学、系統分類学、進化学なども絡めながら挑んで、生命現象を解明しようとしている。

岡山大では、生物学を修めるために必要な基礎知識と、生物学に関する基本的な科目を履修したあと、2年次には、生物を個体、細胞、分子といったさまざまなレベルから解き明かす多彩な講義が開講され、生物学に関する基礎的な実験も行って、基礎知識や技術を身につける。3年次になると、講義内容は高度なものになる。実験でも専門的な内容を扱うほか、生物学ゼミナールを受講して、具体的に自分の進みたい分野を絞り、卒業研究を行う研究室を決定する。4年次には、研究室で行う卒業研究を通じて、専門的な知識や手法、考え方を身につけるとともに、1年間の研究成果を発表する。

学べる専門科目

- 細胞生物学基礎
- 動物生理学基礎
- 海洋生物学
- 生化学基礎
- 植物生理学基礎
- ゲノム動態学
- 分子生物学
- 生物学実験　など

参考［神戸大学生物学科］

が限りなく残されている分野を対象とした学科。東京大は、生命現象の本質を解明するために、生物学はもちろん、物理学、化学の知識も含めた幅広い解析を行う。具体的な課題として、ゲノムの構造とその複製、細胞内情報伝達、遺伝子の発現・機能および相互作用の仕組み、RNAの構造特異性と機能、タンパク質生合成の機構と調節の仕組み、タンパク質の構造と機能などがある。

生体制御学科

遺伝子、細胞、組織・器官、個体の各レベルで制御されている生命現象の制御機構を統一的に把握し、解明しようという学科で、埼玉大におかれている。遺伝学、発生生物学、細胞機能学、内分泌学、形態形成学、調節生理学など多彩なカリキュラムが用意されている。

卒業後の進路

- 中学校・高校の教員
- 食品工業
- 製薬・化学工業
- 情報通信業
- 農林水産関連企業
- 公務員

など

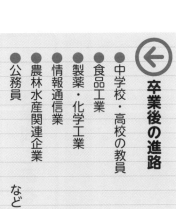

地球科学科

地球内部から大気圏にわたる時空間が対象

地球温暖化、森林減少、海洋汚染、酸性雨、オゾン層破壊など「宇宙船地球号」の行方には暗雲が立ち込めている。私たちは「かけがえのない地球を守る」ために、さまざまな取組みを続けなければならないが、この地球そのものを研究対象としているのが、**地球科学科**、**地球学科**、**地球学類**、**地球圏科学科**、**地球圏システム科学科**などだ。地球学を学ぶ期待の大きな分野だが、設置している大学はそう多くない。

地球科学科は、地球誕生から現在まで、地球内部から大気圏にわたる幅広い時空間を対象にして、地球の大気圏、水圏、岩石圏で生起する諸現象とその動態プロセス、この地球環境を舞台に展開される人間活動について、野外調査、実験、数値シミュレーションなどの手法を駆使した教育を行っている。

岡山大では、1年次で地球科学の基礎を学ぶ。2年次は、地球科学の専門科目を学んでいくための基礎的な講義を開講。また、地球の表層を構成している物質である岩石や鉱物の基礎的な観察法や、地図の読み方、地質図の作図に関する演習・実験も始まる。

3年次からは専門的な講義を履修するほか、卒業研究に必要な専門科目や関連する分野の講義を選択して履修する。実験や実習も高度化し、難しくなる。巡検（野外での実習）も行われる。

4年次は、研究室に配属され、野外での観察・観測を通じて得た試料やデータを用いて、各種分析装置による分析やコンピューターシミュレーションを行い、課題研究を進め、卒業論文をまとめる。

こんな学科もある

地球学科

大阪市立大にあり、地球の過去と現在を学際的に認識し、未来を的確に予測するための深い基礎知識と優れた応用能力を持った人材の養成をめざしている。地球を構成する物質に関する基礎的知識や地球の歴史的変遷、探求方法を体系的に修得するほか、地圏の開発と防災や環境変化の予測・評価を行える基礎的知識・技術を深める。

地球圏科学科

福岡大におかれている。自然科学の基礎領域を幅広く学び、3年次からは、岩石圏、大気圏、生物圏に対応する地球科学分野、地球物理学分野、生物科学分野のいずれかを選び、研究を進める。

卒業後の進路

- 中学校・高校の教員
- 調査・コンサルタント業
- 情報サービス業
- 土木・建設業
- 公務員

など

理学科

ミニ理学部で専攻・コース別に教育

理学科をひと口で表現すれば「ミニ理学部」といえる。大学によって多少異なるが、数理科学、物理学、化学、生物学といった専攻・コースをおき、自然科学の主要分野を網羅している。

いくつか例をあげると、茨城大は数学・情報数理、物理学、化学、生物科学、地球環境科学、学際理学の6コース、信州大は物理学、化学、地球学、生物学、物質循環学の5コース、早稲田大は生物学、地球科学の2専修、近畿大は数学、物理学、化学の3コースに分かれ、それぞれの専門領域を深めていく。専攻・コースは、それぞれが独立した学科と同じ内容とみていい。

入学時から専攻・コースに分かれる大学が多いが、京都大は理学科として一括募集している。学部教育においては基礎的科学体系を深く修得し、それらの基礎を創造的に展開する能力や、個々を総合化し、新たな知的価値を作り上げる能力などを身につけさせる。そして、狭い専門に閉じこもることなく、幅広い学問の学習を促したのち、3年次からは、自らの興味・意欲と能力・適性に応じて数学、物理学・宇宙物理学、化学、地球惑星科学、生物科学という5つの専門分野から一つを選び、理学的素養を深化させる。

多彩な専門科目によって、自ら学ぶための基礎学力を確かなものにし、少なくとも一つの分野の専門的基礎知識と技能が、4年間のうちに身につくような指導がなされるが、卒業生の大部分が大学院に進学して最先端分野の研究を行い、新しい科学の知見の発見にチャレンジしている。

こんな学科もある

数物科学科

数学と物理学の素養を持った人材の養成をめざした学科。奈良女子大は、数学、物理学、数物連携の3コース編成。日本女子大は、数学・物理学を基礎として学び、さらに最先端技術に関わる情報科学の力を身につける。

基礎理学科

岡山理科大にあり、数学、情報、物理、化学、生物、地学、現代教育の各分野を学ぶとともに、それらの境界領域を研究できる人材や、実践的指導力を備えた教員の育成をめざしている。

卒業後の進路

- 中学校・高校の教員
- 医薬・製薬系企業
- 運輸・通信業
- IT系企業

など

生命科学科

生命現象を分子・細胞レベルで解明

21世紀に入ってまもなくヒトゲノム塩基配列の解読が完了した。それによって、すべての生命現象が解明されるのではないかと期待されたが、塩基配列に関する情報だけで全部が解明されるほど単純なものではなかった。今も、世界中の学者が、あらゆる手段で生命現象の解明に挑んでいるが、こうした最先端の研究にチャレンジするための基盤づくりを担っているのが**生命科学科**だ。微生物からヒトに至るまでの生命現象を、分子・細胞レベルで研究・解明するのが目的で、理学部、生命科学部、理工学部などのほか、医学部や農学部におかれることもある。

医学部におかれる場合は、生命現象における基礎的な真理の探求を行うとともに、最先端医療を支える技術創生を推進する教育・研究を行っている点に特徴がある。農学部におかれる場合は、動植物や微生物の生命活動を、分子レベルや遺伝子レベルから理解することを基盤として、それらを人類が直面している環境や食料問題などの解決に活用することをめざしている。

生命科学科の学びの一部

遺伝子系
生命現象について、遺伝子学的なアプローチで解明していく

細胞組織系
生命現象について、細胞や、臓器や目、口、鼻といった組織などに着目して解明していく

生物物理系
生命現象について、生物を構成する物質などを物理学的に分析して解明していく

実験中…
おおまかにいうと、
主に生物学よりサイズの
小さい細胞や遺伝子を
研究対象にしている

こんな学科もある

生命理学科

生命現象を、遺伝子（DNA）やタンパク質などの働きから理解する学科。立教大は、分子生物学、生物化学、分子細胞生物学の3つの側面から生命現象を理解するカリキュラムを編成。DNAやタンパク質といった、生物を作っている分子を基礎として、生きている姿を理解するための考え方や知識を学んでいく。

生命情報学科

慶應義塾大は、生命を従来の生物学とは異なった視点で見ることができる、新しいタイプの生命科学・生命工学分野の科学者や技術者を育成することを目的している。立命館大では、生化学実験、分子生物学実験などで生命科学の実験の手法を修得するとともに、分子からゲノム、タンパク質、生物個体に至る各分野のコンピューター解析手法を講義と実習で学ぶ。

バイオサイエンス学科

生命現象を分子レベルで理解しながら、植物、微生物、動物、食品など多岐にわたる応用分野について幅広い知識と技術を身につける学科。理学系のほか農学系

生命科学の新しい現象や原理を研究

生物には、さまざまな種類があるが、それらを構成している最も基本的な単位が、細胞であるという点は共通している。また、細胞を構成しているのは、たくさんの種類の原子、分子で、生命も物質と同様に、原子、分子から成り立っている。

生命科学科では、理学の立場に立って複雑・多様な生命現象を、分子レベルから個体レベルまで体系的かつ総合的に理解するようカリキュラムが組まれており、物理化学、有機化学、生物学などの基礎的な科目から、生化学、分子生物学、生物物理学、生物有機化学などの学際領域科目、発生学、免疫学、生理学、遺伝学、進化学などの、より専門的な科目を開講。物質を支配する基本的な原理を理解し、そのうえで分子レベル、細胞レベルの生命現象に迫っていく。

兵庫県立大では、生体物質の構造と機能を、物理化学的に解明する方法を修得する生体物性コース、生命現象を主として化学的手法で解明し、化学の言葉で理解することを目標とする生体分子コース、細胞の分化、発生と細胞の機能を、主として遺伝学や細胞生理学的な手法によって追究する方法を修得する細胞コースをおいている。

また、芝浦工業大は、生命科学、生命医工学の2コースをおき、前者では遺伝や老化という生命体にとって避けられない現象を解明、後者では福祉・医療支援ロボット、リハビリテーション機器、人工臓器などを研究する。

学べる専門科目

- 動物科学
- 植物科学
- 生化学
- 生物物理化学
- 分子細胞生物学
- 発生生物学
- 生命科学演習
- 放射線生物学　など

参考［学習院大学生命科学科］

の学部にもおかれているが、いずれも充実した実験と先端技術に関する教育・研究を重視しており、実学を通してバイオサイエンスに関する高い専門性と豊かな教養を持つ人材の養成をめざしている。

分子生命科学科

遺伝子、細胞、脳など、生命を支える仕組みを学ぶ学科。東京薬科大は、化学や分子生物学などの基礎学問を基盤とした先端科学の研究を通して、科学や技術の発展と社会に貢献できる人材の育成をめざしている。弘前大は、生命科学、応用生命の2コース編成。

卒業後の進路

- 食品・医薬品系企業
- 化学工業
- バイオテクノロジー関連産業
- 環境・エネルギー系企業
- 情報通信業
- 運輸・建設業
- 公務員　など

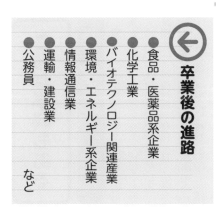

地球惑星科学科

地球深部から惑星・宇宙まで研究

私たちの暮らしている地球はどのようにして誕生したのだろうか？　そうした素朴な疑問に答えるため、地球や惑星や宇宙の科学的な研究を進めているのが**地球惑星科学科**である。

太陽系惑星、大気や海洋、地球表層と内部など研究の対象は幅広く、地球や太陽系の起源と進化、固体地球内部と地表の構造、生命の発生と進化、地球惑星環境の過去・未来などが研究テーマとなっている。

また、衛星観測などの最先端技術を駆使して、野外地質調査、地震や火山の地球物理観測、気象データの総合解析、深海底探査、隕石や鉱物の精密分析、人工衛星や探査船による観測などを進めている。

名古屋大では、数学や理科の基礎科目、幅広い教養を身につけた後、2年次から本格的な専門教育が始まる。講義では、自然現象を大きく広く捉えるうえで基礎となる概念や考え方が教授され、実験・実習も重視される。また、実際の野外調査を体験するため、フィールドセミナー（野外実習）が年に数回行われるほか、春休みに約2週間、教員の指導のもとに一定地域を調査する地質調査が行われる。

3年次までに、講義、実験、実習を通して、広く地球惑星科学に関する知識を身につけ、4年次には、1年間をかけて卒業研究を行う。研究地域は国内だけにとどまらず、海外を対象とする場合もあり、室内実験や理論解析に重点をおいた卒業研究もある。研究の成果は卒業論文としてまとめられ、年度末の特別研究会で発表される。

こんな学科もある

物質科学科

原子・分子レベルの物資設計や製造技術を理解し、先端機能材料や化学プロセスに携わる人材の養成をめざしている。秋田大は、無機材料、有機材料、化学工学など幅広い専門分野を学ぶ応用化学コースと、基礎科学から材料の工学的応用まで幅広い分野について学ぶ材料理工学コースをおいている。

海洋自然科学科

琉球大にあり、多様な物質の反応や構造、機能を分子科学的に理解することをめざす化学系と、琉球列島が持つ豊かな自然環境を最大限に活かし、多様な生命現象とその基本原理の理解をめざす生物系がおかれている。

卒業後の進路

- 中学校・高校の教員
- 材料・金属系企業
- 化学工業系企業
- 博物館学芸員
- 公務員

など

工学系統の学科

工学

＊ここでは、工学系統に含まれる主要な学科と、それを設置しているおもな大学を紹介しています。

機械工学科

モノづくりに関わる理論と技術を修得

機械工学を学ぶ学生らがチームを組み、フォーミュラータイプの小型レーシングカーを開発、製作して総合力を競う「全日本学生フォーミュラ大会」が毎年開催されている。この大会に参加した学生は、モノづくりの厳しさ、おもしろさ、喜びを実感するが、こうした本格的なモノづくりが体験できるのは、設備や研究スタッフの揃っている**機械工学科**ならではのことだ。

機械工学は、自動車や航空機、ロボットやコンピューター、原子力発電プラントや石油精製プラントなど、あらゆる工業製品、設備、機械システムを開発、設計、製造するための知識と技術を体系づけた学問で、人々の生活を豊かにする、さまざまな技術の構築に寄与してきた。また、これまでの伝統的な基盤技術に加え、時代とともに変化する産業構造や社会の要請に応えるため、新たに創成された技術や原理を取り入れ、日々進化、発展している。

機械工学科では、そうした研究を基にして、現在使われている機械の性能向上や、さらに高度な性能を持つ機械の設計、製作を行うための知識や技術を育む教育と研究を行っており、工学部や理工学部の基幹学科として、多くの大学におかれている。

専攻やコースで専門教育を展開

機械工学の研究分野は広範囲にわたるため、専攻やコースに分けて教育を行っているケースが少なくない。例えば静岡大は、機械工学の基礎となる材料力学、流体力学、熱力学、機械力学

こんな学科もある

総合機械工学科

多分野にわたり総合的にモノづくりの場で活躍できる機械エンジニアの養成をめざしている学科。早稲田大では、環境、エネルギー、医療福祉、高齢者介護、コミュニティ作りといった現代社会が取り組むべき分野の諸問題を解決していくための機械の設計原理、並びにそれらの開発と社会的評価について、ものを作る側の論理以上に、ものを受け入れ使う側の思考に寄り添うことを重視した、科学を超えたプロジェクト的研究を展開している。

機械科学・航空宇宙学科

力学系や航空宇宙など機械科学や航空への応用に重点をおいた物理工学系の学科で、早稲田大におかれている。航空宇宙工学を応用的な先端分野と位置づけて、機械科学の総合的な学問の修得ができるようになっているのが特色。基礎学問の数学・物理と、機械工学の基本となる材料力学、流体力学、熱力学、機械力学の4力学を中心に教育を展開している。

精密機械工学科

機械工学、電子工学、情報工学を合わ

などを学んだあとコースに分かれる。

宇宙・環境コースでは、航空宇宙や環境に関わる専門的な学問を学び、実験や設計製図などを通して、航空機、ロケットや空調機器、環境維持・浄化装置といった大型の機械の設計、製作に必要な技術を修得。知能・材料コースでは、産業や生活の支援といった環境で活躍するロボットの設計、製造に関わる学問と技術、自動車やバイクなどさまざまな機械システムを構成する先端機械材料の設計、加工に関する学問と技術を修得。光電・精密コースでは、機械工学、電気電子工学、光工学をバランスよく修得することにより、これらの学問と技術を統合した「知的ものづくり」に必要な教育を行う。

私立大では、多くの大学が、興味や進路に合わせたコース制を採用している。日本大（生産工学部）では、2年次後期から、自動車コース、航空宇宙コース、機械創造コースのいずれかを選択でき、それぞれの分野に専門化した機械エンジニアを育成。

一方で関西大のように、機械工学の学びの多様化に対応するためコース制を廃止し、履修する学生の興味と主体性に応じた科目選択をしやすいようにカリキュラムを変更したケースも。それにより機械4力学と機械の設計・生産・制御などの知識・技能を修得するだけでなく、それらの運用において創造力や問題解決能力などを発揮する人材の輩出をめざすという。

せた技術を対象としたメカトロニクスを学ぶ学科で、電気・電子と情報に強い機械技術者の養成をめざしている。中央大ではロボット研究に力を入れており、マイクロロボット、生物型ロボット、それらロボット同士の協力による作業の高度化をめざしている。また、日本大では、最先端の設備を備えたマイクロ機能デバイス研究センターや、入学直後から研究に参加できるロボット工房など、実体験に基づいた学びを可能にする研究設備を備えている。

精密工学科

精密機械工学科とほとんど同内容の学科。東京大は、精密工学の基礎であるメカトロニクス、設計情報、生産に関する実践的な知識に加え、人、人工物、環境のより良い未来を創造するために必要な先端領域の教育を行う。カリキュラムは、機械物理、情報数理、計測制御の基礎工学を土台に、精密工学の柱であるメカトロニクス、設計情報、生産の3分野を中心として構成されている。東海大は、ロボットの運動機構や知能化などについて研究するロボット・メカトロニクス系、微小な世界に適した精密・超精密技術を修得するマイクロ・ナノテクノロジー系、ものづくりを支える基盤技術を学修するメディカル・ものづくり系の3分野を学ぶことができる。

機械の原理を理解し、応用できる技術力を培う

関西大では、1年次の学びは多くが機械工学の導入科目であり、基礎数学演習や機械物理学実験など機械基礎科目なども学ぶ。2年次になると、基礎統計学や幾何学概論などの数学系科目群、ベクトル解析や数学解析などの機械工学基幹科目群や、熱力学、流体力学、材料力学、機械力学の機械4力学科目群、機械加工学や機械要素といった生産・加工、機械要素科目群、機械基礎製図など機械工学実技科目群などの科目を履修する。3年次になると履修できる科目の専門性が一気に高まる。機械4力学応用科目群には、航空宇宙工学、音響工学、エネルギー変換論といった科目があり、計測・制御、人間工学科目群には、センサ工学、ヒューマンインターフェース、ロボティクスなどの科目が設置され、材料・物性・化学科目群には、ナノバイオ化学入門、材料・構造強度学などの科目がおかれている。学生の興味・主体性により科目選択の幅が広いカリキュラムになっているが、大学側で履修モデルの例をロールモデルとして公開しているので、それを参考にすることも可能。

各大学とも、主力4力学といわれる流体力学、熱力学、材料力学、機械力学には、演習を設けて知識や応用力の向上を計っている。また、実験、実習、設計製図はできるだけ多くの教員が担当して、教育が行きわたるように心がけている。4年次になると、各人が希望する研究分野で、少人数のゼミナールと卒業研究に取り組む。

学べる専門科目

- 材料力学
- 流れ学
- 熱力学
- 加工法
- 設計製図
- 機械工学実験
- 制御工学
- メカトロニクス　など

参考［芝浦工業大学機械工学科］

機械創造工学科

青山学院大は、機械技術を通して、社会の福祉や環境の保全に貢献する技術者、研究者や、開発から廃棄までを視野に入れたライフサイクルエンジニアリングの素養を持った技術者、研究者の育成をめざしている。学生一人ひとりが、自ら創意工夫する力を主体的に身につけられるように、実体験重視のカリキュラムを編成している。

卒業後の進路

- 自動車メーカー
- 電機メーカー
- 精密機器メーカー
- 工作機械メーカー
- 建設機械メーカー
- プラント
- 情報機器メーカー　など

機械システム工学科

機械とエネルギーをシステムとして捉える

人型ロボット、ロケットや航空機、ハイブリッド車、医療機器など、科学技術の最先端を行く機械装置は、多くの機械要素を統合した複雑なシステムとして機能している。

こうした最先端を行く研究は、**機械システム工学科**の得意分野の一つである。さまざまなモノや装置を実現するのが機械工学で、**機械工学科**ではモノづくりの原理を教育・研究しているのに対し、**機械システム工学科**では、モノや装置と、それらを動かすエネルギーとをシステムとして捉え、複雑化、高度化する要求に応えられる技術の開発と、技術者教育を行っている。

機械システム工学は、モノづくりを原点に、現代の最先端技術の担い手として、多様な機械、機器を設計、開発する学問。主に効率や経済性を重視してきた従来の技術に対して、それらを損なうことなく、しかも、地球環境への負荷が少ない機械の新しい設計原理を作っていこうとしており、学科内容の見直しに伴って**機械工学科**を**機械システム工学科**に転換改組したケースも見られる。機械システム工学の対象領

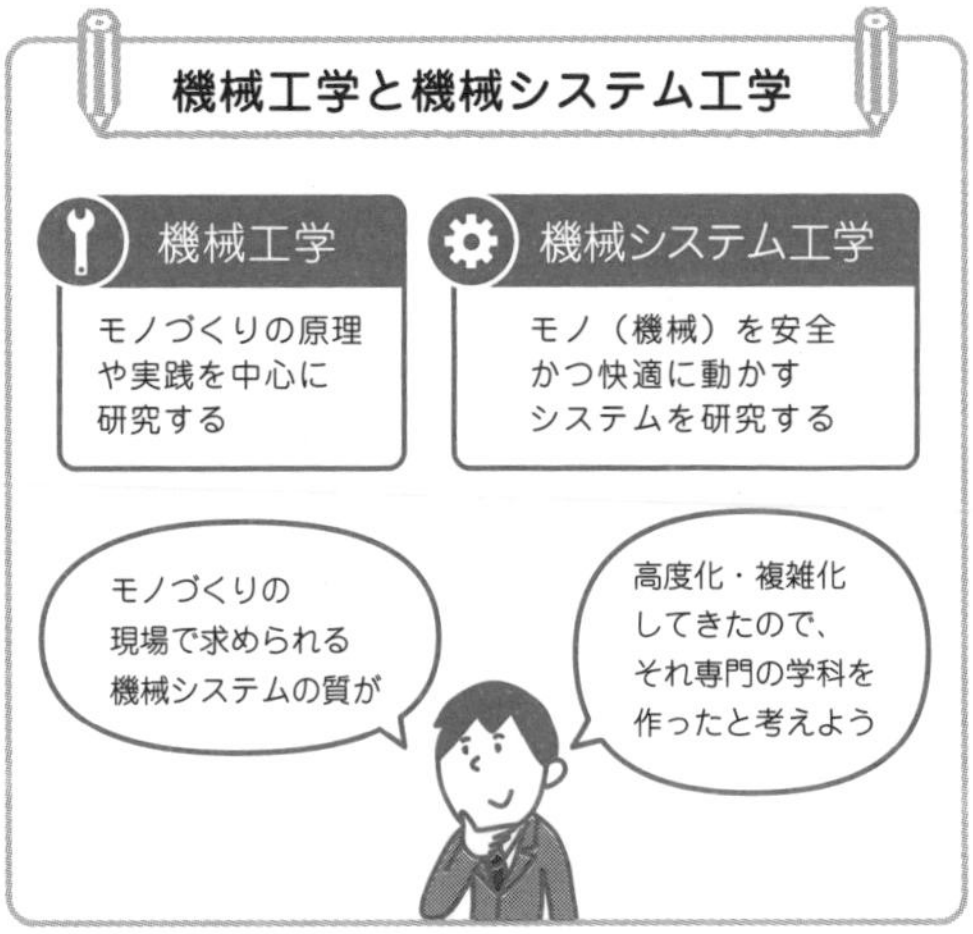
機械工学と機械システム工学
機械工学
モノづくりの原理や実践を中心に研究する
機械システム工学
モノ（機械）を安全かつ快適に動かすシステムを研究する
モノづくりの現場で求められる機械システムの質が
高度化・複雑化してきたので、それ専門の学科を作ったと考えよう

こんな学科もある

機械知能工学科

北海道大は、材料力学と制御工学を基礎として、特にバイオ工学やロボット工学を対象とした機械情報コースと、流体工学と伝熱工学と宇宙工学を基礎として、特に環境エネルギーと宇宙工学を対象とした機械システムコースに分かれ、学際領域を含む先端分野で幅広い視野を持って活躍できるエンジニアの育成をめざしている。

九州工業大は、機械工学コースと知能制御工学コースと宇宙工学コースに分かれて専門性を高める。

知能機械工学科

機械工学関連の基礎力学と加工技術、センサーと制御技術、コンピューター関連技術などを修得させる学科。機械に知能のようなものを持たせるといったような最先端の研究を行うケースが多い。

機械情報工学科

機械工学分野に加えて、電気と情報技術についても幅広く学べる環境を整えた学科。明治大では、ロボットに加えて、人を助けるエンジニアリングとして最先端の医療機器開発や医用システム開発、また地震から身を守る防災技術、そして

域は多岐にわたり、自動車、船舶、電車、航空機などの車両や輸送機器をはじめ、多様な生産を支える製造機器、さらには、これら機械が必要とするエネルギーの利用技術や材料加工までもが、その対象となっている。

4力学を基盤に、演習や実験を履修

機械システム工学科では、伝統的な機械工学の4力学に加えて、制御工学、情報処理基礎、メカトロニクス（電子機械工学）、生産工学などの幅広い科目を配し、さらに多くの演習や実験を取り入れ、基礎から応用にわたる多面的な教育・研究を行っている。

同志社大は、3つの研究分野から構成され、相互に連携を取り合いながら研究活動を行っている。材料分野では、最先端の分析装置を使って、環境に優しい材料の開発や材料にかかる力の測定、摩擦による影響などを研究しており、例えば金属材料のミクロな構造を制御して、高強度で腐食に強い材料を開発している。また、生産・システム・制御分野では、工場の自動化のための生産機械、双腕ロボットの制御や人とロボットの協調制御、福祉用途のアシスト装置などを研究している。数学・物理科目のほか、機械システムの設計や製図、機械物理実験や機械工学実験、さらにコンピューター関連科目について演習を行いながら実践的に学んだのち、機械工学専門科目では、材料、熱・流体、機力・制御、理工学の4コースのいずれかを集中的に履修して、より高度な専門知識・技術を修得し、卒業研究への力を養う。

学べる専門科目

- ●材料力学
- ●機械システム製図
- ●機械システム実験
- ●テクニカルコミュニケーション
- ●制御工学
- ●信頼性工学
- ●デジタル制御
- ●ロボット学　など

参考［工学院大学機械システム工学科］

鉄道の研究もしている。

機械機能工学科

機械工学をベースとして、人間や環境と調和した新しい機能を発想し、実現するための教育と研究を行う学科で、芝浦工業大におかれている。エネルギー・環境、マテリアル科学、機械機能制御、生産・加工プロセス、ナノ・マイクロ応用技術の5分野にまたがる研究に取り組んでいる。

卒業後の進路

- ●精密機器メーカー
- ●工作機械メーカー
- ●自動車メーカー
- ●電機メーカー
- ●建設機械メーカー
- ●情報機器メーカー　など

ロボティクス学科

先端分野を支えるエンジニアを養成

多くの産業では、製造現場でロボットが活躍しており、原子力発電所などの原子炉内点検ロボット、医療・福祉ロボット、災害復旧を行う遠隔操作型ロボットなど、さまざまな領域でロボットが必要とされている。また、家庭では掃除ロボットが動き回っており、人型ロボットがフロント業務を行うホテルも出現。観光地では通訳・翻訳ロボットが外国人旅行者をサポートするようにもなった。

こうしたロボットを研究するのが**ロボティクス学科**で、メカトロニクス（電子機械工学）を基礎に、高機能ロボットの実現と、ロボット技術を修得した人材の養成をめざしている。

ロボットを製作するには、機械工学、電気工学、電子工学、情報工学、材料工学などに加え、人間工学など広範な分野の最先端科学を結集しなければならない。そのため、立命館大では、まず、ロボットの基本である機械工学やコンピューターの基礎を学ぶ。そして、学年が進むとともに、一人ひとりの関心や将来のビジョンに合わせてロボットシステム、ロボット知能、ヒューマン・マシンの3分野を系統的に学習する。ロボットシステムでは、新しいロボットを作るために必要な駆動装置や構造について、ロボット知能では、賢いロボットをつくるためのセンサーや人工知能について学ぶ。また、ヒューマン・マシンでは、生体工学や人間工学を学ぶことで、医療、福祉や生活支援に役立つロボットをめざすことになる。

近畿大は、ロボット設計コースとロボット制御コースをおいている。

こんな学科もある

ロボット・メカトロニクス学科

東京電機大は、ロボット製作実習を授業で多く取り入れており、ロボットコンテスト形式の実験や、サッカーロボットやホッケーロボットなども実験している。

未来ロボティクス学科

機械工学、電気工学、電子工学、情報工学、制御工学に関する基礎的、基本的な知識と技術を修得させ、ロボットに関する基本的な原理を理解させるとともに、将来、ロボティクスの先進的な領域を開拓していく素養と実践的な能力を育む学科で、千葉工業大におかれている。

卒業後の進路

- 機械メーカー
- 自動車メーカー
- オートメーション機器メーカー
- ITメーカー
- 医療・福祉機器メーカー

など

航空宇宙工学科

航空機や人工衛星の設計・製造を学ぶ

音速の3倍以上のスピードで大気圏を離れ、宇宙空間を旅する宇宙船開発競争が繰り広げられている。すでに宇宙体験旅行を売り出している旅行会社もあるほどだ。工学のなかでも、そうした宇宙船をはじめ、航空機や宇宙飛行体を、開発、設計、製造、運用するための基本的な理論と先端応用技術を研究するのが**航空宇宙工学科**だ。

専門領域には、航空機や宇宙航行体の開発、宇宙の利用を目的として、渦や衝撃波を研究する流体力学、構造の強度と軽量化を研究する構造工学、ジェットエンジンなどを研究する推進工学、自動操縦や航法装置についての制御工学、微小重力の利用を研究する宇宙環境利用工学、総合的な評価と設計のためのシステム工学、宇宙から地球を観るリモートセンシングがあり、航空宇宙の専門分野を深く極める。それと同時に、航空宇宙工学分野の特質である物事を総合的に考える能力や、システムデザイン能力の育成を目的として、航空機や宇宙航行体の開発・設計、宇宙環境利用、地球観測などに関する教育・研究を行っている。

東京大は、空気力学、構造力学、航空機力学、制御に関する講義と実習で、固定翼機や回転翼機などの航空機、人工衛星や宇宙往還機など宇宙機の全貌を捉える航空宇宙システム学コースと、機器と制御、構造設計と材料などの講義と実習で、ジェットエンジンやロケットをはじめ、宇宙機の打ち上げから惑星間航行に必要な推進装置の全貌を捉える航空宇宙推進学コースに分かれて専門性を高める。

こんな学科もある

機械航空工学科

九州大にあり、あらゆる分野で応用可能な機械工学に関する能力を育み、創造性豊かな技術者、研究者を育成する機械工学コースと、航空機や宇宙機の製造に不可欠な知識を身につけ、総合的な視点を育む航空宇宙工学コースをおいている。

交通機械工学科

自動車やバイク、航空機、船舶、鉄道などの乗り物を通して機械工学を学ぶ学科で、次世代の乗り物を開発できる実践的エンジニアの育成をめざしている。機械工学をベースに、材料や各力学から、車や乗り物の社会的役割、制御システムまで幅広く学び、実験、実習、演習などを通じて技術を身につける。

卒業後の進路

- 航空宇宙関連メーカー
- 自動車メーカー
- 電機メーカー
- 輸送用機器メーカー
- 情報サービス業　など

電気電子工学科

電気・電子をエネルギーや情報伝達に用いる

電気は、産業界だけでなく、私たちの日常生活においても欠くことのできないものとなっている。もしも発電が止まり、電気エネルギーが供給されなければ、ほとんどの機能は止まってしまい、エレクトロニクス技術（電子の性質を利用する技術）がなければ、通信や情報処理もままならない。

いうまでもなく、現代の社会は、あらゆる分野において電気の利用が不可欠で、電気電子工学の進歩によって、私たちの生活は豊かなものになった。一例をあげると、エレクトロニクス分野の技術革新は、コンピューター、超LSI、光ファイバー、レーザー、新素材などのハードウエアを生み出し、これらを有機的に結びつけた通信ネットワークやソフトウエア技術の進歩に伴い、高度な情報化社会が実現した。

電気を工学的に考える場合、2つの立場に集約される。一つは、電気エネルギーとして捉える立場（狭義の電気工学）であり、もう一つは、情報の変換伝達の素子として捉える立場（電子工学、通信工学、情報工学など）だ。そこで、その双方を学ぶということから、学科名に電気と電子を冠したのが**電気電子工学科**だ。**電気工学科**や**電子工学科**を統合改組して、**電気電子工学科**とした大学も多い。

対象とする学問分野は、大規模電気エネルギーの発生と制御をはじめ、電波や光などの波動を駆使する情報通信技術、その基礎となる信号処理、電子回路、超高速トランジスターや集積回路、レーザー、光回路、半導体、磁性体、誘電体といった電気電子材料など

こんな学科もある

電気工学科

電気エネルギーをさまざまな分野で利用するための教育・研究を行う学科。電子工学、通信工学、情報工学、制御工学、コンピューター工学、エネルギー工学、電力工学、材料工学、デバイス（ICやセンサーなどの周辺機器）工学などの分野があり、あらゆる産業を支える基盤技術を身につける。日本大を例にとると、エネルギー、エレクトロニクス、情報及び環境の4点に重点をおき、技術革新とグローバル化に対応した、国内外でリーダーとして活躍できる技術者・研究者を育成している。愛知工業大は、電気工学科でなく電気学科と称している。

電気電子情報工学科

電気電子工学科と同内容の学科で、電気に関わる幅広い技術分野の教育・研究を行っている。名古屋大を例に取ると、エネルギー・環境、発送電、電力機器・システム、ナノテクノロジー、先端エレクトロニクス、デバイス、コンピューター、通信、情報システムなどの各分野を基礎から学ぶ教育課程を編成。1～2年次では各分野に共通的、基礎的な科目の講義と演習で、電気に関する基礎学力を

の広範なエレクトロニクス分野にわたっている。そのため、専攻やコースに分けて教育を行う大学も少なくない。例えば、茨城大は電気システム、電子システムの2コース、東京農工大はシステムエレクトロニクス、電子情報通信工学の2コース、九州工業大は電気工学、電子工学の2コース、近畿大は応用エレクトロニクス、情報通信、エネルギー・環境の3コースをおいている。

　また、法政大は電気エネルギーエンジニアリング、マイクロ・ナノエレクトロニクス、回路デザイン、通信システム、知能ロボットの5コース編成。マイクロ・ナノエレクトロニクスコースでは、先端エレクトロニクス技術開発や、超微細加工技術に基づく高機能・高性能素子材料の開発ができる人材を育成。知能ロボットコースでは、センサーなどの計測技術、人工知能を実現するソフトウエア技術などを総合的に研究する。

志望に応じた多様な科目選択が可能

電気電子工学科では、現代の要請に適応し、かつ未来への展開に応じるために、基礎と応用との両領域を融合した系統的な教育を、講義、演習、実験を通じて行っている。

　神戸大では、1年次、2年次に、電気電子工学の専門基礎科目として物理、数学、化学分野の科目が開講されている。そして、それと並行して1年次か

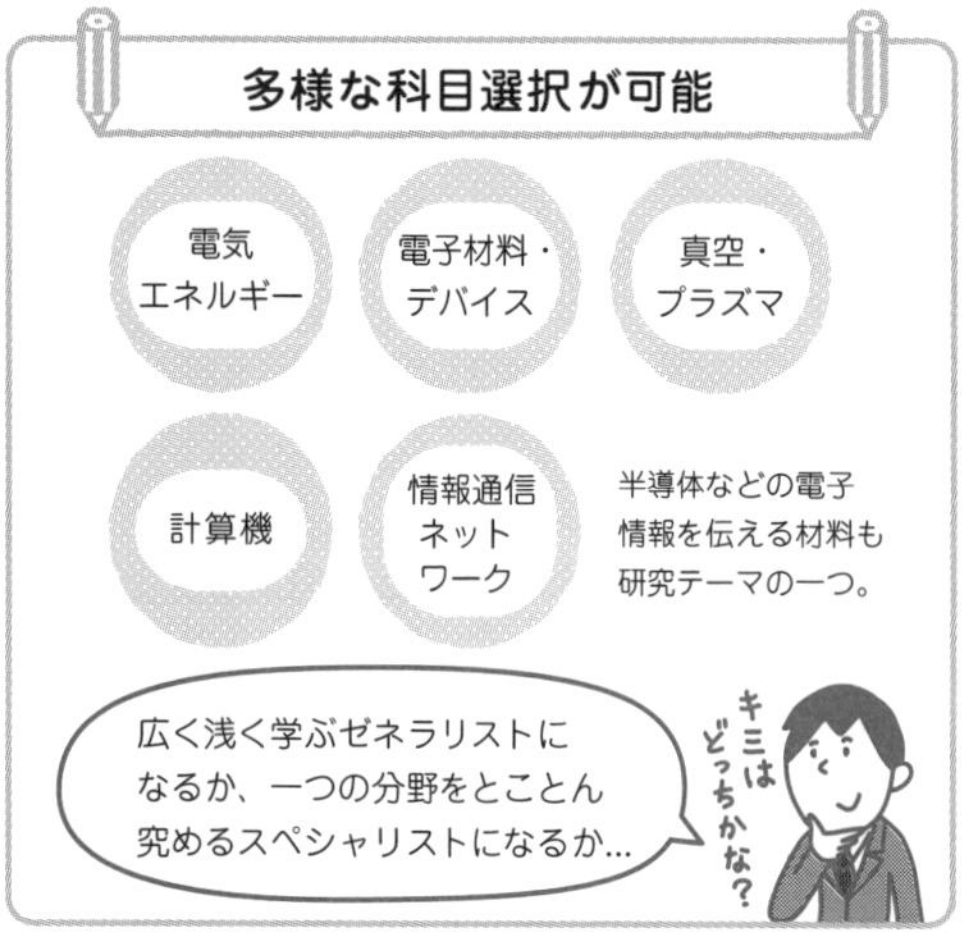

多様な科目選択が可能
電気エネルギー
電子材料・デバイス
真空・プラズマ
計算機
情報通信ネットワーク
半導体などの電子情報を伝える材料も研究テーマの一つ。
広く浅く学ぶゼネラリストになるか、一つの分野をとことん究めるスペシャリストになるか…
キミはどっちかな？

修得。3年次では各分野の専門科目と実験で工学的素養と広い視野を身につけ、4年次では電気工学、電子工学、情報・通信工学の3専攻の研究室で、テーマを決めて卒業研究に取り組む。

　福井大は電子物性工学、電気通信システム工学、情報工学の3コース、東京理科大は情報通信工学、電気工学、電子工学、電気電子情報工学の4コース、関西大は電気電子工学、情報通信工学、応用情報工学の3コースをおいている。

電気情報工学科

　電気と情報を統合的に学ぶ学科。教育課程は、電気エネルギー工学、システム制御工学、電子材料・デバイス工学、通信ネットワーク工学、計算機工学、知能工学、ソフトウエア工学など多岐にわたる。九州大では、2年次から、電気電子工学課程、電子通信工学課程、計算機工学課程に分かれて専門教育が行われる。

電気電子情報通信工学科

　エネルギー、材料、情報など守備範囲の広い学科。エネルギーとしての電気、半導体をはじめとした電子材料とそれらで構成された集積回路、電磁気現象を利用した電波・光技術、情報伝送・処理に不可欠な信号伝送技術やコンピューター関連技術を、自分の興味に沿って学ぶことができるようになっている。

ら、自主的な学習法を体得することを目的とした少人数教育による電気電子工学導入ゼミナールがある。また、1〜3年次の専門科目として電磁気学、電気回路論、電子回路、プログラミング演習、電気電子工学実験などが開講されている。

さらに、専門応用科目として量子物理工学、固体物性工学、半導体電子工学などの電子物理工学系科目と、情報理論、計算機工学、データ構造とアルゴリズムなどの電子情報工学系科目、さらに電力工学、電気機器、制御工学などの電気エネルギー制御工学系科目を開講。4年次には研究室に配属され、卒業研究を行う。

また、千葉工業大では、1年次で電気回路や電磁気学など、電気電子工学の基礎を学ぶ。また、専門技術をわかりやすく伝えるコミュニケーション力や、倫理、社会、技術など多面的にものづくりを考える視点も修得する。2年次になると、電気回路、電気磁気学などの科目は、講義と演習で学び、専門基幹科目の確固たる知識が身につくように考慮されている。また、専門科目の基礎実験にも取り組み、手順や正確な計測の手法といった技能も幅広く身につける。

3年次後期からは研究室に所属し、自らの研究を進めながら、電気・電子の分野から卒業研究の対象を決める。研究を進めるうえでは、英語の論文や文献を読む力が求められるので、文献輪読の科目などを通して技術英語の読解力を高めていく。4年次には、それまでに培った知識に、自分なりの視点を加えながら卒業論文をまとめる。

学べる専門科目

- 電気回路及び演習
- 電気電子工学概論
- 電気磁気及び演習
- 電気物性学
- 電気電子計測
- デジタル電子回路
- 電子物性工学
- 電気機器学　など

参考［青山学院大学電気電子工学科］

情報電気工学科

情報電気電子分野に関する深い専門知識を備え、それらの各領域相互の関連性や、人間や環境との関わりを総合的に理解して、その専門技術を人類の社会に役立てることのできる豊かな創造力を備えた技術者や研究者の養成を目的としている。

電気電子生命学科

電気電子工学の学問領域をベースに、生命科学やバイオテクノロジーの学際領域を含め、多様化する現代社会のニーズに応える技術者や研究者を養成。明治大は、電気、電子、情報、通信などの分野を対象とした電気電子工学専攻と、医工学、脳神経科学、ナノバイオテクノロジー、創薬科学など複合分野の研究を推進する生命理工学専攻に分かれる。

卒業後の進路

- 電機メーカー
- 半導体メーカー
- 機械メーカー
- 電気設備・工事業
- 自動車メーカー
- 医療機器メーカー
- 電気主任技術者

など

情報システム工学科

高度情報システムを構築できる人材を育成

ＩＴ革命によって、私たちを取り巻く社会の仕組みが大きく変わった。音声や映像などの情報がデジタル化され、その利用形態が飛躍的に拡大。情報端末もタブレット、スマートフォンなど多様化し、あらゆるものがネットに接続されるＩｏＴ社会が到来するなど、そのスタイルは急速な勢いで様変わりしている。

そこで**情報システム工学科**では、情報化社会における未来型の基盤技術の構築を目的として、情報の数学的解析、コンピューターのハードウエアとソフトウエア、情報通信とネットワーク、音声や画像などの情報処理、集積化をめざしたシステム構築などの教育と研究に取り組んでいる。これからは、大量のデータを解析し、必要な情報を引き出すデータサイエンティスト（データ科学者）の需要が高まるといわれるが、ビッグデータの解析によってさまざまな問題を解決したり、商品開発のアイデアを見出すなど、情報システム工学の最先端分野が得意とする分野の将来性は無限に広がっている。

情報システムを冠した学科は、**情報**

などの仕組みを学ぶ
大学では、学生の単位取得
状況の管理など、多様な面で

システムが使われているはず

こんな学科もある

電気電子システム工学科

電気、電子、情報通信についてシステムという視点を重視し、高度な専門教育を行う学科。富山大では、電気エネルギーの発生と制御、電気機器、通信・制御機器、電子情報機器技術を支える半導体、誘電体、液晶などの材料・デバイスの開発、バイオエレクトロニクス、コンピューターによるシミュレーションなどに関する研究体制を整え、高度技術社会をリードする優秀な人材の育成をめざしている。

電気システム工学科

電気エネルギー技術や情報通信技術を中心に、現代社会を支える基盤技術の基本原理と基礎知識を修得させ、社会の変化や要請に対応できる電気システム工学分野の専門技術者を育成。電気エネルギー、通信、電子回路、制御、計算機プログラムに関する専門教育を修得するため、講義、実験、演習を体系的に編成した教育を行っている。

情報システム学科

産業や社会の基盤となる情報システムの基本技術から応用までを幅広く学び、

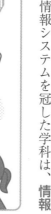

システム学科、電子情報システム学科など実に多種多様だ。これは、現代社会のあらゆる分野で情報システム学がきわめて重要な役割を果たしていることを如実に表している。

複雑系解析や制御システムなどを研究

東京電機大は、ネットワークコンピュータ分野とデータサイエンス分野を学びの特徴として掲げている。ネットワークコンピュータ分野では、ネットワークの仕組みから応用まで、プログラミングに加え、IoT、セキュリティ、オペレーティングシステムなどを学び先進的な情報システムを構築する力を養う。データサイエンス分野では、プログラミングをベースとしたデータマイニングや人工知能、機械学習などの最先端の技術を学びデータサイエンティストを養成。

情報システムや情報ネットワークは、その信頼性や安全性が重要である。そのため、数学的な論理に基づいて設計、開発、検証を行う必要がある。そこで計算機科学という学問では、情報、計算とは何かを明らかにし、計算機を体系立てて利用するための研究を、理論及び実用の両面から進めている。

また、情報処理の需要は、質・量ともにますます高まっており、質の面では、より高度な分析、判断、予測、検索などが、また量の面でも、従来よりもはるかに大規模なデータの高速処理が求められている。そこで、数理情報学という学問では、さまざまな問題の背後に潜む数理を見出し活用することによって、そうした要求に応えるための研究と教育を行っている。

学べる専門科目

- 多言語プログラミング
- 確率・統計
- ソフトウェア工学
- データベースシステム
- 情報通信理論
- ディジタル回路
- ネットワークセキュリティ
- 人工知能　など

参考［東京電機大学情報システム工学科］

社会のあらゆる場面で役に立つ実力を養う学科。大阪工業大は、ハードウエア、ソフトウエアをはじめプログラミング、データベース、ネットワークを中心に学び、システムエンジニアに求められる「情報システムの提案、設計、運用、管理を行う能力」を身につける。

電子情報システム工学科

信州大は、電気電子工学と情報システム工学を横断する複合的で実践的な知識を有し、イノベーションの核となる人材の養成をめざしている。2年次進級時に、電気電子プログラム、通信システムプログラム、情報システムプログラムのいずれかを、専門的興味と将来の進路に合わせて選択する。東京都立大は、情報システムコースと電気通信システムコースを設置、2年次後期にどちらか一つを選択する。

卒業後の進路

- 電機メーカー
- 情報通信メーカー
- 機械メーカー
- 精密機器メーカー
- 情報処理技術者

など

電子情報工学科

電気電子工学と情報工学が基盤

私たちにとって、もはや必需品といえるのが携帯電話やスマートフォン。自動車にはカーナビが当たり前で、光ファイバー回線も全国に張り巡らされている。これらは、電子情報工学技術の進展がもたらしたものだ。

わが国の電子工業は、通信工学と電子デバイス（ICやセンサーなどの電子周辺機器）工学の高度な融合によって、めざましい発展を遂げたが、これらの分野は、技術革新がきわめて速く、基礎的な知識や技術に加えて、技術環境や産業ニーズの変化に即応できる柔軟な発想が必要となる。

電子情報工学は、パワーとしての電気でなく、通信や情報処理などに信号として活用する電気を扱う分野で、電気を、正確で迅速な情報交換の制御のための素子として捉える立場に立っている。電気の持つ優れた一面を引き出して情報交換に活用するためには、電気が持つさまざまな性質を十分に理解し、把握することが必要だ。そのため、**電気工学科**などを併設している大学では、基礎部分は共通の教育が行われるケースが多い。

電子情報工学科は、エレクトロニク

電子情報工学とは…

電気電子関係の研究領域のうち、
通信や**情報処理**に特化した学び。

スマホに情報を伝える
電波も電気の一種なんだ

こんな学科もある

電子工学科

電子、情報、通信の基礎から最先端技術までを修得させる学科で、エレクトロニクスとコンピューターサイエンスを、ハードウエア、ソフトウエアの両面から、広く深く学んでいく。芝浦工業大は、ロボット、生体、集積回路、半導体、光など、電子工学の先端分野の研究に取り組む。

情報電子工学科

情報科学とエレクトロニクスの高度な専門知識と広い視野を持ち、豊かな創造力と優れた課題解決力を備えた技術者の育成をめざしている。帝京大は、情報科学、情報メディア、エレクトロニクスの3コースで、それぞれ、情報システムを構築し運用する力、機能的で使いやすいマルチメディアコンテンツを制作する力、電子システムを設計し製作する力などを身につけさせている。

電子・物理工学科

電気・電子工学や応用物理学の教育と研究を通じて、日進月歩の高度技術社会をリードできる高い専門性や応用能力を身につけた人材を育成する学科で、大阪

ス、コンピューター、情報通信の3分野を柱とした広範な領域を教育して、情報家電、通信、自動車、医療機器など、ハードウエアとソフトウエアの基本原理を理解し、実践力や問題解決力を備えた人材の育成をめざしている。

半導体工学や情報処理、人工知能などを学ぶ

福岡大は、入学すると数学、物理、化学といった工学共通科目を学ぶほか、電気回路基礎、基礎電気磁気学、プログラミング言語といった専門教育科目を学び始める。2年次は、希望と適性によってコース分けを行い、コースでの専門的な教育を始める。電子通信コースは、半導体工学、オプトエレクトロニクス、通信工学などの情報機器を構成する電子部品、ハードウエアの技術に重点をおいて履修。情報システムコースと情報コースは、情報処理、人工知能、コンピューターアーキテクチャ、情報ネットワークといった、パソコンなどで使うソフトウエアの技術に重点をおいて履修する。また、最先端の技術の進歩にたえる研究と開発の能力を身につけるためにはより広い見識を持つ必要があるという認識から、すべてのコースで履修しなければならない共通科目を設けている。3年次は、引き続きコースでの教育を受けた後、後期からは研究室に所属し、卒業研究の準備として、専門的な実験や演習を少人数で行う。また、卒業論文を書く準備にあたるプレ卒論も手がける。4年次は、ほとんどが選択科目となり、4年間のすべての成果を卒業論文に注ぎ込むことになる。

市立大におかれている。電子・通信機器や情報家電をはじめ、さまざまな産業分野を支える電気・電子工学、応用物理学の基礎教育と、次世代の新しい技術パラダイムを生み出す先端科学技術の研究・教育を行っている。

電子物理システム学科

早稲田大に設置されており、電子工学と物理学を基礎として、物性物理、電子光工学、システム設計を学ぶ。カリキュラムとしては、マテリアル、ナノテクノロジー、光通信、システム設計という4つの科目群に分類される必修科目と選択科目を学ぶ。

学べる専門科目

- 電子回路
- コンピュータアーキテクチャ
- オペレーティングシステム
- ソフトウエア工学
- 信号処理
- 通信工学
- 組み込みシステム
- 電子回路設計　など

参考［立命館大学電子情報工学科］

卒業後の進路

- 半導体メーカー
- 電機メーカー
- 情報通信機器メーカー
- 機械メーカー
- 精密機器メーカー
- ソフトウエアメーカー
- 情報処理技術者　など

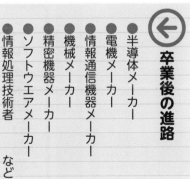

情報通信工学科

情報を伝達するための通信系技術を研究

２０２０年より本格導入される情報通信の５Ｇ技術。実現すれば、従来の４Ｇの技術と比べ約20倍の速さでの通信が可能となり、リアルタイムで大量のデータをやり取りすることができる。その実現には、高速、大容量で高機能な情報通信ネットワークが必要だ。

高度情報化社会では、あらゆる分野で複雑かつ高度な情報を、誤りなく安全に伝えることが要求されている。そこで、**情報通信工学科**では、情報の暗号化やセキュリティの確保、光、電波、音波などの情報の伝搬媒体に関する応用、情報メディアの認識、生成、伝送などを研究対象としている。それらの分野では、日々新たな理論が生まれており、実用化に向けた研究も進められている。最近は、多くの関連学科も誕生し、現在の高度情報化社会を根幹から支える電子工学、情報工学、通信工学の各分野を融合した広範囲にわたる教育を行って、明日の情報化社会を支えるテクノロジーに必須の要素技術を幅広く修得させている。

情報通信工学は、電子技術、光技術、さらに情報処理技術を活用して、情報

情報通信工学とは…
主に動画や音声などの情報を
電波や光などに変換して、
安定した通信を可能にすることを
中心に研究するよ

こんな学科もある

情報通信学科

さまざまな社会を支える情報通信技術を、通信工学、情報システム、メディア・コンテンツの視点から追究する学科で、早稲田大におかれている。通信ネットワーク技術とコンピューター技術をバランス良く学び、スマートな社会基盤の実現と、グローバルな社会の発展に寄与するための知識と技術を修得させている。

通信ネットワーク工学科

東海大に設置されていて、通信ネットワーク、セキュリティ、ＩoＴ、ＡＩ、ビッグデータなど、ネットワーク社会のニーズに応じた専門技術を実践的に習得する。ネットワークエンジニアには、机上での理論的な考察とともに、実際にシステムを組み上げたり操作したりする能力が求められるため、ネットワークを流れる情報の加工、ネットワークの配線や機器の接続、装置の識別情報の設定、信頼性の確保など多様な技術を身につける。

を伝達するための学問分野である。情報通信工学は、コンピューターを中心とする情報系技術と、ネットワークや光ファイバーなどの通信系技術を広く網羅し、高度情報化社会を構築するための中心的な技術として、さらなる発展が期待される分野だ。いずれも光ファイバー通信、ワイヤレス通信、コンピューターネットワーク、マルチメディア通信や関連するハード・ソフトウエア技術の教育・研究を行っている。

少人数グループでの実験にもウエート

工学院大では、数学、物理学、化学などの理工系基礎科目、情報数学や回路理論などの専門基礎科目のほか、情報学序論や線形代数学演習を学ぶ。2年次には、電磁気学、回路理論などの専門基礎科目を詳しく学ぶほか、情報通信工学実験で実際の装置や部品に触れ、実験の経験を積む。実験は少人数のグループで行い、一つのテーマをグループで議論し、解決していく。3年次は、選択した専門科目を集中して学ぶ。大学で行う実験の内容も、ネットワーク機器の設定などを含み、より専門化、高度化する。また、少人数グループで行う輪講によって、技術者として必要なプレゼンテーションの仕方を学び、発表能力とコミュニケーション力を向上させる。インターンシップで企業実務を体験する機会もあり、さらに実践的な情報や技術を学ぶこともできる。4年次には研究室に所属し、これまでに学んだ基礎知識や専門知識をもとに自分の興味ある分野を研究し、卒業論文としてまとめる。

学べる専門科目

- 電磁気学
- 電子デバイス工学
- 無線通信工学
- 移動通信工学
- 情報通信ネットワーク
- 通信情報理論
- 情報通信工学実験
- 画像工学　など

参考［工学院大学情報通信工学科］

卒業後の進路

- 情報処理業
- 電気・通信設備業
- 電子系メーカー
- 機械系メーカー
- 建設業

など

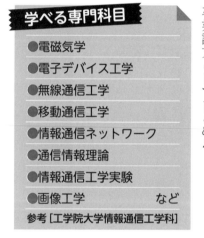

情報工学科

コンピューター技術を身につけた先端技術者を養成

情報工学は、あふれる情報のなかから必要な情報だけを取り出し、処理するための学問であり、その主役はコンピューターである。**情報工学科**では、計算機科学、コンピューターシステム、ソフトウエア科学、数理科学などの基礎的分野と、コンピューターを用いた幅広い応用分野とを調和させた教育・研究を行っている。そして、コンピューターのソフトウエア、ハードウエアに関連する基礎力と専門性を有し、それらを実際の応用に展開できる人材の養成をめざしている。

情報工学は、情報の伝達や処理に関する工学の分野であり、その仕組みが人間の神経系の働きに似ていることから、生物学や医学、さらには社会科学、人文科学とも密接に関係している。そのため、広い視野を持って取り組むことも必要だ。

コンピューター関連の最先端分野を学ぶ学科は、**情報学科**、**情報科学科**、**コンピュータサイエンス学科**、**ソフトウエア情報学科**、**コンピュータ科学学科**など実に多彩である。このうち、**情報学科**、**情報科学科**は理学系統の学部に

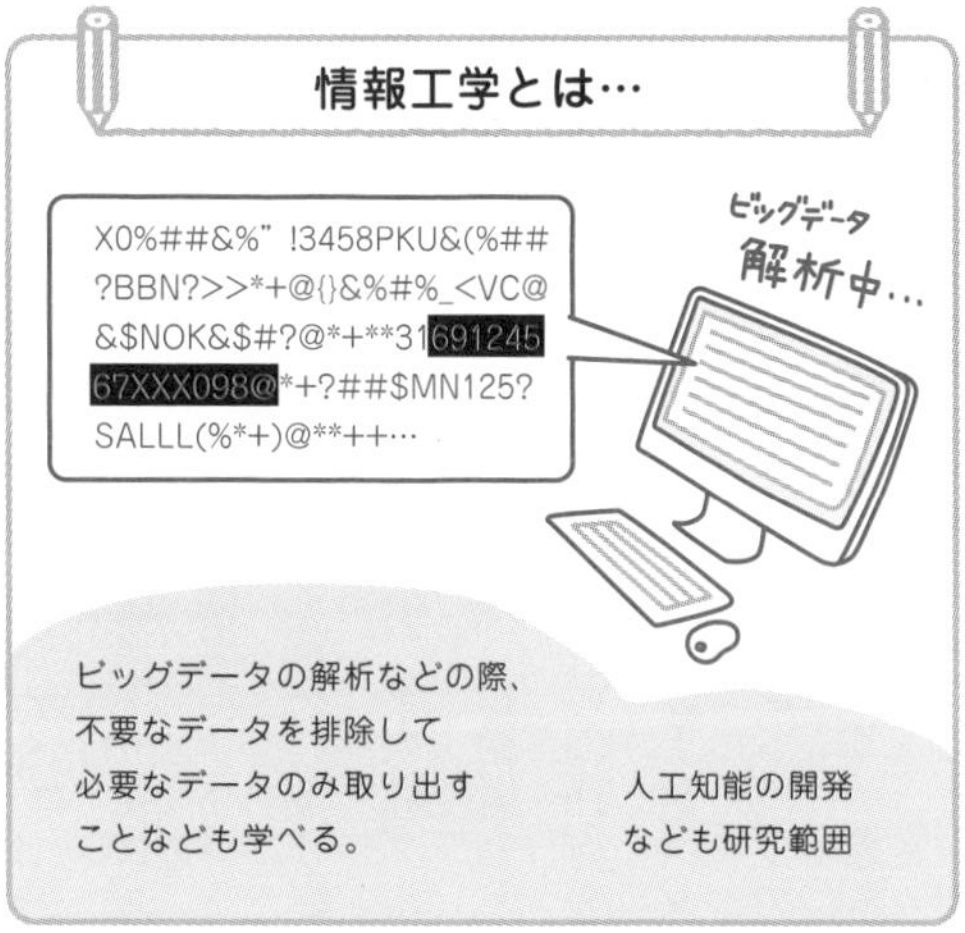

情報工学とは…
X0%##&%" !3458PKU&(%##
?BBN?>>*+@{}&%#%_<VC@
&$NOK&$#?@*+**31691245
67XXX098@*+?##$MN125?
SALLL(%*+)@**++…
ビッグデータ
解析中…
ビッグデータの解析などの際、
不要なデータを排除して
必要なデータのみ取り出す
ことなども学べる。
人工知能の開発
なども研究範囲

こんな学科もある

応用情報工学科

日本大は、情報システムに必要なコンテンツを生み出す情報処理、マルチメディアなどの媒体における情報を安全、確実に伝えるネットワークシステム、電化製品や各種デバイスを制御するソフトウエアを開発する組込みシステムの3分野を教育・研究している。法政大は、6つの履修コースをおき、情報通信技術や情報処理技術を身につけさせる。

知能情報工学科

コンピューターの仕組みや動作について基礎から学ぶ学科。山口大は、ハード・ソフト両面にわたる計算機技術を扱う情報基礎分野、パターン認識など知能処理技術を扱う情報知能分野、さまざまなシステムにおける応用技術を扱う情報応用分野に関する幅広い専門知識を身につけて、次世代の情報通信技術を開拓する人材の育成をめざしている。

情報テクノロジー学科

青山学院大におかれている。ロボットで代表されるメカトロニクステクノロジー分野、人間工学や福祉の観点からのヒューマンファクタテクノロジー分野、人

もおかれるが、工学系統の学部におく大学もある。京都大の**情報学科**は工学部にあり、計算機科学コースと数理工学コースをおいている。

専門科目は系統的に分類して編成

情報工学科では、**電気工学科**や**電子工学科**と同様に、まず数学、物理学などの基礎科学を修得しなければならない。そのうえで、計算機の原理、計算機を構成する電子回路の基礎、計算機の基本的なソフトウエアなどに関する科目を必修として履修する。

東京農工大は、情報工学の中心となる最重要基礎科目を配置し、伝統的な「手を動かす教育」によって学ぶ。最重要基礎科目には、情報工学概論、プログラミング序論、アルゴリズム序論、プログラミング基礎、電気・電子回路、計算機アーキテクチャ基礎、情報数学、情報理論などがあり、すべての科目に演習を配置する。

3年次になると、計算機システム系、数理知能系、情報メディア系の科目群のなかから、どの分野を重点的に学習するか選択することができる。計算機システム系には、計算機ネットワーク、オペレーティングシステム、集積回路など、数理知能系には、人工知能、関数プログラミング、アルゴリズム論など、情報メディア系には、コンピュータグラフィックス、ヒューマンインタフェース（機械などを動かすときに人間が操作する部分の開発やデザインなどを行う）、パターン認識などがあるが、複数の分野にまたがって履修することも可能だ。

学べる専門科目

- 情報ネットワーク
- 電気電子回路
- プログラミング言語論
- 知能処理学
- 知能ロボット制御論
- 信号処理
- パターン認識
- 画像情報処理　　など

参考［名古屋工業大学情報工学科］

工知能や自然言語処理などのソフトウエアテクノロジー分野、WebやIoTなどのネットワークテクノロジーの4分野をカバーした教育内容で、人間と機械やシステムが共生できる社会の実現をめざしている。

情報理工学科

早稲田大は、先端技術をソフトウエアとハードウエアとネットワークをバランスよく総合的に学び、実際に情報システムを構築することを通じて、世界の先端技術の発展に貢献できる人材の育成をめざしている。立命館大は、時代の要請に合わせた専門領域を深く学ぶ7コースをおいている。

卒業後の進路

- 情報サービス業
- 情報通信業
- 情報通信機器製造業
- 輸送用機械製造業
- システムエンジニア
- ソフトウエア技術者
- ネットワークエンジニア

など

コンピューター科学科

高度情報化社会を支えるコンピューター技術を学ぶ

誰とでも対話する人型ロボット、ドローンによる宅配、車の自動運転……。コンピューターの世界は、非常に速い速度で変革を続けている。こうした時代を背景に、コンピューターやネットワーク、人工知能や音声画像処理などの情報科学技術を教育・研究しているのが**コンピューター科学科**だ。

法政大では、1年次はプログラミング入門やコンピュータシステム入門、情報科学入門、数理実験、線形代数の基礎といった基礎科目を学ぶが、一方で1年次のうちから興味のある専門領域に挑戦できる情報科学プロジェクトという授業がある。20テーマ以上ある研究プロジェクトのなかから選んで受講することができ、半年単位で、いくつかのプロジェクトを学ぶこともでき、最長2年半にわたって同じ専門領域を学ぶこともできる。この情報科学プロジェクトの学びから、卒業研究のテーマや自分の進むべき道を見つける学生も多い。

2年次から、コンピュータ基礎、情報システム、メディア科学の3コースに分かれる。一方で、卒業研究で同じ学部のディジタルメディア学科の教員の指導を受けられるなど、柔軟なカリキュラムとなっている。

また実践的教育を重視しており、プログラミングやCG、コンピュータ回路設計など演習科目を多数用意。新入生へのパソコン指導、情報科学部が実際に利用している演習機器やサーバを管理するグループ（RAT）活動、学生が法政大学付属高校に出向き「情報」科目を教える選択科目など、講義だけでなく実践的な授業が少なくない。

こんな学科もある

コンピュータ理工学科

ソフトウエアとハードウエアに関わる基礎技術から、感性情報工学、人工知能、コンピューターグラフィックス、ソフトウエア工学に関わる応用技術まで幅広い教育を行っている。会津大は希望の進路に合わせた5つの専門領域をおいている。

コンピュータ応用学科

コンピューター応用技術を通じて、人とモノと情報をつなぐ総合力を養成。東京工芸大は、システム開発やネットワーク構築などのスキルを持つ人材を育てるシステムデザインコースと、コンピューターの新たな活用方法などについて取り組むアプリケーションコースに分かれる。

卒業後の進路

- 情報通信業
- ソフトウエア開発系企業
- ハードウエア製造関連企業
- マスコミ
- 設備工事系企業

など

土木工学科

市民・社会生活とのつながりが深い学問

わが国の土木技術は、世界最先端を行っている。トンネル工事ではシールド工法が採用され、コンピューターで制御されたシールドマシーンが掘り進み、トンネル内の壁となる鋼材ブロックを自動で組み立てていく。両方から掘り進んで寸分の狂いもなくドッキングするなど、至るところで進んだ技術が威力を発揮している。

ビルや家屋などの建築を学ぶ建築工学に対し、土木工学は社会インフラの建設・整備などを学ぶ学問。私たちの社会生活に必要な道路、橋、鉄道、ダム、港湾、上下水道、トンネルといった施設、あるいはその運用システムを計画し、造り、管理する一連の技術体系を学ぶ。地震や、津波、洪水といった災害に対する防災施設の計画、設計、建設、管理も土木工学が担当する分野である。英語では土木工学のことをCivil engineeringとかPublic worksというが、まさに市民工学あるいは社会工学といえる学問分野といえるだろう。最近では、学際分野（関連する学問

土木工学とは…

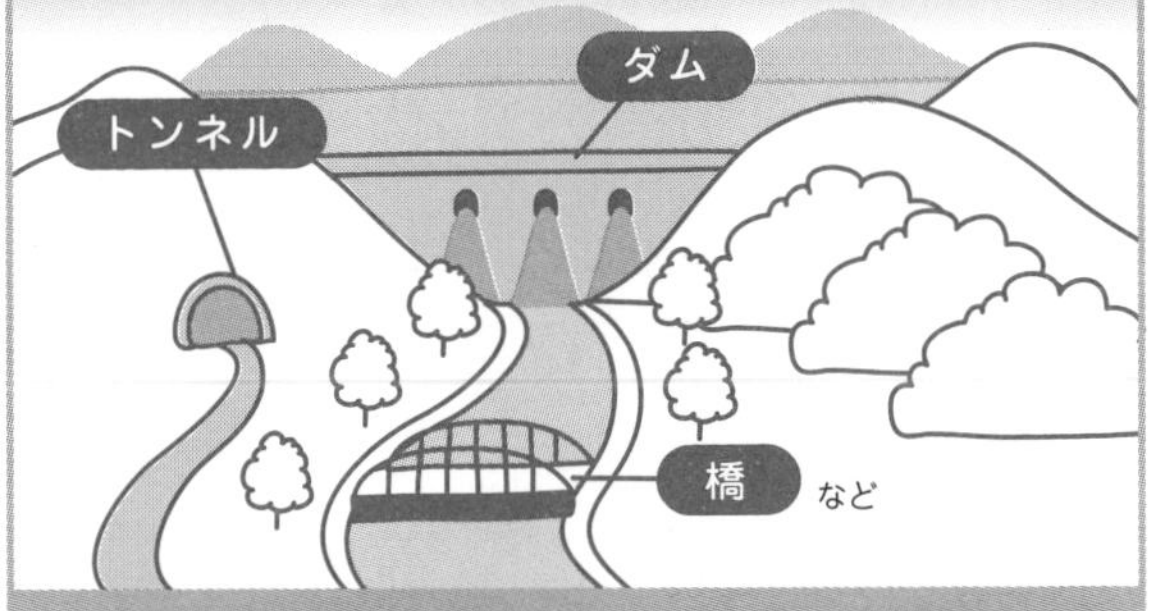

POINT 主に道路や橋、鉄道関連施設、ダム、港湾など、公共性の高いインフラを建設するための研究を行う

こんな学科もある

環境土木工学科

環境保全・美化に重点をおいて社会基盤施設の計画、設計、維持管理を学ぶ学科。快適で自然災害に強い社会インフラの計画、設計、施工、維持管理などに必要な工学領域、高度情報化社会を構築するGPS、地理情報システム、電子地図などに必要な工学領域、地域の環境計画、景観計画、交通計画などまちづくり、国土開発の計画、設計に必要な工学領域を開講している。

社会環境工学科

早稲田大は、人間が安全で文化的な生活を送るために必要な社会基盤を整備し、人間が自然との協調と共生の中で生活するための方策を実現することをめざしている。橋やトンネル、河川の堤防、防災施設などの計画、設計、建設、維持管理や、水質改善などの環境保全、また安全で安心できる都市や地域の計画、デザイン、マネジメントのために必要な研究を行う。

分野）が拡大していることから地球工学ともいわれ、環境保全などの視野も要求されている。そこで、土木工学に環境を冠したさまざまな学科が登場した。例えば、信州大は土木工学科を**水環境・土木工学科**に改組し、水資源、水処理、水保全を扱う水環境プログラムと、社会基盤、環境防災、地域計画を扱う土木プログラムを展開。また、山梨大は**土木環境工学科**に改組して、構造工学・地震工学、地盤工学、交通工学・国土計画、水工水理学、土木材料・力学一般などを教育・研究している。そのほか、**環境土木工学科**、**環境土木・建築学科**などもある。

測量実習のほか実験や現場見学も

東京理科大では、1年次に測量学実習を行うなど、早い段階から専門性の養成に努めており、一般力学、リモートセンシングの選択も可能だ。2年次では測量学実習、土木計画学、コンクリート工学などを学ぶ。専門選択科目が増えるので、自分の学びたい分野の科目を体系的に履修することもできる。3年次は一層、専門性が高まるとともに、交通計画、都市の計画と設計など現実の社会を視野に入れたテーマを取り上げる。専門基礎の必修科目は、水理学実験、土質工学実験、環境工学実験、コンクリート構造物の設計と、より実践的になる。4年次には研究室に所属して卒業研究を行い、交通施設、防災や環境施設などの建設事業に直結する研究、あるいは水系、地盤系、構造系、材料系、測量系、計画系、環境系などの分野に取り組む。

学べる専門科目

- 図学
- 構造力学実験
- 土質力学
- 交通システムの設計学
- 水理学
- 土木計画学
- 測量学
- リモートセンシング　など

参考［東京理科大学土木工学科］

卒業後の進路

- 建設業
- 電気・ガス・水道業
- 運輸業
- 調査・専門サービス業
- 公務員
- 土木施工管理技士
- 測量士

など

建築学科

用・強・美を基本に建築物について考究

大地震の多いわが国では、超高層の住宅は敬遠されてきた。しかし、最近は、タワーマンションが次々と建てられている。建築技術が飛躍的に向上し、最先端の建築技術を駆使することで可能になったのだ。また、大都市を中心に再開発が進められ、時代の最先端を行く建物があちこちに出現。都市の景観が一変した。駅前の再開発もあちこちで行われている。

建築の基本は「用・強・美」といわれる。「用」は機能性や快適性、「強」は強度、「美」は心地よさを意味している。建築の基本は使いやすく、丈夫で、美しくあることである。この基本に沿った建築物を造るための基礎と応用を学ぶところが**建築学科**である。

いうまでもなく、建築学は建築のためのあらゆる問題を扱う学問だが、技術的な問題に加えて社会的、心理的な問題、さらには造形的、芸術的な問題も多分に含んでいる。質の高い建築物を造るには、技術や材料に関する知識はもちろん、芸術的知識や技能も修得する必要がある。また、社会的な役割も担っており、歴史的にも貴重な古い建築物の保存や修復、超高層ビルの建築、防災や冷暖房設備などの開発、都市の建設や再開発、環境保全などにも深く関わり、さまざまな面で人間生活を支えている。

建築は、工学的側面と芸術的側面を併せ持っていることから、工学的側面に重点をおいた**建築工学科**、芸術的側面に重点をおいた**建築デザイン学科**などと称している大学もある。ただ、教育内容に大きな差はなく、とりわけ建

こんな学科もある

建築工学科

幅広い領域から総合的な視野で建築を捉え、工学理論に基づいた創造力と実践力を持った人材の育成をめざしている学科。日本大は、建築総合コース、建築デザインコース、居住空間デザインコースに分かれて教育を行っている。建築総合コースは、建築工学に関わる基礎学力の充実と、設計から施工、維持保全まで一貫して行う総合教育プログラムにより、建築技術者としての実践能力を養成する。建築デザインコースは、建築をデザインすること、設計することを通じて広く深く建築を学ぶため、デザイン演習授業をカリキュラムの中心にして具体的な課題に取り組む。居住空間デザインコースは女子のみが対象で、住宅の設計をはじめ、集合住宅やインテリアデザイン、エクステリアデザイン、家具デザイン、照明デザインなど住まいと環境に関わるさまざまなデザインを学ぶ。

建築デザイン学科

単に美しいだけではなく、機能的にも優れ、快適で使いやすい人間のための建築デザインとは何かを考え、新しいデザインを創造、発信していく学科。工学院

築工学科は、建築学科とほとんど変わらない。建築デザイン学科などデザインを冠した学科は、単に美しいだけでなく、機能的にも優れ、快適で使いやすい人間のための建築デザインとは何かを考え、新しいデザインを創造することに主眼をおいている。

構造系、環境系、計画系が主要分野

建築学科の講義科目は、構造系、環境系、計画系の3つに大別される。構造系は、主として建築を構造物として捉え、構造力学、建築構造、材料工学、工法などを学ぶ。環境系では、光、音、空気、熱などの物理的環境要素と、人間の生理的、心理的影響を総合的に評価する環境計画や、それを安全で最適に実現するための設備計画などを教育・研究する。計画系は、空間としての建築を学ぶ分野。住宅をはじめとするさまざまな建築物や、それらの集合体である地域や都市計画までが対象となっており、空間構造計画、都市計画、生産計画などが含まれる。

早稲田大では、伝統的にデザインを重視している。設計製図は住宅や美術館などの設計課題で、設計演習は特に感性を鍛える課題に取り組む。専門領域の学習は1年次から開始する。必修科目として、すべての教員の専門分野と建築との関わり、あるいは実社会との関わりを学ぶオムニバス形式の「建

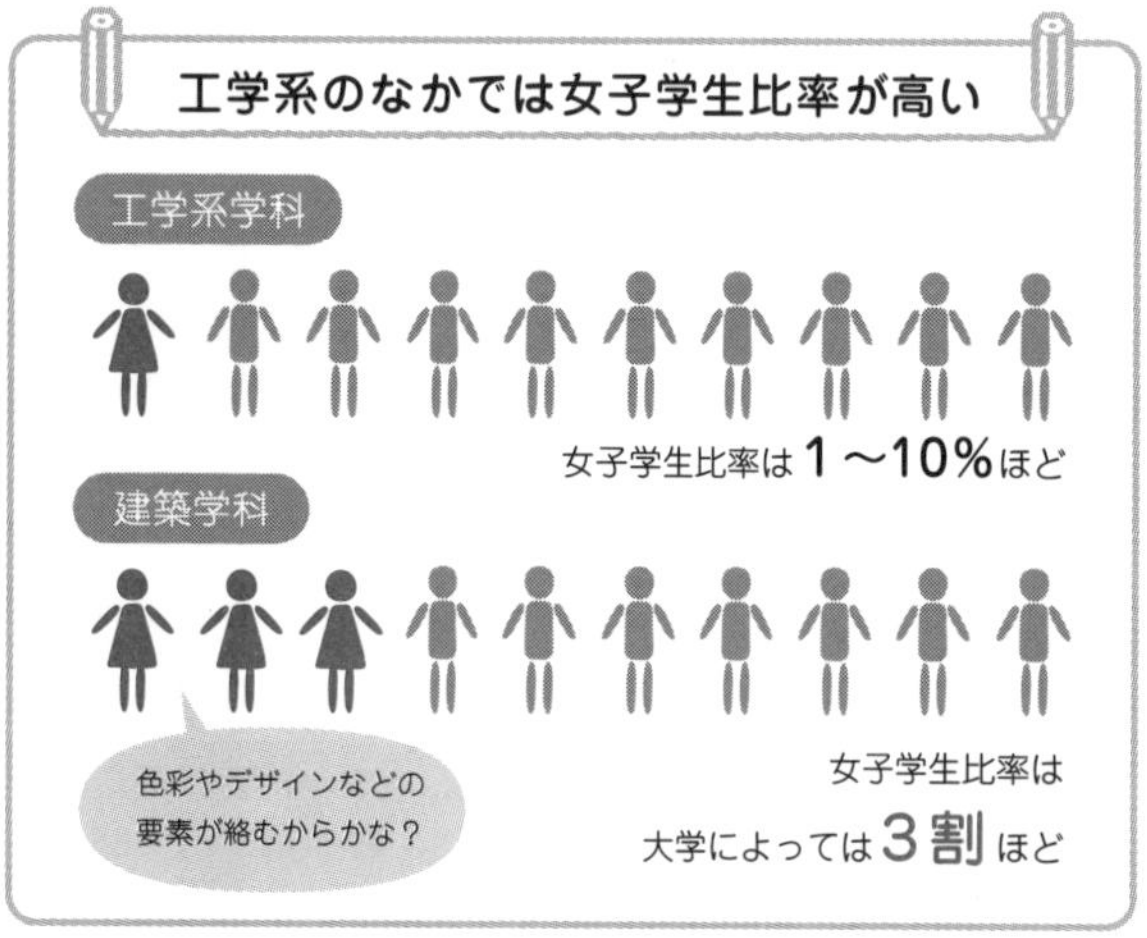

工学系のなかでは女子学生比率が高い
工学系学科
女子学生比率は1～10%ほど
建築学科
色彩やデザインなどの要素が絡むからかな？
女子学生比率は大学によっては3割ほど

大は、建築デザイン、インテリアデザイン、福祉住環境デザイン、保存・再生デザインの4分野を教育・研究している。

建築・環境デザイン学科

大阪産業大は、都市環境デザイン、建築デザイン、インテリアデザイン、クラフトデザイン、プロダクトデザインの5コースで特色ある教育・研究を行っている。滋賀県立大は環境建築デザイン学科で、都市、地域、景観、防災、資源、エネルギーなど広い視野から横断的に建築デザインを学び、環境や地域が抱えるさまざまな課題を理解、分析し、解決へ向けて提案、実践できるデザイン能力を持った人材を養成する。

建築・環境学科

都市、建築、住まい、環境などを多角的に学び、文系・理系の枠を超えて、現代社会が抱える課題の解決に取り組む建築家やデザイナー、エンジニアの養成をめざしている学科で、関東学院大におかれている。建築デザイン、建築・都市再生デザイン、すまいデザイン、環境共生デザイン、建築エンジニアリングの5コース編成。

海洋建築工学科

日本大におかれている。建築工学の基礎知識や技術を修得するとともに、河川や海に面した都市などの海洋・沿岸域に

築と建築工学」、「建築・都市と環境」、「建築と社会」を配し、建築分野の全体像を把握できるようにしている。1年次から少しずつ専門領域に触れさせ、そのアウトプットの作業として設計製図に取り組むが、このプロセスは内容を深め、レベルを上げながら各学年で繰り返される。4年次には、建築芸術分野（建築史学・歴史工学、建築意匠・計画学、建築都市計画学）と、建築工学分野（建築環境工学、建築構造学、建築生産学）の各研究室に分かれて卒業論文に取り組み、専門性を高める。

設計製図やデザインにもウエート

東京理科大は、1年次で微分積分、物理学、線形代数などの基幹基礎科目に加えて、建築学の全貌がわかるように、設計基礎、建築概論などの建築学の基礎的科目を履修させている。また実験・実習を重視し、デザイン演習、材料力学演習などを取り入れている。

2年次は、より専門性を深めていく内容で、実験・実習を重視したカリキュラムが組まれている。必修科目には、建築設備概論、金属系構造、設計製図、建築計画、日本建築史、世界建築史など、選択科目には建築音・光環境、建築構造デザインなどがある。3年次は、さらに実験・実習の比重が高まり、建築構造・材料実験、建築環境測定などが課される。後期からは、計画、環境、構造のいずれかに重点をおいた科目を履修し、より専門性を強めた内容になる。そして、4年次には、希望する研究室に所属し、総まとめとしての卒業研究に取り組み、論文にまとめる。

学べる専門科目

- 建築概論
- 建築計画
- 日本建築史
- 建築設計論
- 居住環境論
- 建築環境工学
- 構造力学
- 建築工学実験　など

参考［神戸大学建築学科］

おける建築物の創造に加え、地震・津波などの自然災害や地球規模の環境変化への対応なども研究する。

卒業後の進路

- 建設業
- 不動産業
- 調査・専門サービス業
- 運輸業
- 公務員
- 建築士
- 建築施工管理技士　など

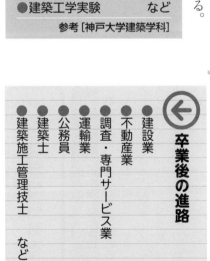

都市工学科

都市に焦点を当て、計画・防災・環境を考える

人が集まり、さまざまな活動が展開される都市に焦点を当て、都市作りの専門的な教育を進めるのが**都市工学科**だ。どうすれば機能的で快適な生活を実現できるかといったような視点で、都市全体の様相を考えていく。そして、都市や環境に関するさまざまな問題に対して、コース別に教育する大学もある。

東京大では、都市全体、都市を構成する地区、都市だけではなく、農山漁村も含む地方圏や国土全体、さらには地球環境全体までを対象領域として、専門教育・研究を行っている。

教育課程をみると、午後の多くの時間を割いて演習と実験に当てているのが特色だ。都市環境工学コースでは、演習・実験を通じて環境問題へのアプローチの理論と解析手法を修得しながら、実践的な問題解決能力を育み、情報収集の方法、データの整理、報告書作成、口頭発表の手法など、研究者やエンジニアあるいはプランナーに必要とされる基本的な技術を修得する。

都市計画コースでは、都市や都市を取り巻く農山村を含め、人間の生活空間の全体をどう作り、維持管理・改善するかという課題に取り組むため、都市や国土空間に関わる問題を幅広い視点から総合的に捉える。都市空間のデザイン、自然との共生などに関わる環境デザイン、都市の安全についての計画・対策、都市交通計画などを講義と演習を通して理解する。都市を学ぶ者にとって実際の都市や都市施設に触れることは重要で、両コースとも各地での実地見学を行っている。

こんな学科もある

都市システム工学科

都市の防災、環境、交通問題を主にシステムという観点から解決し、安全・安心で快適な未来都市の創造をめざした学科。関西大は、都市インフラ設計、社会システム計画の2コースに分かれて教育を進める。

建築都市デザイン学科

市民が安心して豊かに暮らすことができる建築や都市をデザインするための理論と技術を学ぶ学科。建築学の基礎を学び、建築士の資格を取得できる素養を身につけるとともに、建築の先端技術や建築を取り巻く社会の構造変化を理解する。

卒業後の進路

- ゼネコン
- 専門建設系企業
- コンサルタント系企業
- 電力系企業
- 官公庁

など

応用化学科、工業化学科

応用化学科である。大学によっては工業化学科と称しているが、内容的には差異はない。化学が物質の合成、性質、変化を研究する学問であるのに対し、応用化学、工業化学は工業的、工学的な側面から化学を研究し、有益な物質や、その製造プロセスを提案できる能力を身につけさせている。最近は、省資源や新素材といった問題も重

省資源や新素材も研究の重要なテーマ

物質の化学反応を利用して作られる化学製品には、工業薬品や合成繊維原料、メタクリル樹脂やアルミニウム、高分子添加剤などがあり、石油関連では、ポリエチレン、ポリプロピレンに代表される合成樹脂、合成ゴム、高機能樹脂などがある。また、液晶ディスプレイに使用される光学機能性フィルム、電子部品や電子デバイスに用いられるプラスチックス、リチウムイオン2次電池用部材も化学製品であり、農薬や肥料、飼料添加物、家庭用や防疫用殺虫剤なども作られている。もちろん製薬会社では、さまざまな医薬品を作っている。

こうした化学工業における技術者や研究者の養成を目的としているのが、

化学製品は元素記号で表せる

こんな学科もある

化学システム工学科

新素材、バイオ、エネルギー、環境装置などのものづくりで必要とされる化学工学を学び、幅広い分野、業種で活躍できる化学技術者の育成をめざしている学科。東京大の教育課程は、物理化学、量子化学、化学反応論、有機化学、無機化学などの基礎化学と、化学工学、反応工学、プロセスシステム工学、環境システム工学などの化学システム工学基礎から構成されている。

化学バイオ工学科

化学技術やバイオテクノロジーを基にした環境調和型のものづくりを通して、豊かな社会の構築に貢献する人材を養成する学科。静岡大は、環境応用化学、バイオ応用工学の2分野制。

物質化学科

グリーンケミストリー（有害物質による環境汚染を防止する化学）を土台として、新物質の開発ができる技術者や研究者の養成をめざしている学科。信州大は、豊かで持続可能な社会を実現するため、先進材料工学、分子工学、バイオ・プロセス工学の3つのプログラムを展開して

視する傾向にあり、学際領域にも目を向けた**先端化学科**、**化学・物質工学科**といった学科も誕生している。

化学とそれに関連する工学の基礎知識を学ぶ

応用化学系の学科では、化学の基礎理論を、工業に応用するための方法を学ぶが、応用化学のフィールドは物理化学、無機化学、有機化学、高分子化学はもとより、医学、薬学、農学、食品化学などの学際的分野との融合領域にまで及ぶ。また、その研究対象もミクロな世界から地球規模の問題まで大きく広がっている。そこで、さまざまな見方や考え方に柔軟に対応し、他者と協調してものごとを進めることのできる人間力の養成と、実学を指向した教育を重視している。

大阪工業大は、入学すると数学、物理、化学や、器具・装置の使い方、レポート作成法といった基礎実験を受講する。化学では、最近の化学のトピックスを中心に、基礎的な物質の化学構造や反応を学ぶ。2年次には専門科目が本格的に始まる。無機化学、物理化学、有機化学、分析化学、高分子化学など化学全般を支える専門科目や、化学の専門英語の基礎を修得する。また、安全化学や環境計測の講義によって、危険物取扱者などの資格取得をサポートする。3年次は、興味ある分野を選択し、化学技術者として必要な幅広い専門知識を身につける。4年次には研究室に配属され、卒業研究がスタート。専門的なテーマについて、自分で実験計画を立て、実験結果について考察しながら卒業論文をまとめる。

学べる専門科目

- 物理化学
- 光化学
- 無機化学
- 分析化学
- 安全工学
- 有機化学
- 高分子化学
- 知的財産権　など

参考［東京工科大学応用化学科］

いる。

環境応用化学科

グリーンケミストリの教育を基盤として、地球環境や生体保全に貢献できる人材を養成する学科。法政大は、物質創製化学、グリーンケミストリ、環境化学工学の3コースをおいている。

化学応用科学科

物質の新しいあり方を探求するとともに、物質と生命の関係、エネルギー問題や環境問題の解決など広い視野に立った教育・研究を行っている。大阪大では2年次から、合成化学コースと化学工学コースに分かれて専門性を高める。

卒業後の進路

- 化学メーカー
- 製薬メーカー
- 繊維メーカー
- 食品メーカー
- 化粧品メーカー
- 精密機器メーカー
- 電機メーカー

など

化学生命工学科

化学と生命を融合した教育・研究

科学技術の発展はめざましく、化学は、新しい物質の開発だけでなく、生命現象の分子レベルでの解明から生物の工学的応用に至るまで、これからも重要性を増していくに違いない。

そこで、有機化学から生命工学までの「分子」を共通のキーワードとして、化学と生命を融合した新物質や新機能の創造をめざしているのが**化学生命工学科**や**化学・生命工学科**だ。化学の基礎学問である物理化学、有機化学、無機化学、分析化学、生化学などを体系的に学んだ後、合成化学、生命工学、材料化学、高分子化学などを学ぶカリキュラムを編成している。

東京大では、化学と生命工学の基礎をしっかりと学び、3年次の1年間をかけて、有機化学実験及び演習と生命工学実験及び演習を履修し、卒業研究を自ら行える技術を身につける。化学の領域では、新しい有機合成や高分子合成の方法論を開拓し、それを基に、優れた機能を有する超分子・超材料を創造。生命の領域では、化学的スキルで生命現象を分子レベルで解明することを基盤としつつ、従来の工学システムとの連携をも図ることにより、化学と生命を応用して社会に貢献することをめざしている。4年次になると、研究室に所属して卒業研究がスタートする。

鹿児島大は、応用化学や環境工学の分野を学ぶ物質環境化学コースと、生命化学や製薬工学を学ぶ生体化学コースに分かれて教育。近畿大は、生物化学、環境化学、食品科学の3コースに分かれて専門教育を行う。

こんな学科もある

応用分子化学科

総合的な知識と持続可能で環境にやさしいものづくりを行うグリーンケミストリーを理解し、創造性・独創性を備えた技術者を養成。日本大は、物質デザイン、生命化学など3コース編成。

化学・生命系学科

横浜国立大では、物質や材料、エネルギー、生命、環境についての知識と考え方を深く学び、人と生物にとって持続的な社会を構築する未来志向型の人材を育成。化学教育、化学応用教育、バイオ教育の3つの教育プログラムで構成されている。

卒業後の進路

- 化学メーカー
- 材料メーカー
- 製薬メーカー
- 食品メーカー
- 電機メーカー

など

物理工学科

無限に広がる科学技術を支える学問分野

科学技術の進歩は、近代物理学を科学に結びつけた応用理学系の学問研究によるところが大きい。その点に着目し、工業の進歩や発展に伴って無限に広がる科学技術の領域に対して、逆に物理学や数学を基盤とした教育を行っているのが応用物理学関係の学科だ。

物理工学科では、現代物理学に関連する幅広い知識を基に、機械システム、材料、エネルギー、宇宙空間活動などに関する新しい科学技術の研究開発を行うための基礎的な教育を行い、専門的能力と広い視野を持った人材の養成をめざしている。原子力の利用による新エネルギーの開発、人工放射線の利用、人工衛星とその利用、情報制御機器の開発といったハイテク技術は、すでに以前から応用物理学の研究分野に含まれていた。したがって、数学や物理学を基礎として、すでにハイテク技術と呼ばれている分野を学ぶほか、これからハイテク技術と呼ばれるようになるであろうテーマにも目を向けた教育と研究を行っている。

数学・物理学の基礎から履修

カリキュラムは、数学や物理学の基礎を修得してから、物性理論、応用光学、誘電体、磁性体、制御工学などの専門科目を履修するのが一般的だ。

京都大では、物理工学に関連した広い分野にわたる基礎科目が用意されており、一般教育、基礎工学教育、専門教育が4年一貫教育体制のもとで実施されている。1年次、2年次では、数学、物理学、化学の知識に基づき、固

こんな学科もある

応用物理学科

次世代の新しいテクノロジーやシステムの基本となる原理と技術を、物理学の成果と研究手法を用いて創造できる人材の育成をめざしている学科。物理学や応用数学の基礎をしっかりと学んだ後、固体物理、光エレクトロニクス、システム、情報・制御工学など、現代のキーテクノロジーの基礎となっている多くの科目を幅広く学べる。

数理工学科

工学的素養を身につけたうえで、科学技術における共通言語としての数学の汎用性と創造性を理解させる学科。数学と工学との相互の関連性を深く総合的に理解し、それらの専門知識の融合を図り、社会に貢献できる技術者、教育者、研究者の育成をめざしている。

応用数理学科

早稲田大におかれ、大きく分けて現象数理、統計数理、情報数理の3つの分野で構成されている。

物理情報工学科

物理学、化学、及び計測技術など情報

体、流体に関する各種の力学や物性学、電磁気学、熱力学の初歩を共通基礎科目として学ぶ。そして、2年次からはコース及びサブコースに分かれ、将来の専門分野に応じた教育を受ける。

機械システム学コースでは、材料、熱、流体の力学や物性、その基礎となる量子物理、ならびに機械システムの解析と設計、生産、制御について、材料科学コースでは、物質のミクロやナノレベルでの構造制御、電子、磁気、力学物性と機能、量子論と熱力学に立脚した材料設計やナノテクノロジーなどについて学ぶ。エネルギー理工学コースのエネルギー応用工学サブコースでは、種々のエネルギーの変換利用技術、材料の物性、創製、リサイクルなどについて、原子核工学サブコースでは、ミクロな世界の物理学をもとに核エネルギー・量子ビームなどについて、また、宇宙基礎工学コースでは、航空宇宙工学に関連する基礎的学問分野について、それぞれ系統的な教育課程を用意。物理工学科が関連する工学のあらゆる分野で指導的な技術者や研究者として活躍できる人材の育成をめざしている。

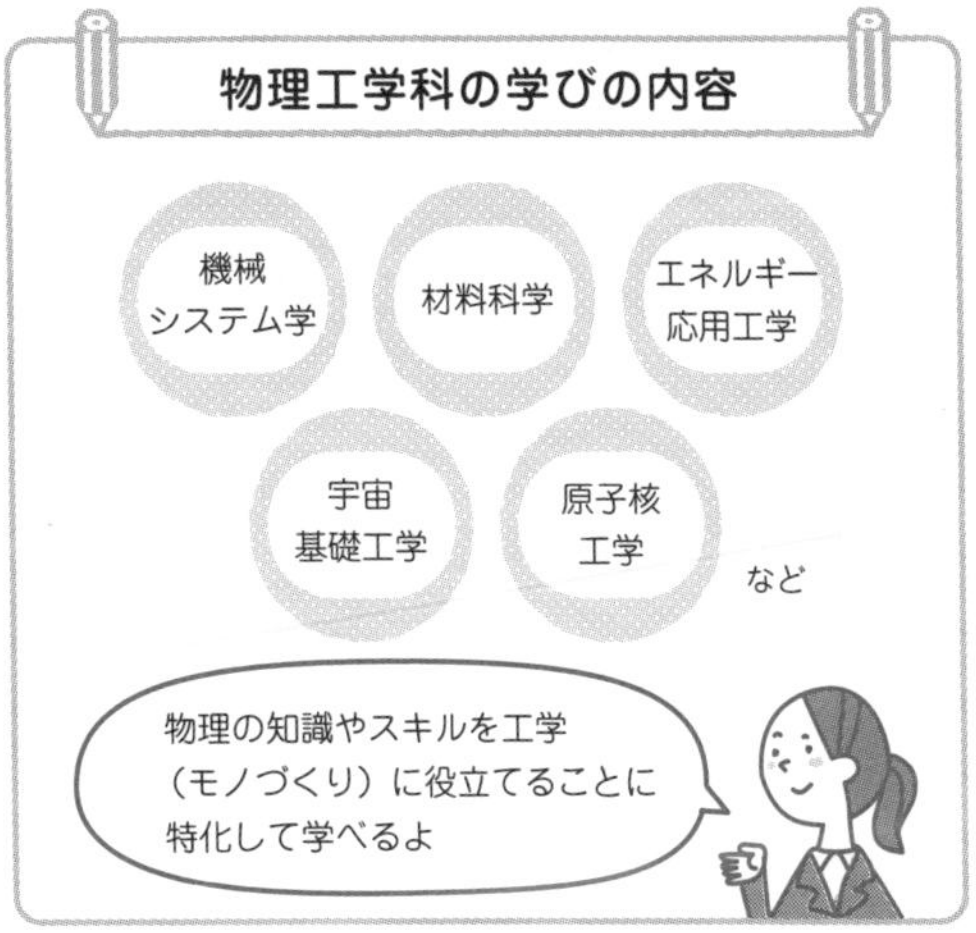

物理工学科の学びの内容

物理の知識やスキルを工学（モノづくり）に役立てることに特化して学べるよ

学べる専門科目

- 熱力学
- 量子力学
- 計測工学
- 固体物理
- 電気・電子材料
- 材料強度学
- シミュレーション工学
- 量子ナノ計測　など

参考［名古屋工業大学物理工学科］

工学の基礎を学び、それらを発展させた研究を通して、社会へ貢献できる技術者を養成する学科。慶應義塾大は、量子・情報物理、創発物性科学、情報計測・情報制御の3つの研究分野をおいている。

卒業後の進路

- 自動車・航空機産業
- 電気・通信機器産業
- エネルギー関連産業
- 精密機器産業
- 光・計測関連産業
- 情報通信産業
- ナノテクノロジー産業

など

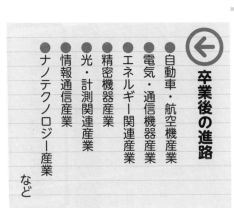

材料工学科

新しい性能や機能を持つ新材料を開発

わが国は、さまざまな研究と実験を重ねながら、独自の技術でロケットを開発してきた。現在では、安全性の高い大型ロケットが、人工衛星を打ち上げるミッションを支えている。ロケットは、上空を飛ぶロケットの機体を圧迫する大気圧や、それによって生じる高温の摩擦熱など、非常に過酷な環境にさらされるため、機体の素材はアルミ合金で機体の強度を高め、かつ打ち上げやすくなるよう質量を軽くするなど、特殊に加工されている。また、エンジン回りには耐熱合金が使われているが、こうした大型ロケットは、材料科学や材料工学の進歩がなければ、実現不可能だったといっていいだろう。

近年では、金属材料だけでなく、半導体、セラミックス、高分子材料やそれらの複合材料などが、すべての工学の基礎をなしており、なくてはならない存在になっている。そして、医療材料、宇宙航空材料、構造材料、知能材料、大容量記憶材料、半導体センサー、磁性材料、光学材料、機械材料、超電導材料など、数えあげるときりがないほどの性能や機能豊かな材料が、私た

こんな学科もある

材料科学科

金属、セラミックス、半導体などの無機材料から、高分子、バイオなどの有機材料、環境調和と資源リサイクルのための材料などの基礎から応用までの教育・研究を行う学科。東海大は、超伝導・機能材料、環境・エネルギー、航空宇宙・構造材料、材料技術者の4コースをおいている。

材料科学総合学科

東北大にあり、工学の基礎知識に加えて、ものづくりのための基本的な知識と考え方を身につけ、次代の材料産業を支え国際的な場で総合的に活躍できる技術者、時代の変遷に応じて柔軟に対応して新たな材料を開発する研究者を送り出すことを目的としている。金属フロンティア工学、知能デバイス材料学、材料システム工学、材料環境学の4コース編成。

マテリアル工学科

マテリアルと材料はほぼ同義。材料、化学、物理を基軸に、物質や材料のナノスケールから製造、生産といったマクロなシステムまでを一つの体系として捉え、材料工学と化学工学を融合したカリキュ

ちの暮らしを守り、豊かにしている。また、世界トップクラスのシェアや質を誇る、電池の製造に必要な接着剤や飛行機のシートに用いるクッション素材など、地味だが優れた素材や材料を生産している日本企業も数多い。

材料を大別すると、金属材料、高分子材料、ガラス、セラミックス、複合材料に分類され、金属材料工学、高分子材料工学、無機材料工学など別々の分野として取り扱われている。**材料工学科**や**マテリアル工学科**では、材料の特性や機能を物質の微細構造に基づいて明らかにするとともに、新しい材料の開発もめざしている。

マンツーマンで専門化した実験を指導

東京理科大では、入学すると、無機化学、有機化学、物理化学などを通して材料をどのように作るかを学び、物理学、材料物性学、材料力学などを通して材料はどのような性質を持っているかを学ぶ。2年次になると、材料工学を学ぶ前段階として基礎的な力を身につける。数学、物理、化学の各科目を徹底的に学習し、併せて電算機概論及び演習、数学演習、基礎工学実験によって学習法を学んでいく。

3年次には、実際に材料の合成を行い、分析・評価装置を操作するなど、高度に専門化した実験が始まり、マンツーマンの指導を受ける。そして、半導体、誘電材料、金属材料、セラミックス材料など自分の専攻分野を考えながら科目を選択する。4年次には研究室に所属し、自身のテーマを設けて卒業研究に取り組む。

学べる専門科目

- 材料組織学
- 基礎有機材料
- 鉄鋼材料製造法
- 非鉄金属材料
- セラミックス
- 材料熱力学
- 生体材料工学
- 弾塑性論　など

参考［芝浦工業大学材料工学科］

ラムを通じて、論理的思考力と創造力を養う学科。東京大は、バイオマテリアル、環境・基盤マテリアル、ナノ・機能マテリアルの3コース編成。

卒業後の進路

- 材料メーカー
- 自動車メーカー
- 航空機関連メーカー
- 鉄道関連メーカー
- 家電メーカー
- 建設機械・建材メーカー

など

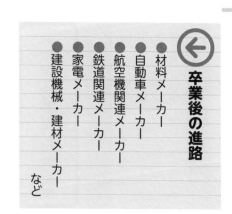

生物工学科

基盤となるのはバイオテクノロジー

バラやシクラメンは色鮮やかな花だが、青色だけはなかった。そこで、世界の多くの人が青い花に挑戦したが、わが国の飲料メーカーが、バイオテクノロジーを駆使して開発に成功した。自然界にはない青い花を咲かせようという研究者の熱い思いが、十数年の研究を経て実現につながったのだ。

バイオテクノロジーの発展はめざましく、発酵や品種改良から遺伝子組換え、クローンなどの先端分野まで、さまざまな技術が開発され、産業の発展をもたらしている。例えば、農業の分野では、品種改良や遺伝子研究で新しい農作物が生まれた。芽キャベツ、ブロッコリー、カリフラワー、キャベツは同じ野生種からの品種改良によって生まれたものだ。

こうしたバイオテクノロジーの分野だけでなく、物理化学的研究によって生体における身体の機能の調節、制御なども分子・細胞レベルで解明されるようになった。また、パターン認識や学習など、生物がどう情報を認識し、自らを制御しているかを知る技術の開発も進んでいる。

生物工学で作れる主な製品
医薬品
丸大豆 みそ
丸大豆 しょうゆ
食品
化粧品
香料
など
生物が生み出す物質そのものや、発酵など生物がほかの物質を変化させる機能を用いて、工業製品を作る研究を主に行うよ

こんな学科もある

生命工学科

ナノテクノロジーとバイオテクノロジーが融合した最先端の研究分野を対象とした学科。山梨大では、生物資源としての微生物や動植物細胞を主な研究対象とし、それらの多様な構造と機能を生体物質化学、生化学、構造生物学、遺伝子工学などの立場から教育・研究している。大阪工業大は、生命科学と医工学の2つの履修モデルをおいている。

生命化学科

複雑かつ難解な生命現象を、化学を中心に原子・分子レベルで解析することにより、医薬品や健康食品などの生命化学産業にとって必要な基礎的要素を身につけさせる学科。この学科を、理学系や農学系の学部におく大学もある。

生命応用化学科

日本大にあり、生命化学、応用化学、環境化学を学ぶことで、社会に役立つ実践力を持った化学技術者の育成をめざしている。基礎から専門領域までの知識を着実に学ぶため、一つひとつの段階を踏みながら、系統的に学ぶことのできるようカリキュラムを構成している。

実験・実習も重視 研究分野は多彩

生物工学は、医薬、食品、化学、発酵などから環境保全に至るまで、さまざまな工業分野に応用が可能であると同時に、大きな期待と注目を集めている分野でもある。

そのため**生物工学科**では、生命科学の基礎である生化学、遺伝学、生理学、分子生物学、細胞生物学、有機化学に加えて、遺伝子工学や細胞工学などの新しいバイオテクノロジーの学問領域や、これらと密接に関連した化学、物理学、数学など幅広い領域について研究・教育を行っている。

生物工学は、生命現象を支配する遺伝子（DNA）を中心とした生命科学が基盤となっている学問で、生命科学の発展によって生物機能を分子レベルで操作することなどが可能になる。したがって、**生物工学科**で中心となるのは、遺伝子をはじめとする生命科学で、有機化学、物理化学、生化学などの基盤も重視される。そうした基礎のうえに立って、遺伝子工学、細胞工学、免疫工学、生体高分子工学、タンパク質工学などを履修。また、その応用として新しい医薬や生物の持つ機能を物質生産やエネルギー生産に応用する手段、生物機能を人工的に再現する方法、生物機能を利用した排水処理、遺伝子組換えなどを研究する。

立命館大では、3年次後期の生命科学セミナーで配属する研究室を決めて卒業研究に向けた準備を行い、4年次の1年間は研究室で卒業研究を行い、その成果を卒業論文としてまとめる。

学べる専門科目

- 遺伝子工学
- 植物生産工学
- 植物育種学
- 応用微生物学
- 生物分析化学
- 植物生理学
- 食品企業経営論
- ゲノム機能科学　など

参考［近畿大学生物工学科］

遺伝子工学科

遺伝情報の解読と遺伝子工学の基礎を学び、生命現象を分子レベルから個体や集団まで、空間的、時間的スケールで統括的に理解する学科で、近畿大におかれている。体外受精などの生殖工学技術や遺伝子組換え動物作製、ES細胞操作などの遺伝子工学技術を修得し、医療、創薬、食物生産、環境保全の分野で、遺伝子操作や胚操作技術を駆使して活躍できる人材を育成する。

卒業後の進路

- 化学・医薬品メーカー
- 食品関連メーカー
- 環境関連メーカー
- バイオ系企業
- 健康・化粧品系企業
- 公務員

など

経営システム工学科

経営管理技術や知的情報技術を駆使

社会科学の範疇である経営学が、経営理論を基礎として生産現場から離れたところから企業経営を考察しているのに対して、**経営システム工学科**は、現場で製品が作られる過程を重視するケースが多い。工学部では、異色の学問分野で、直接には目で見ることのできない学問であり、しかも人間そのものの行動や心理までをも含めた分野までが研究対象となっている。

　青山学院大は、３つの専門分野を教育・研究している。「分析技術」は、データに基づく思考力を養うための技術分野。確率統計、多変量解析を学んだうえで、企業経済学や研究開発管理、品質管理技術、経済性工学などで応用力を身につけ、分析技術、実験を通して、実践的な分析力を養う。「モデル化技術」は、現実社会の客観的な理解力を養うための技術分野。システム工学基礎、シミュレーション工学、意思決定論を学んだうえで、コーポレートファイナンス（企業の財務や資金、生産資材等の調達活動など）や生産システム設計、システム工学応用などで応用力を身につけ、モデル化実験を通し

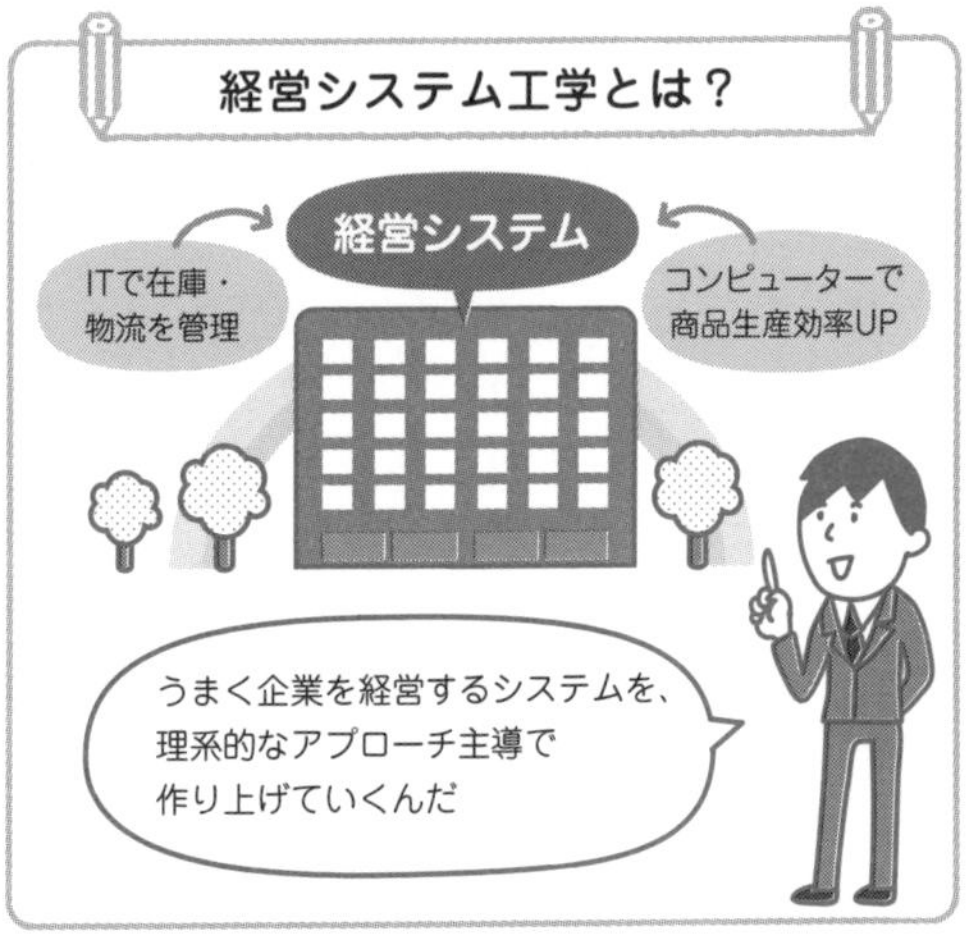
経営システム工学とは？
経営システム
ITで在庫・物流を管理
コンピューターで商品生産効率UP
うまく企業を経営するシステムを、理系的なアプローチ主導で作り上げていくんだ

こんな学科もある

経営工学科

神奈川大にあり、ビジネスをどのように進め、いかに効率化するかという「仕事の仕組み」について学ぶ。企業が活動するには機械、電気、化学、建築、情報などの固有分野の工学技術に加え、製品やサービスの品質向上、価値に見合う価格設定、環境への適合性といった経営工学の知見が必要になるという。

管理工学科

慶應義塾大にあり、人間、もの、情報、金の4つをキーワードに、さまざまな視点や発想から科学技術とマネジメントを考える。システムと人間、応用統計と最適化、情報科学と人工知能、経営と経済の4つの領域を柱としたカリキュラムを組み、多角的な視点から問題解決を図ることができる人材を育成することが目標。学ぶ科目群には人文・社会科学系の科目も含まれている。

マネジメント工学科

経営資源を有効に活用するための理論と技法を修得し、企業経営などの分野に役立てるための工学を学ぶ学科で、日本大におかれている。ヒト、モノ、カネ、

て現実のモデル化力を養う。「最適化技術」は、目標達成のための効果的な判断力を養うための技術分野。組合せ最適化、アルゴリズム設計などを学んだうえで、生産管理技術や地理情報処理、ゲーム理論などで応用力を身につけ、最適化技術実験を通して最適計画の実践力を養う。

科学的経営の方法と知識を修得

東海大は、入学すると、経営システム工学通論で、経営システム工学に関する全体像を把握する。また、専門科目を学ぶうえで必要となる数学やコンピュータリテラシー、プログラミングなどの基礎的な知識と技術を学ぶ。2年次は、ソフトウエア開発工学、データ構造とアルゴリズムなどの科目でソフトウエアを設計、開発するうえで必要となる知識と技術を修得。さらに、数理統計学、多変量解析などの科目で、経営システムの諸問題を数理的に分析するための知識と技術を学ぶ。

3年次になると、マネジメント戦略、人的資源管理、プロジェクトマネジメントといった科目で、経営システムの諸問題にアプローチするための経営管理技術を修得。マーケティングリサーチ、経済性工学などの科目で経営上の諸問題を発見、分析、解決するための経営科学の知識と技術を学ぶ。4年次は、国際的に通用する論文発表と論文作成の知識と技術を学ぶ。そして、卒業研究で、これまでに学んできた知識と技術を統合して、経営上の諸問題を自らの力で発見、分析、解決し、その結果を卒業論文にまとめる。

学べる専門科目

- 経営システム工学総論
- 統計解析法
- コンピュータ工学
- 人間工学概論
- 生産管理学
- 品質マネジメント
- オペレーションズリサーチ
- 情報数理基礎　など

参考［早稲田大学経営システム工学科］

流通と情報、さらに知的財産に関する考え方やマネジメント工学の理論や技法を学ぶビジネスマネジメントコース、主に生産・情報システムに関する学習を中心にマネジメントの問題を解決するための方法論を実践的に学ぶ経営システムコース、フードビジネスを視野に、和食文化のグローバル展開も見据えたフードマネジメントコースをおいている。

卒業後の進路

- 情報・通信業
- 金融・保険業
- 機械器具系企業
- 生活関連サービス業
- 建設業
- 医療・福祉業
- 公務員

など

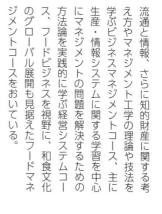

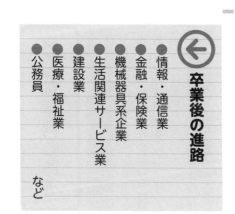

デザイン工学科

デザイン界をリードする人材を養成

デザインは、人間の生活や文化をより豊かにするものだ。グラフィックデザイン、インダストリアルデザイン、クラフトデザイン、インテリアデザイン、テキスタイルデザイン、ディスプレイデザイン、シニックデザインなどの領域があるが、その多くは芸術系統の学問に含まれ、デザイン学科やさまざまなデザイン関連学科が、美術学部や芸術学部におかれている。

さらに工学系統にも工学と芸術が融合したデザイン教育を行うさまざまな学科がある。**デザイン工学科**のほか、**デザイン学科**、**デザイン科学科**、**感性デザイン工学科**、**情報デザイン学科**、**空間デザイン学科**などがそれで、工学、すなわちものづくりに関連した、新しい生活価値を創造するデザイナーの育成をめざしている。

芝浦工業大の**デザイン工学科**には、生産・プロダクトデザイン系とロボティクス・情報デザイン系の学問領域を設置しているが、授業体系は共通で両系の科目をとることができる。

生産・プロダクトデザイン系は、プロダクトデザインの手法やプロセス、最

デザイン工学科とデザイン学科の違い

デザイン工学科	工学科で作るようなものづくりのデザインをメインに学ぶ。都市や建造物、自動車、家具など比較的大きなものをデザインするイメージ
デザイン学科	日用品など比較的小さな小売商品や香粧品のパッケージなどのデザインをメインに学ぶ

デザイン工学科で学べる大学もあるよ
デザイン学科で研究するような内容を

こんな学科もある

デザイン科学科

千葉工業大にあり、幅広い技術や思考法を学び、デザイナーに不可欠な、問題を自ら見つけ適切に定義する力、幅広く解決の方向性を模索する力、アイデアを提案して魅力的に伝える力、具体的に検証し、解決に歩み寄る力を身につける。また、3Dプリンターなどのデジタルデータと連動した工作機械も活用し、創造力と想像力を兼ね備えたデザイナーを育成する。

創生デザイン学科

日本大にあり、デザイン思考によって、「ヒトのこともわかって、モノのこともわかる」デザイナーやデザインエンジニアを育成。文具から家電に至る工業製品はもちろん、ロボットなどメカニカルな技術を含む製品までを対象にしたプロダクトデザインコースと、空間デザインから住まい、街作りに至る、人々の暮らしや生活をデザインするための技術や方法、考え方を学ぶ空間デザインコースをおいている。

感性デザイン工学科

山口大にあり、人の感性の多面性や多

新の生産技術を身につけた人材を養成。省エネや人間行動、マーケティング、生産システムなどをキーワードに、ユニバーサルデザインやサスティナブルデザイン、エモーショナルデザインなどのプロダクトデザイン技術、またCAD／CAM、材料工学、成形加工やマネジメントなどの生産技術についても学ぶ。

ロボティクス・情報デザイン系は、人間工学やグラフィクス、心理学、メカトロニクスなどをキーワードに、情報サービスの企画、ユーザーインターフェース（機械を使うときに人が操作する部分）設計、プログラミング、ソフトウエア設計、ロボティクス、人工知能などを相互の関連性を理解したうえで学ぶ。銀行のＡＴＭの画面表示から、スマートフォン、ロボットまで情報が関わる産業分野で活躍する人材を育成する。

総合性に優れたデザインを追求

岡山県立大は、デザインの専門力とマネジメント能力により、地域社会や産業界に貢献できるデザイナーや建築家の育成をめざしている。製品・情報デザイン領域では、工業製品、日用生活品などの製品を対象とし、技術と感性の調和を図りつつ、ヒトと製品のスムーズな関係（インタラクション）を追求することを通じて、豊かな生活をもたらすデザインを創造、研究する。

建築・都市デザイン領域では、人間生活の根幹となる住空間、公共建築や複合施設、都市計画など建築空間デザインを基軸にして、街作り、地域環境、景観デザイン、インテリア、家具などを体系的に教育・研究している。

学べる専門科目

- プログラミング
- 人工知能
- エモーショナルデザイン
- 生産加工学
- プロダクトデザイン
- インターフェースデザイン
- ユニバーサルデザイン
- パブリックデザイン　など

参考［芝浦工業大学デザイン工学科］

様性への理解に立脚した、安全・快適で環境に優しい建築を創造する技術や基礎デザインの技術を身につけ、それらの技術を活かした分野で活躍する人材の育成をめざしている。建築の構造、環境、計画分野の教育を基本とし、人間の感性を大切にした建築デザイン教育にも取り組んでいる。

卒業後の進路

- 情報サービス業
- デザイン業
- 各種メーカー
- 建築設計業
- 印刷業
- 専門・技術サービス業

など

システム工学科

システムを開発し、設計し、運用する

システムという言葉はあらゆる分野で使われているが、システム工学はシステムの作り方を研究し、システムのあり方を研究する学問である。**システム工学科**では、エレクトロニクス、メカトロニクス、情報処理などの知識を基礎として、さまざまな分野の工学的問題を、システムとしての観点から解決できる技術者や研究者の育成をめざしている。システムを冠した工学系の学科は、**システムデザイン学科**、**システムデザイン工学科**、**システム科学科**、**システム創成学科**など多彩だが、設置している大学はそう多くない。

システム工学科では、機械や装置の種々の機能や動作をコンピューターのなかに実現するためにモデル化し、シミュレーションの理論と手法を開発するとともに、実験装置によって理論の妥当性を検証。さらに、ロボットに知能を持たせるための認識技術、計測技術の開発や、高度な知能を作るシステムを設計し、応用するためにロボットの知能の制御理論について研究している。また、人に優しいシステムを開発するために、生体計測、マン・マシンインターフェイスの設計や運用についても研究している。

和歌山大は、専門分野を10のメジャーに分類し、2つのメジャーを選択して履修するが、メジャーの組合せによって、ロボティクス、ナノテクノロジー、コンピュータサイエンス、環境システム、デザインシステム、環境化学、電気電子工学、知能機械システム、ネットワーク社会システムの各コースに分かれる。

こんな学科もある

システムデザイン学科

法政大は、人間中心にシステムをデザインする、シンセシス能力を身につけた人材の育成をめざしている。成蹊大は3年次から、機械システム、エレクトロニクス、ロボティクス、経営システムに関する4コースのうち2コースに所属し、複合的な専門知識を身につける。

システムデザイン工学科

大阪工業大は、ロボット、IoT機器、福祉機器、サービスなど人が関わる人工物と人間の幸せな関係（システム）をデザインする方法を、情報科学、機械工学、電子工学、機械学習、人間工学、デザイン思考などの知見を活用して学ぶ。

卒業後の進路

- 機械メーカー
- 電機メーカー
- 精密機器メーカー
- 情報通信機器メーカー
- 化学メーカー

など

医工学科、生体医工学科

工学と医学が融合した先端工学技術を学ぶ

　超高齢社会を迎え、医学の役割がきわめて重要になっている。医工学、生体医工学、医用生体工学などは、医学と工学全般の境界領域に生まれた学問分野で、工学全般で発達した理論、技術、素材、機器やシステムを医学に導入して、ヒトの動作補助を行う医用ロボット、医療・福祉機器、再生組織材料、信頼性のある生体・環境適合（人間の身体に入れても問題ない）材料などの研究・開発を進めている。

　予防、診断、治療、機能回復など、すべての医療行為に対して科学技術の果たす役割は大きく、科学技術に精通した医師と医学知識を持つ科学技術者の協力で新しい医療の発展を図ることは、時代の要請になっている。

　医工学科は、先端研究を通して医工学の本質を学ぶ。そして、よりよい生活を支援するためのメカトロニクスや生体・環境適合材料の知識を深めるとともに、医用ロボットや組織再生用材料の開発を目的とした先端工学技術を修得。工学的、医学的知識の融合から導き出せる、最先端のものづくりに携わる人材を育成する。

　また、**生体医工学科**は、生物、生体の構造と機能や工学の基礎知識をベースに、人間と工学の双方への理解を深める。学科名に「生体」とつくことから**医工学科**より一層、生体、すなわち人間に直接触れるものを作る方向にシフトするものと考えがちだが、その度合いは大学によって違う。広島工業大は、臨床現場で医療機器の操作や維持管理を行い、チーム医療を実践する臨床工学技士の養成を行っている。

こんな学科もある

医用生体工学科

　東海大にあり、先端医療機器を理解し、正しく使用するための知識や技術を修得。臨床現場において、医療機器の進歩に柔軟に対応し、チーム医療をリードできる臨床工学技士や医療技術者の育成に力を入れている。

医療福祉工学科

　東海大は、医学と工学を学び、人工透析や人工心肺装置などの医療機器の原理や構造を理解し、その操作や保守・点検技術を身につけ、国家資格の臨床工学技士をめざす。また、病院情報システムを設計する力を養って医療情報技師の資格取得も可能。

卒業後の進路

- 医療・福祉業
- 製薬・試薬系企業
- ヘルスケア系企業
- 情報通信業
- 臨床工学技士

など

理工学科、工学科

広範な分野の基礎を学び特定の専門分野を深く理解

多様化する社会や産業界のニーズに対応するため、従来の細分化された学科を1学科に統合・再編したのが**理工学科**や**工学科**だ。これからの社会が必要とする高度な技術者は、特定の専門知識だけでなく広範な分野の叡智も同時に求められる。そこで、理学・工学の垣根を越えた全体像を理解させたあと、コースに分かれて特定の専門分野を修得させる。例えば、東京電機大の**理工学科**は、理学系（数学、物理学、化学、数理情報学）、生命科学系（分子生命科学、環境生命工学）、情報システムデザイン学系（コンピュータソフトウェア、情報システム、知能情報デザイン、アミューズメントデザイン）、建築・都市環境学系（建築、都市環境）、電子工学系（電子情報、電子システム）、機械工学（設計・解析、加工・制御）の6系16コース編成で2年次に主コースと副コースを選択。長崎大の**工学科**は、機械工学、電気電子工学、情報工学、構造工学、社会環境デザイン工学、化学・物質工学の6コースで編成されている。このほか、徳島大の**理工学科**は6コース編成、関東学院大の**理工学科**は7学系10コース編成だ。

一方、工学部全体に間口を広げず、関連分野を統合・再編するケースもある。例えば、北海道大の**応用理工系学科**は、応用物理工学、応用化学、応用マテリアル工学の3コース、京都大の**地球工学科**は、土木工学、資源工学、環境工学の3コース、九州大の**地球環境工学科**は、建設都市工学、船舶海洋システム工学、地球システム工学の3コースをおいている。

こんな学科もある

総合工学科

千葉大にあり、建築学、機械工学、電気電子工学、共生応用化学、情報工学、都市環境システム、デザイン、医工学、物質科学の9コースをおいている。

地球総合工学科

大阪大にあり、船舶海洋工学、社会基盤工学、建築工学の3つの分野から成り、地球環境を総合的に捉え、安全・安心で快適な構造物と空間や環境を創ることができる人材の育成をめざしている。

卒業後の進路

- 電気・電子系企業
- 情報通信業
- 建設業
- 機械・電機系企業
- 輸送機器系企業
- 不動産業
- 公務員

など

農学系統の学科

農学

＊ここでは、農学系統に含まれる主要な学科と、それを設置しているおもな大学を紹介しています。

農学科

生命・食糧・環境問題に応える期待の分野

わが国の農業は、大きく様変わりしている。食の安心・安全に対する消費者意識の高まりのなかで、企業の農業への参入が相次ぎ、植物工場で野菜や果物を生産する時代になった。高品質な農産物を、手ごろな価格で供給できるわが国の農業技術は、世界的にも高い水準にあるといわれるが、農業従事者の高齢化や後継者不足を背景に、農業生産の効率化、省力化が大きな課題となっている。

また、現代社会において食糧問題、資源問題、環境問題は複雑に絡み合い、さまざまな問題が生じている。農学はそうした問題を調和的に解決し、人類の未来を切り拓く総合科学で、**農学科**では地球資源を持続的に利用、活用しながら、安全な食糧と健全な環境を確保するための教育を行っている。

近年のバイオサイエンス、バイオテクノロジーに関する最先端科学と技術のめざましい発展によって、生物自身の生命維持活動、生物間の相互作用、生物が生み出す物質の特性や機能の解明などの人間のための利用が可能になってきた。そこで、多様な学問領域からなる農学教育の一層の充実を図ると

農業というと米作りなどを想像しがちだけど、動物や植物が生み出すもののうち、食糧になるものや地球環境保全に貢献するものなどに着目して研究を進める

こんな学科もある

農業生産科学科

環境と健康に配慮した食糧生産をめざした学科。鹿児島大は、応用植物科学、畜産科学、食料農業経済学の3コース編成で、動植物の生産管理技術の向上、生態系を生かした病害虫制御技術の開発、バイオテクノロジーによる品種改良、農業生産や流通過程の経済分析などの多彩な教育・研究を行っている。

応用生物科学科

生命体やそれを取り巻く環境について基礎から応用まで幅広い分野の教育・研究を行い、バイオサイエンスの専門的知識と技術を修得し、社会で実践的に活躍できる人材の養成をめざした学科。香川大は、応用生命科学、生物生産科学、環境科学、生物資源機能化学、食品科学の5コースに分かれて専門性を高める。

応用植物科学科

人と自然にやさしい農作物の栽培技術を修得するとともに、近年急速に発展しているバイオテクノロジーを駆使して作物の改良を行うことで、食糧問題だけでなく、環境問題の解決にも取り組んでいる学科。法政大は、植物クリニカル、グ

ともに、時代のニーズに柔軟に対応できる専門性と総合性を兼ね備えた人材の育成をめざした新たな教育システムを構築するため、農学科を**総合農業科学科**や**応用生物科学科**などに改組するケースが増えてきた。

講義のほか体験を重視した教育を展開

明治大では、幅広い視野と農学に関連する技術体系を身につける食糧生産・環境コースと、食糧生産や環境保全を含めた農学に関する正しい知識を授ける総合農学コースに分かれる。カリキュラムは、1年次に専門分野を理解するための基礎科目、実習を配置し、その後、段階的に専門性を高める科目を配置している。農学基礎科目には、基礎生物統計学、遺伝学概論、基礎分子生物学、土壌学概論など、導入科目には栽培学概論、緑地学概論、動物生産学概論などがあり、農場実習も行われる。2年次は、科学基礎科目と専門の農学基礎科目に加え、専攻科目が入ってくる。農学基礎科目には、植物生理生態学、植物分類・形態学など、専攻科目には、資源植物学、動物行動学、測量学、動物保全生態学、緑地計画学などがある。

3年次は、動物育種学、動物資源機能利用学、食用作物学、果樹園芸学、肥料学、植物病理学、野菜園芸学、花卉《き》園芸学、栽培環境施設学、緑地工学といった専攻科目を重点的に学ぶ。また、文献調査や卒業研究など、ゼミや研究室に関わる科目や活動も加わるため、忙しく充実した1年になる。4年次は卒業論文のための研究が中心だ。

学べる専門科目

- 作物生産学
- 土壌学
- 雑草学
- 育種学
- 植物病理学
- 昆虫学
- 果樹園芸学
- 農業実習

など

参考［東京農業大学農学科］

リーンテクノロジー、グリーンマネジメントの3コース編成。

造園科学科

東京農業大におかれており、公園や緑地をはじめ都市空間から農山村地域まで、自然と共生した緑豊かな空間やガーデンデザインを考えるための知識と、それを形にする最新の手法や技術を学ぶことができる。また、自然環境の回復や緑化技術など、環境保全に取り組むうえで必要となるエンジニアリング系のカリキュラムにも力を入れている。

卒業後の進路

- 農業資材系企業
- 運輸・通信業
- 建設業・造園業
- 環境系企業
- 金融・保険業
- 食品系企業
- 公務員

など

農芸化学科

農芸・農業・畜産などに化学的にアプローチ

　私たちの生活に関わりの深い食品や環境分野の問題を、最新のバイオテクノロジーとバイオサイエンスによって解決することをめざしている学科。ここでは、動物、植物、微生物の持つ優れた機能の解明や開発、その効果的な生産と利用などに関連する問題を、主に化学的手法を用いて研究を進めている。最新のバイオサイエンス、バイオテクノロジーを生み出す高度な専門知識や、さまざまな実験技術を修得させ、農業、食品、環境など日常生活に関連の深い研究や技術開発に携わる技術者や研究者の養成をめざしている。

　明治大では、微生物を用いた環境にやさしい技術の開発、おいしくて健康に良い食品の研究、植物生産や環境の資源である土壌の研究、動植物や微生物が生産する有用物質の検索など、多くの重要な研究テーマがあり、豊富な実験と2年間かけて取り組む卒業研究を教育課程の中心に据えている。

　高知大は、環境、生命、食糧に関する教育・研究を行っており、化学的な思考や手法から生物生産を探究する3つの科目群がある。「生物環境化学」では、生物の生命活動を支える土壌環境の保全や修復、植物の養分吸収機構などについて、地球規模の視野を持って学ぶ。「動植物健康化学」では、食の安心・安全の実現に向け、植物、動物、ヒトの健康、生物が生産する有用物質、安全な食料生産と健康増進、食料生産への応用などを実践的に学ぶ。「微生物化学」では、微生物の探索や有用微生物の育種・産業利用、生命機能分子の開発・応用などについて学ぶ。

こんな学科もある

応用生物化学科

化学と分子生物学的手法を用いて、微生物や動植物、食品の機能解明とその利用、食品の加工技術開発などを教育・研究。東北大は、生物化学、生命化学の2コースをおいている。

生物資源科学科

生物資源の保全や持続的生産などに関する実践的な教育・研究や、地域農業の発展に寄与する実用的技術の開発などを目的としている。静岡大は、植物バイオサイエンス、木質科学、地域生態環境科学、農食コミュニティデザインの4コースをおいている。

卒業後の進路

- 農業・食品系企業
- 化学系企業の研究員
- 情報通信業
- 専門・技術サービス業
- 公務員

など

食品科学科

食品の科学を追求し 食の可能性を探る

私たちの身近にある食品を対象とした学科で、食品の知識や技術を総合的に身につけた「食のスペシャリスト」を養成する**食品科学科**の重要性はますます増大している。食品添加物や遺伝子組換え作物など、食品を取り巻く環境には人々の健康に密接に関係する課題も多く、食の安全が問題になるなど、注目を集めている分野でもある。

この学科では、微生物の働きによる発酵食品のほか、広範囲な食品素材の開発・加工、品質管理、資源の有効活用など、食品の知識や技術を高度に総合的に教育・研究している。そして、化学や物理学、生物学を基本に、最先端のバイオテクノロジーも活用して食をより豊かにしていく。わが国の食料自給率は極端に低く、輸入に頼っているが、その一方で、膨大な量の食品廃棄物が出ている。世界に目を向けると、飢餓に瀕している国や民族もある。これからはグローバルな視点で食のあり方を考え直す必要があるだろう。

石川県立大は、４つの研究分野をおいている。食品基礎系は、食品生化学、分子生物学、生体分子機能学で、食品の素材となる生物資源の持つ機能や特性を理解。食品製造系は、食品製造化学、食品微生物学、食品加工学、食品製造工学で、食品の開発、製造、加工技術について学ぶ。食品機能系は、食品化学、食品機能科学、食品栄養学、食品素材科学で、食品の栄養成分と、その機能に関する科目を深める。食品安全系は、食品分析学、食品衛生学、食品管理学で、食品の安全・安心を実現する管理システムの確立を図っている。

こんな学科もある

醸造科学科

微生物の持つ発酵と醸造の力を社会に役立てる学科で東京農業大にある。微生物の総合的な知識や取り扱い法、機能解析を習得する醸造微生物学分野、醸造物の原料から製品に至るまでの科学と技術について考究する醸造技術分野、食品産業を取り巻く環境を広範に扱う醸造環境学分野の3分野を配置している。

食品生物科学科

食品の開発や生産に関わる技術者、研究者の養成をめざした学科で、京都大にある。生化学、有機化学、物理化学、分子生物学などを系統的に学習したあと、3年次からは専門的な講義を行うとともに、高度な実験技術を身につける。

卒業後の進路

- 食品メーカー
- フードサービス業
- 製薬系企業
- 食品衛生管理者
- 化学系企業

など

生物環境工学科

工学的手法を用いて課題にアプローチ

農業系統のなかでは最も工学色の濃い分野で、**生物環境工学科**のほか、**地域農業工学科**、**農業環境工学科**、**生産環境工学科**などがある。

日本大は、自然のシステムを活用し、生物資源を適切に利用した生産、生活環境の創造とその応用技術を多面的に教育・研究する。人が自然と調和し、持続的で健康に生きていく社会の構築をめざして、地球・地域環境保全、食料生産、資源循環、居住環境の創造などについて学び、生態・環境・土木・建築・機械などの幅広い知識と視野を持ち、人と自然の共生環境を保全・修復・創造できる、国際的に活躍できる技術者などを育てることを目的としている。

カリキュラムをみると、1年次は共通科目を中心に履修し、専門的な学習への基礎を固める。2年次は講義や実験・実習の両面から専門科目を学びつつ、将来の方向性を考える。3年次には希望の研究室に入室し、4年次の卒業研究に向けて基礎学習（ゼミ）が行われる。生産管理、環境計画、地球環境工学の3コースをおいているが、地球環境工学コースは3年次初めにコース決定試験がある。4年次には卒業研究に取り組み、大学院や就職などの進路につなげる。

北海道大は、農業土木学、生物環境物理学、土壌保全学、陸域生態系モデリング、ビークルロボティクス（農業のロボット化）、食品加工工学、循環農業システム工学、生物生産応用工学、生物環境情報学の9分野から構成され、自然生態系と調和しながら持続的な生産を行うために、環境負荷の少ない農業を研究している。

こんな学科もある

農業環境工学科

宇都宮大にあり、環境の創造、管理、評価、持続可能な食料生産の確保、再生可能エネルギーやバイオマス資源の利用などに関する学識を身につけ、社会の幅広い分野で活躍できる人材の育成をめざしている。

生産環境工学科

東京農業大におかれており、長年、培ってきた農業土木技術と農業機械技術を応用して、生物生産のための環境の保全や地域の発展への貢献などによって地球規模の環境保全をめざす。

卒業後の進路

- 建設業・造園業
- 食品生産系企業
- 情報通信業
- 農業・林業系企業
- 環境系企業
- 公務員

など

農業経済学科

社会科学的色彩が濃く 経済学の理論を駆使

農学系統のなかで唯一、文系に分類される分野で、国内外の食料、農業、農村について、社会科学の視点から教育・研究を行っている。

宇都宮大は、経済学や経営学を中心に社会科学の理論を学び、計量分析や財務分析、実態調査のための手法などを修得しながら、国内生産と貿易、流通、加工といった農産物の流れや、消費者のニーズ、農業政策、環境問題、農村社会の機能、関連産業の役割など、幅広い知識を身につける。

北海道大は、農業環境政策学、農業経営学、開発経済学、協同組合学、食料農業市場学、地域連携経済学、農資源経済学、協同組合のレーゾンデートルという8つの研究分野で構成されている。農業経済学は、農学の一分野として、農業と食料をめぐる生産、加工、流通、消費という経済的な現象や、農林業に関わる環境問題について、経済学、社会学、政治学、法学など社会科学の成果を応用して解明する学問。農業経済学自体が総合的な学問体系なので、学生には、そのすべての分野にわたって幅広い知識と研究の力量が求められる。授業は、講義のほか、ゼミナール形式の演習を重視している。また、農業者関連業界の実態を知るため、実習や現地調査も行う。日本の食料生産を担っていくことのできる力強い農業経営を確立していくためには、どのような経営行動をとればよいか、実際に農家で調査を行い、諸外国とも比較しながら研究を進める。そうして身につけた能力を、4年次には卒業論文に集大成する。

こんな学科もある

自然資源経営学科

東京農業大にある。地域において産業の活性化につながる人材を育てることを目的とした学科で、基礎から実践まで経営学を学び、その知識をベースに地域資源を有効活用するきっかけを見出す着眼点や事業化するための企画立案力・調整力などを養い、マネジメント能力を身につける。

食料・環境経済学科

京都大にあり、農林水畜産業の担い手と、その場である農山漁村の文化的、社会的、経済的環境の特質や発展方策を解明。ほかの産業や都市との関係にも目を配るとともに、広く世界的視野において農業・農村・環境問題と、その考察方法を学ぶ。

卒業後の進路

- 農業関連団体
- 環境系企業
- 食料品製造業
- 金融・保険業
- 公務員

など

森林科学科

森林資源を有効に活用する専門家を養成

わが国の森林面積は、国土の約六割を占め、工業先進国でありながら、世界に誇れる森林資源を持っている。森林は再生産が可能な資源であり、天然資源に乏しいわが国にとっては、貴重な財産。しかも水資源の確保、地球温暖化防止、洪水や山崩れの防止など、人類の生存環境を守る役割を果たしており、森林の整備と保全が、林業の重要な役割の一つとなっている。

森林科学科は、森林の経営計画、林業政策、森林生態、育林、集運材、砂防治山、林産物、樹木の組織培養などを教育・研究し、森林を造り、育み、守り、森林資源を有効に活用する専門家の養成をめざしている。

京都大は、幅広い19分野を開講している。それらは、森林生態系に関する自然科学的な基礎と応用を教授する分野、森林から生み出される生物資源の利用に関する分野、森林と人間共生に関わる分野に大別されるが、それぞれの分野で開講している多彩な専門科目の講義や実験に加えて、森林を実際に体験し、森林を理解するための野外実習を通じて、森林とその生産物について学んでいく。

そして、3年次になると、授業や実験・実習を通して、森林とその利用を総合的に理解するための基礎を教育。4年次では、19分野の研究室のいずれかに所属して課題研究を行う。

以上の教育によって、森林と、そこから生み出される生物資源の利用についての総合的な学問基盤と、専門研究に対する深い取り組み姿勢を獲得することができる。

こんな学科もある

森林資源科学科

日本大におかれており、1・2年次から森林生態学、木材物理学、森林動物学、森林土壌科学、樹木学など多様な選択科目を開講している。また、体験型学習も多彩で、演習林での実習のほか、世界の森林の実情を学ぶ森林海外実習などを行い、森林資源科学への理解を深めさせる。

森林総合科学科

東京農業大にあり、森林の保護や育成、森林の機能の理解やその利用のあり方、人と森林との関わり方などのテーマについて、実験やフィールドワークを交えて研究を行っている。

卒業後の進路

- 建設業
- 環境保全系企業
- 木材・製紙系企業
- 公務員

など

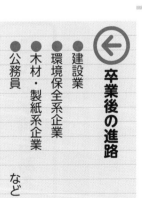

獣医学科

実験動物から家畜までさまざまな動物が対象

ペットを家族同様に扱い、癒しを求める家庭が増えている。高齢者医療や福祉の現場においても、ペットとの触れ合いを通じて心を癒すアニマルセラピーの取組みが盛んになってきた。

獣医学科の目的は、優秀な獣医師を養成することだが、対象とする動物はペットだけではない。家畜、家禽、養殖魚介類、蜜蜂などの産業動物、犬、猫、小鳥、鑑賞魚などのコンパニオンアニマル、動物園やサファリパークの馴化動物、マウスやモルモット、微生物などの実験動物と非常に幅広い。

獣医師は、さまざまな動物の疾病やケガの手当てなどを行うわけだが、微生物からヒトまでの生物全体を視野に入れなければならない。そのため、獣医学科で学ぶべきことは幅広く、修業年限は6年間となっている。

獣医学科では、さまざまな病気とその診断や治療、動物の健康保持増進、家畜、家禽、野生動物などの管理や保護、動物伝染病や人畜共通伝染病の検疫と防疫、動物性食品の公衆衛生、動物医薬品の開発、動物実験と生物倫理など、獣医師の職務に関わる知識と技術、倫理観を幅広く学ぶ。

教育課程は一般に、基礎獣医学、臨床獣医学、応用獣医学の3分野で構成。基礎獣医学は、動物の生態構造、生理構造、病気の原因、病原体の解明などについて教育する分野で、生命科学に通じる領域が対象。臨床獣医学と応用獣医学では、動物の病気の診断、治療、予防について教育・研究を行うが、加えて品種改良、増殖、安定供給、生産性の向上などの研究も行う。

こんな学科もある

獣医学類

獣医学科と大差はないが、学問領域の壁を取り除き、より幅広い学問分野が学べるようになっている。大阪府立大は、動物科学の基礎、応用、臨床分野において優れた学識、見識、技術を備え、国際的に活躍できる獣医師・技術者・研究者の養成をめざしている。

共同獣医学科

岩手大と東京農工大、岐阜大と鳥取大がそれぞれ連携して設置し、大学間共同教育システムの活用による国際基準の教育を行い、グローバルに活躍できる獣医師の養成をめざしている。

卒業後の進路

- 動物病院
- 公務員
- 食料品製造業
- 飲料・飼料製造業
- 専門サービス業
- 獣医師

など

動物科学科、畜産科学科

家畜に関する高度な知識や技術を修得

スーパーに行くと、さまざまな食肉や肉製品が売られている。日本人が毎日消費する量は実に膨大で、外国からの輸入量も増加している。また、鳥インフルエンザなどの伝染病が、わが国の畜産業界を揺るがしている。畜産学は、動物の生産という観点に立って生命現象のメカニズムから畜産物の流通までを対象とする学問だが、学問の進展に伴って動物生命科学的色彩が濃くなったことから、**畜産学科**を**動物科学科**などに改組する大学が増加した。

動物科学科は、家畜、実験動物、野生動物、展示動物など、人間とともに暮らす動物について、遺伝子から動物個体、さらには人間社会との関わりまでを科学的に理解させ、専門的知識と技術を教育・研究。岩手大では、人と動物が共生する地域社会の創造をめざして、動物の生理、形態、組織、遺伝育種、発生、生殖、栄養、生産生理、飼養、管理、行動、草地、動物資源の利用に関する講義と実験を行っている。

また、北海道大の**畜産科学科**では、入学すると、牛の出産に立ち会い、子豚を育て、豚肉からハムやソーセージを作り、牛から搾ったミルクでチーズやバターを作るといったユニークな実習が行われる。教育の第一歩は、まず家畜に触れること。これが学科の基本姿勢だ。2年次から3年次にかけては、遺伝繁殖学、畜牧体系学、動物機能栄養学、細胞組織生物学、応用食品科学の5分野で構成される畜産科学を総合科学として学び、3年次後期からは卒業論文実験に取り組む。4年次には卒業研究を行い、卒業論文にまとめる。

こんな学科もある

畜産学科

東京農業大にあり、動物の生産という観点に立って、飼育や生殖のメカニズムから食品の加工、流通までについて科学的な探求を行う。畜産業だけでなく、遺伝子機能を追究したバイオテクノロジーなど、動物生命科学全般まで幅広く動物について学ぶ。

動物資源科学科

北里大は、動物生命の誕生から人と動物の関係、食と健康の関係までを実践的に学ぶ。日本大は、講義のほか、学外実験、習やインターンシップを含めた実習、実演習などにより、動物の生命科学、生産科学、資源利用科学、環境科学、資源経済学の各分野をバランスよく学べる。

卒業後の進路

- 農業団体
- 公務員
- 農業・畜産業
- 動物病院
- 食品・飼料製造業　など

水産学科

海をフィールドに水産人を養成

私たちは、実にたくさんの魚介類を食べている。スーパーや魚屋に並ぶ魚は、世界中から集まり、聞きなれない魚も食卓にのぼるようになった。四方を海に囲まれたわが国では、漁業や水産加工業に携わる人が多く、水産業は農業と並ぶ基幹産業になっている。

この水産業界で指導的役割を果たす人材の養成をめざしているのが**水産学科**など水産系の学科で、動物性タンパク質としての水産物の捕獲、加工・製造、増殖について教育・研究を行っている。漁業、養殖、水産加工業、流通などの水域の食料生産に関わる学問分野から、水域生態系の評価、保護、改善、修復、共生といった環境保全分野まで、幅広い分野が研究対象だ。

カリキュラムには、実験・実習が多く組まれている。なかでも、この学科の大きな特徴は乗船実習で、長崎大では、2週間から1～2か月の航海を体験させている。団体行動力を養い、漁業や航海の基本的技術を身につけることが目的で、3年次の航海では、東シナ海でのトロール実習のほか、漁業調査、海洋観測実習を体験する。希望者は4年次の乗船実習で海外へ寄港することもできる。

学内で履修する科目でも、海洋生物科学、応用生物化学などの実験科目や、環東シナ海環境資源研究センターでの臨海実習、食品加工を学ぶ工場実習がある。4年次になると、それぞれの専門分野について、ゼミナール、ディスカッションなどを重ね、すべての知識と経験をふまえて、未知の課題に挑戦する卒業研究を行う。

こんな学科もある

海洋資源科学科

北海道大は、海洋生物資源の持続的利用をめざした総合的教育と研究を行う。高知大は海洋生物生産学、海底資源環境学、海洋生命科学の3コース編成。

海洋生物科学科

北海道大は、海洋生態系を構成する多種多様な生物の形態、分類、生態、行動、進化や、海洋環境に関する基礎的事項などを体系的に教育・研究する。

海洋生物資源学科

東京海洋大は、水生生物の基礎と応用について総合的に教育。三重大は海洋生物資源の保全ならびに海洋生物資源の持続的有効利用法について学ぶ。

卒業後の進路

- 漁業技術関連産業
- 養殖技術関連産業
- 食品製造・流通業
- 漁業・養殖業
- 水産関連団体

など

生物生産学科

環境と調和し持続可能な生物生産をめざす

　近い将来、地球規模での食糧不足が危惧され、持続的かつ安定的な食糧の供給が喫緊の重要課題になっている。また、二酸化炭素やメタンガスによる地球の温暖化、農薬による環境汚染、農産物のダイオキシン汚染など、地球環境は悪化の一途をたどっている。

　そのため、これからの農業は、農産物の増産だけでなく、地球環境との調和を保ちつつ、高い生産性の確立が求められるようになった。そうした期待に応えるために誕生したのが**生物生産学科**で、植物生産、動物生産、土木工学、機械工学、農業経営、生産管理、バイオテクノロジーなどの分野を含めた総合的、学際的な内容を扱っており、それぞれの分野で高度に解析された生命や環境に関する理論や技術を統合し、実地に生かすための教育が行われる。

　教育・研究分野は、第一次産業である作物生産、家畜家禽生産、水生動植物生産、木材生産はもちろん、生産物を食品にする食品科学、生産物を利用するための農業工学も含んでいる。また、生物生産における生命や環境との関わりも重要なテーマとなっており、地球環境や生物資源の保護に関する研究にも重点がおかれるようにもなった。

　広島大は、教養科目を中心に専門基礎科目などを学んだのち、2年次後期から水圏統合科学、応用動植物科学、食品科学、分子農学生命科学の4つのプログラムのひとつに分属され（ほかに国際生物生産学プログラムもある）、専門分野について深く学び始める。4年次には研究室での活動が本格化し、研究成果を卒業論文として完成させる。

こんな学科もある

生物生産科学科

秋田県立大は、バイオテクノロジーによって植物の優れた機能を引き出す教育・研究を行う。東北大は、植物生命科学、資源環境経済学、応用動物科学、海洋生物科学の4コース編成。

生物資源学科

名城大は、生物資源の生産、開発及び利用に関わる専門知識と技術を教育。福井県立大は、食糧や生物資源に関わる知識・技術を学ぶ。

資源生物科学科

名古屋大は食料生産と遺伝資源の開発・保存を可能とする最新のライフサイエンスを学び、京都大は新しい品種の創出も含めた研究も行われている。

卒業後の進路

- 食品関連産業
- 農業関連産業
- 農業関連団体
- 公務員

など

応用生命科学科

機能性食品や医薬品開発を担う人材を養成

健康ブームを背景に、コンビニやスーパーには機能性食品があふれ、ドラッグストアにはさまざまな医薬品が並んでいる。こうした、機能性食品や医薬品開発などの領域は、今後ますます発展することが期待されるが、この分野で活躍する創造性豊かな人材の養成をめざしているのが**応用生命科学科**だ。生命現象を化学と生物学の視点から科学し、生命科学や食品科学分野の基礎から応用に至る教育を行っている。

京都大では、農業生産、発酵・食品・化学工業、環境保全などの現場から生じるさまざまな問題を、生命現象の原理に基づいて解明し、その成果を新しいバイオテクノロジーとして展開できるよう、広範囲の学問領域について教育と研究を行っている。

また名古屋大は、入学すると、農学部の各学科に共通する生物系と化学系の基礎科目や、食、環境、健康に関わる課題認識の基礎科目、情報教育科目などを学んで基礎知識を修得。2年次は学科教育の導入として23科目からなる専門科目を設け、必修科目に加えて希望する科目を選択して履修することにより学科専門教育に向けて備える。

3年次は、遺伝子工学、生物反応工学、有機構造解析学、食品機能化学などの講義と実験実習を通じて、生物の持つ機能の多面的な利用と技術開発に関する方法論や専門的知識を学ぶ。特に実験実習は、設備の整った専用の実験室を使って教員と大学院生の熱心な指導のもとに行われる。4年次は、研究室に所属し、学生が主体となって卒業研究に取り組む。

こんな学科もある

農学生命科学科

幅広い分野をカバーする学科。信州大は、生命機能科学、動物資源生命科学、植物資源科学、森林・環境共生学の4コース編成。京都府立大は、植物生産科学、生物機能科学の2コース編成。

応用生命化学科

生命、食品、環境の分野で、問題解決に取り組むことのできる人材を養成する学科。近畿大は、生命、資源、食糧、環境の4領域で、機能性食品の開発、微生物代謝物や未利用植物資源の活用、生活を豊かにする研究に取り組んでいる。

卒業後の進路

- 食品製造系企業
- 農業・林業
- 医薬品系企業
- 化学系企業

など

生物環境科学科

環境と調和した生物資源の持続的利用を

「生物」と「環境」を軸に、生物圏における環境保全と生物生産活動との調和や、環境に負荷を与えない生物資源の多目的利用をめざす学科である。

名古屋大では、1年次に、生物系と化学系の基礎科目などを配置し、基礎知識を修得。2年次からは専門科目の履修が始まり、生態学、土壌学、分類・形態学など、生態系の構造と機能を理解するために必要な学問を体系的に身につける。また、森林科学、バイオマス科学、社会科学関連の学問を学び、森林をはじめとして、草地、農地、都市緑地などから生み出される生物資源の特性や機能を理解し、それらの持続的・循環的利用や、生物生産活動と環境保全の調和を考える。3年次は引き続き専門科目の講義と実習があり、4年次には研究室に所属し、卒業研究に取り組む。また、専門セミナーを通じて、最先端の研究を理解する能力を養う。

北里大は獣医学部に設置されていて、野生動物から土、水・植物の環境まで実践的なフィールド科学を総合的に学ぶ。人と自然の調和の視点から、野生動物の保護、生物共生空間の創出を探求。地域に固有な生物環境の機能を解明し、自然環境と調和した持続可能な生物環境を管理・保全し、生物多様性を維持する研究を行う。さらに生物の生存環境を豊かに創造し、環境を管理・保全・修復する方法を実践的、総合的に学ぶ。フィールドワークの成果の記録に欠かせない測量学や、環境問題解決の方向性を見極める環境分析学、野外調査実習なども行って野生動物の調査を行う野生動物学実験などの特徴的な科目もある。

こんな学科もある

共生環境学科

三重大は、地球環境学教育、環境情報システム学教育、農業土木学教育の3コースをおいている。

地域環境工学科

地域や環境と調和した効率的な食料生産、環境共生型農村社会の創造などをめざした学科で、弘前大は、農業土木、農山村環境の2コースをおいている。

国際地域開発学科

日本大におかれている。経済・開発、環境・資源、地域・文化の3部門を複合的に学び、開発途上国における諸問題の発見や具体的な解決手法を修得する。

卒業後の進路

- 公務員
- 農業団体
- 製造業
- 緑化・造園関連産業　など

医療・保健学系統の学科

医療・保健学

＊ここでは、医療・保健学系統に含まれる主要な学科と、それを設置しているおもな大学を紹介しています。

医学科

基礎医学・社会医学・臨床医学を履修

医学科、医学類の教育課程は教養教育、基礎医学、社会医学、臨床医学で編成されるが、医学の進展によって学ぶべき内容が膨大になったことから、卒業までに最低限履修すべき内容をまとめたモデル・コア・カリキュラムが設定された。各大学では、これをベースに、選択科目の導入、教育課程の見直しなど、さまざまな工夫を凝らしたカリキュラムを編成している。

教育改革の柱は、チュートリアル教育、統合カリキュラム、臨床実習におけるクリニカル・クラークシップ（診療参加型実習）の導入だ。チュートリアル教育は、小グループの学生にチューターが付き、提示された課題についてディスカッションしながら、問題点や解決法を抽出していく学生主体の授業。チューターは直接的な指導は行わず、学生たちが自発的に解決法を導き出すのをサポートする。

統合カリキュラムは、内科学、外科学という区分でなく、例えば循環系の統合コースでは、心臓や血管の構造、循環の力学、心臓の電気生理学や心電図といった循環系に関わる基礎的な諸問題を統合して学ぶ。また、臨床入門

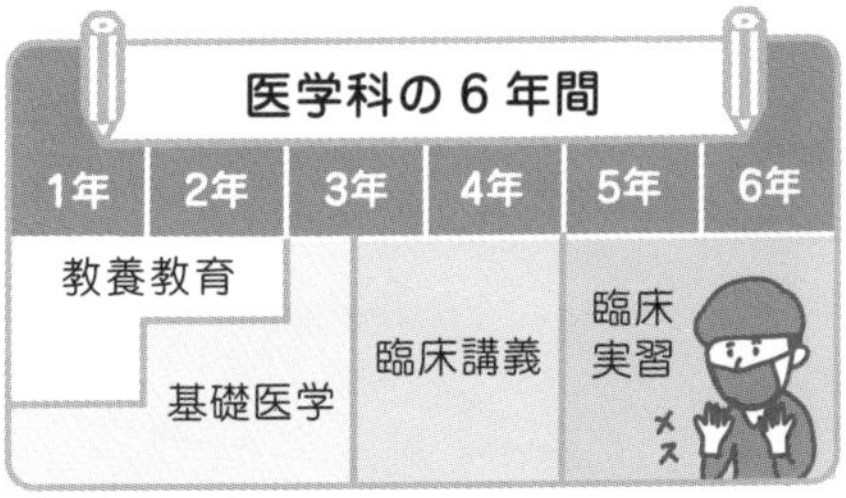

＊基礎医学では、解剖学、生理学、生化学、薬理学、病理学などで、人体の構造と機能に関する知識を修得する。

＊臨床医学では、臓器別に数多くの症例に取り組み、多種多様な病態への臨床力を修得する。５年次には附属病院で臨床実習がスタート。６年次は学外の関連病院などで選択臨床実習を行い、医師としての方向を見極める。

国家試験合格後の流れ

医学科に入学してから、臨床医や医学研究者になるまでには、相当の年数がかかる。医学科の修業年限は6年で、修了すれば、2月に行われる医師国家試験を受験できるが、合格してもすぐ一人前の医師になれるわけではない。多くの者は、臨床研修（卒後研修）を行うか、大学院に進学するかのいずれかを選択する。

臨床研修の道を選んだ場合は、2年間の初期臨床研修を大学附属病院や各地の研修病院で行う。これは、外科、小児科、産婦人科、精神科、内科、救急、地域医療の7科目を必修としている（ほかに選択研修あり）。修了後は臨床医として勤務することが可能だが、引き続いて専門医になるための専門医研修プログラムによる研修を3～5年程度、専攻医として受けるケースが多い。そこでは専攻する診療科について、より高度な医療専門職としての知識や技能を習得する。また、勤務医になっても一定期間勤務したのちに専門医研修プログラムを受けることも考えられる。

大学院に進学した場合は、4年間の博士課程を履修する。基礎医学の場合は、修了後に研究者としての道を歩むケースが多いが、臨床医学の

の統合コースには、痛み・発熱のコース、咳・痰・チアノーゼ（皮膚や粘膜が青紫色になった危険な状態）のコースなどが設けられ、具体的に病気の診断から治療までを学ぶ。

共用試験合格が臨床実習参加への条件

基礎医学は、人体の構造と機能、病理病態を中心にした講義と実習で、主として2年次、3年次で履修する。最近は、入学直後に人体解剖を行ったり、医学研究や臨床現場に配置して早期体験実習を行っている大学も多いが、これらは自ら医学とは何かを実感し、医学や医療の厳しさを体験し、6年間の学業のモチベーションを喚起することを狙いとしたものだ。社会医学に含まれる科目は、主として3年次で履修するが、一部は6年次で医の倫理まで含めて履修するケースも多い。

臨床医学は、3年次から始まり6年次まで続くが、臨床講義は3、4年次に、臨床実習は5年次から行う。4年次終了時には、知識の評価と、診療技能や態度を評価する共用試験が行われ、これに合格しないと臨床実習には進めない。臨床医学で学ぶ科目は、疾病の診断と予防に留まらず、医師としての態度や基本的な診療技術、検査手技を学べるよう工夫されており、課題探求能力、問題解決能力の養成を重視した教育を行うケースが増えている。

6年間の課程を修了し、医師国家試験に合格した者には医師免許が与えられるが、臨床医をめざす場合には、卒業後の2年間、臨床研修医として実地に医療を学ぶことが必要となる。

学べる専門科目

- 解剖学
- 生理学
- 薬理学
- 内科学
- 外科学
- 整形外科学
- 耳鼻咽喉科学
- 臨床実習　など

参考［日本医科大学医学科］

場合は、大学院修了後に2年間の初期臨床研修や、さらに専門医研修プログラムを受けることになる。

これらは標準的なコースだが、大学独自の臨床研修制度を設けていたり、海外の大学で研修を行うケースもある。

※〝臨床〟という言葉についてピンとこない人もいるだろうが、医学関連で〝臨床〟という言葉がでてきたときは、〝実際に患者に医療行為を行うこと〟ぐらいのイメージを持ってもらえばよい。臨床研修は「病院などで医療行為を行う研修」と考えよう。

卒業後の進路

- 医師
- 医学研究者
- 病院・診療所
- 研究所
- 医薬・医療機器関連産業
- 公務員

など

歯学科

最新の治療技術を身につけた歯科医師を養成

最近は、虫歯で歯医者にかかる子どもが減少傾向にあるという。要因はいろいろあるようだが、歯科医師の仕事は虫歯の治療だけではない。予防歯科、咬合不全矯正（歯の咬み合わせの矯正）などさまざまな治療を行っている。また、歯学の対象が顎顔面や口腔を含む口腔領域全体に及んで、それらの分野を担当する医学の一分野としての専門性が急速に進歩してきた。各大学とも、新しい技術や社会の変革に対応できる教育の実現に懸命だ。

歯学科には、基礎歯科学と臨床歯科学の2つの教育分野がある。基礎歯科学は、歯科医療の基礎となる医学領域を扱っており、人体の器官の形態や機能を学ぶほか、病気になった器官の形態や機能の変化、病気の原因となる感染症や免疫なども学ぶ。臨床歯科学は、直接患者の医療に適用できる学問で、ものを食べたり会話する機能を回復させる歯科補綴《ほてつ》学や、歯並びを矯正したり口の発育をうまく誘導する歯科矯正学、小児歯科学、口の周りの怪我や癌を治療する口腔外科学、口の病気を予防する予防歯科学などがある。さらに医学臨床科目も履修したのち、歯科医療従事者としての知識、技能、態度を評価する共用試験を受け、パスすると5年次から6年次にかけて附属病院で臨床実習を行う。講義や基礎実習、模型実習を通して修得した知識や実技をもとに、教員の指導のもと、患者を診断し、処置し、アフターケアについても実地に学ぶ。そして、すべての課程を修了すると歯科医師国家試験の受験資格が与えられる。

こんな学科もある

生命歯学科

日本歯科大では、歯科医学は生命体を学ぶ学問であり、歯科医療は生命体への医療行為であることから、生命科学のレベルに相応しいネーミングとして、「生命」を学部・学科名に冠している。

口腔歯学科

福岡歯科大では、歯科医療は、単に歯とその周囲組織に留まらず、口唇、口蓋、舌、唾液腺はもちろん、顎骨、顎関節など広く口腔領域の疾患を対象としていることから、学部・学科名に「口腔」を冠している。

卒業後の進路

- 歯科医師
- 歯学研究者
- 病院・診療所
- 歯科医療系企業
- 公務員

など

薬学科

医薬分業時代の質の高い薬剤師を養成

わが国では、医薬分業が定着した。これには、医師と薬剤師の役割を明確にすることで、過剰投薬を抑制したり、複数の病院から同じ成分の薬を二重に受け取ることを防いだりといったねらいがある。また、薬についての専門的な知識を持っている薬剤師が、薬の成分、投与量、薬の相互作用や副作用などを再チェックできるというメリットもある。**薬学科**では、そうした医薬分業を担う、高度なスキルを身につけた薬剤師の養成を目的としている。

学問としての薬学は、医薬品の創製、開発、生産から医療現場における薬剤管理、投薬、薬効評価など、薬の成り立ち、使い方、作り方に関する総合科学である。最近は、大気や水などに含まれる環境物質や、身近な食品に含まれる化学物質の生体への影響調査も対象とするなど、人間の健康と生活環境を守る生命科学の発展の一翼を担っており、各大学とも新しい分野への取り組みにはかなり意欲的である。食品衛生や環境衛生など、対象領域は大きな広がりをみせているが、教育の重点は、薬剤師の養成と、幅広い薬学と生命科

POINT 薬局勤務の薬剤師のほか、創薬研究や化粧品開発などの道もあるが、創薬研究はかなり狭き門になっている

こんな学科もある

医療薬学科

医療従事者としての高度な資質を持つ薬剤師を養成する学科。教育内容は、基本的には薬学科と変わらないが、薬学の広範な基礎知識とともに、医療現場で求められる知識と技能、患者や医療メンバーに対する適切な態度を身につけた薬剤師及び研究者の育成に重点をおいている。各大学とも、教養科目や基礎科目を学んだのち、3年次から医療薬学に重点をおいた専門教育を行う。学内での事前実習、病院や薬局での実務実習は薬学科と同様である。

臨床薬学科

教育内容は薬学科と大差ないが、医療薬学の将来を担う人材の育成をめざしている。九州大では、基礎薬学系科目を中心に履修したのち、医療薬学系の科目を中心とした薬剤師の職能教育に必要な実践薬学系科目群を履修する。

漢方薬学科

伝統医薬である漢方を主体にした学科。横浜薬科大は、疾病の予防と健康促進、痛み緩和などに対して高い治療効果をあげている漢方を、現代医学の中に組み込むための手法を分析、研究している。

学の基礎作りにおかれている。

医療薬学に重点をおいたカリキュラム

薬学科の修業年限は6年。医療に携わる者としての倫理、教養、知性はもとより、薬学の基礎と医療薬学に関わる幅広い知識を修得する。さらに研究室、病院、調剤薬局などでの実習を通じて薬剤師実務に関する技術や知識を身につける。薬学実務実習は22週にわたって行われ、病院実習では、病院薬局業務のほか、患者への服薬指導など、医療チームの一員として薬剤師の役割を体験。薬局実習では、薬局管理業務や調剤業務、医薬品情報の提供の仕方など、薬局薬剤師に必要な業務を経験する。そして、すべての課程を修了すると、国家試験に臨んで薬剤師の国家資格を取得する。

東京理科大の教育課程をみると、1年次では、専門基礎の科目として有機化学、薬用植物学、生化学などを履修。2年次になると専門性を強め、微生物学、薬理学などを学ぶほか、生命科学系、創薬科学系など幅広く薬学を捉えることになる。3年次では、医薬品情報学や薬物治療学など、さらに専門領域を深めるほか、薬理学実習や薬剤学実習も必修科目となっている。4年次では、薬学実務実習に向けて、調剤学や医療薬学実習を通じて専門技術を学ぶ。5年次は、薬局や病院での実務実習を通じて薬剤師の仕事の実際を学ぶほか、提携医療機関などで実践職能教育を行う。6年次には、集大成ともいうべき卒業研究があり、薬剤師国家試験に向けた特別講義を履修する。

学べる専門科目

- 医薬品情報学
- 医薬品化学
- 免疫学
- 化学療法学
- 薬事関係法規
- 香粧品学
- 薬学英語
- 薬用植物学　など

参考［北里大学薬学科］

卒業後の進路

- 薬剤師
- 調剤薬局
- 病院・医院
- ドラッグストア
- 製薬系企業
- 医薬品卸業
- 公務員

など

薬科学科

医薬品開発の研究者や技術者を養成

生命の仕組みと病気の原因を解明して、新薬研究や医薬品開発などに携わる創薬科学研究者や技術者を養成する4年制の学科。卒業後、大学院に進学して研究力をつけたのち、生命科学の進歩に即応した創薬研究者、医薬品や医療技術の開発に関わる薬学研究者や技術者、あるいは医薬品の供給、医療現場への医薬品情報の伝達、保健衛生の分野で活躍する。大学院に進学しないで学部卒業時に就職することも可能だが、学科を卒業しただけでは薬剤師国家試験の受験資格は得られない。

薬科学科では、いずれの大学も基礎薬学、創薬科学、生命科学などの分野で活躍する研究者の養成に向けて、各分野の基礎的な知識や技術を修得し、課題探求・問題解決能力、考察力、英語論文読解力など研究に必要なスキルの基礎を4年間で身につけさせる。

京都大は、入学すると、基礎専門教育科目として薬学生物学、薬学物理化学、基礎有機化学などを履修。2年次では、専門基礎教育科目として科学英語を履修するほか、専門教育の科目も履修を始める。3年次は、専門知識や実験技術を学ぶための専門教育科目を中心とした科目を履修。大学院教育に結びつく高度な専門知識を学ぶ研究基盤教育科目も一部履修し、主として午前中は講義、午後は専門実習を行う。実習はすべて必修科目で、薬学のすべての専門分野に関する実験技術を修得することになる。4年次は、希望する研究室に配属され、教員の指導・助言を受けながら、特定の専門領域の新しいテーマの研究に取り組む。

こんな学科もある

創薬科学科

薬科学科と内容は同じ。医薬品の創製、開発、生産、さらには食品・化粧品、衛生分野など薬学関連領域での研究に従事する人材の養成をめざしている。

生命薬科学科

創薬に必要な物質と生命についての幅広い知識と技術を修得し、創薬研究者や技術者をはじめとする生命科学と医療に貢献する人材育成をめざしている。

生命創薬科学科

医薬品創製に関わる専門教育を行い、創薬科学と生命科学分野の専門知識を併せ持つ研究者や高度技術者の育成をめざしている。

卒業後の進路

- 製薬系企業
- 化学工業
- 研究機関
- 製薬技術者
- 薬学研究者

など

看護学科

数多くの大学にあり 看護師と保健師を養成

看護師は、かつては女性の職業というイメージ一色だったが、最近は男性看護師も増えてきた。また、活躍の場は病院・医院や診療所だけでなく、介護老人福祉施設、保健所など実に幅広く、重要性が増している。

看護の仕事は、人が心身ともに健やかに成長し、「生・老・病・死」のような人生のさまざまなことに際しても、その人らしい生き方ができるように援助することである。看護師は、病人やケガ人などに対して看護学的な判断を行い、医療に携わる多くの人々と協調して適切なケアを提供する。近年は、看護師の仕事も高度な専門性が要求され、多様化、高度化する医療の専門知識・技術の修得と合わせて、看護を受ける人のニーズの本質を洞察する能力も求められている。

大学の**看護学科**は、看護師養成と保健師養成の教育内容を統合した独自の教育課程を持ち、卒業時に看護師と保健師の国家試験受験資格が得られる。また一部の大学では、選択制で助産師課程を併修できるが、学部卒業後に大学院や専攻科に進学して助産師国家試験受験資格を取得させるケースが主流になった。

保健師と助産師

保健師

保健所や市区町村の保健センターなどに勤務して、地域住民の健康指導にあたる仕事をする行政保健師が多い。企業や学校などに勤務する人も。

助産師

出産する女性を支援する。女性しかなれない。新生児を取り上げる助けだけでなく、妊婦の健康指導や母乳指導なども行う。

こんな学科もある

人間看護学科

基本的には看護学科と同じ内容の学科といっていい。滋賀県立大は、「人が人として生きていくための生き方を支える看護のあり方」を追求し、多面的な視野に立って人間と健康に関わる問題を解決し、地域に貢献できる看護の専門家の養成をめざしている。そのため、看護学や医学の専門科目まで、学術的・実践科学的な教育・研究を行っている。

保健看護学科

教育内容は看護学科とほとんど変わらない。和歌山県立医科大は、患者のケアという視点だけでなく、栄養、運動、休養など生活全般の改善や環境といった保健の視点と、介護を含めた福祉の視点から、保健、医療、福祉が包括的に学習できるように配慮している。

基礎看護学、臨床看護学、地域看護学が三本柱

看護学科の教育課程は、看護師と保健師の資格取得に必要な基礎科目と専門科目を中心に構成されている。具体的に見てみよう。

神戸市看護大を例に取ると、1年次は人間の存在についてさまざまな角度から学ぶ。看護学の基盤となる科目では、人間を文化、社会、自然、言語との関わりなど多様な面から学び、語学や幅広い教養を身につけるが、並行して人体構造論や微生物学、薬理学なども始まる。また、看護とは何かを学ぶ看護学原論や基礎看護学実習も始まり、早期体験演習では、病院や施設を訪問し、ケアを受けている人々の話を聞かせてもらう。

2年次は、看護に密接した看護病態学など患者の健康の変調に関する科目や、保健統計学など健康と生活を支えるシステムに関する授業が始まる。実習は、基礎看護技術演習、健康生活支援学実習が始まり、病気の人への関わりと、地域での健康な生活の支援のあり方を学習する。

3年次では、引き続いてさまざまな角度から看護を考える授業が行われる。看護教育の授業など、看護や看護職をより客観的に捉える科目も始まり、看護学の広がりを実感する。そして、3年次後期から4年次前期にかけて、患者の健康段階に応じた支援学実習が展開される。4年次の総合実習では、医療現場の実際の仕事の現場に触れてより実践的に学び、実習の総仕上げとする。

学べる専門科目

- 看護学概論
- 看護援助論
- 成人看護学概論
- 高齢者看護学概論
- 小児看護学概論
- 母性看護学概論
- 精神看護学概論
- 在宅看護学 など

参考［杏林大学看護学科］

卒業後の進路

- 看護師
- 保健師
- 助産師
- 看護学研究者
- 病院・診療所
- 保健所

など

保健学科

チーム医療の専門スタッフを養成

疾病の治療や予防には、医師、歯科医師、薬剤師、看護師のほかに、実にたくさんの医療専門家が関わっている。いわゆるコ・メディカルスタッフと呼ばれる臨床検査技師、診療放射線技師、理学療法士、作業療法士といった人々だ。

最近は、保健、医療、福祉を統合した、新しい医療システムが構築され、専門スタッフの連携で治療を行うチーム医療が主流になっている。そうした背景から、各専門領域の知識や技術を持ち、チーム医療を効率よく推進する人材を育成するために**保健学科**が設置されている。

保健学科には、看護学、放射線技術科学、検査技術科学、理学療法学、作業療法学などの専攻がおかれ、それぞれが看護学科、診療放射線学科、臨床検査学科、理学療法学科、作業療法学科と同様の教育を行っている。しかし、単なる専門職ではなく、チーム医療、地域保健医療活動のリーダーとなれる人材、医療の実践と研究を通して、医療技術科学を確立できる人材の育成をめざしている点が大きな特色だ。

岡山大では、全専攻共通の科目として、教養教育科目ではチーム医療演習を開講。専門基礎科目では生命科学（栄養・代謝学や感染免疫学など）、人間科学（保健科学入門やヘルスプロモーション入門など）、情報科学（保健統計学など）、保健福祉科学（国際保健システム論や地域保健環境論など）を開講。さらに医療系学部共通のチーム医療論、救命救急医療、カウンセリング、災害危機管理理論なども履修する。

こんな学科もある

保健衛生学科

東京医科歯科大におかれ、看護学専攻と検査技術学専攻を設けている。学際的視点に立って、看護学、検査学それぞれの領域への専門的な教育を行っている。

人間健康科学科

京都大におかれ、先端看護科学、総合医療科学、先端リハビリテーション科学の3コースをおいている。医療の基礎的知識を深めるため、各コースに共通する教育を行ったのち、2年次後期からコースに分かれて専門性を高める、学部から大学院まで一貫した教育システムを構築しているのが特色である。

卒業後の進路

- 看護師
- 保健師
- 診療放射線技師
- 臨床検査技師
- 理学療法士
- 作業療法士

など

臨床検査学科

高度な知識を持つ臨床検査技師を養成

血液検査、一般検査、病理検査、微生物検査、遺伝子検査といった検体検査や、脳波、呼吸機能、心電図、超音波検査といった生理機能検査を行い、病気の診断や治療、予防に役立てるためのデータを提供するのが臨床検査技師である。病院などの医療機関で重要な役割を担う医療スタッフだが、この臨床検査技師の養成をめざしているのが**臨床検査学科**だ。ほかに、**臨床検査技術学科**、**医療検査学科**、**医学検査学科**などもあるが、いずれも卒業すると国家試験の受験資格が得られる。

香川県立保健医療大を例に取ると、教育課程は教養教育科目、専門基礎科目、専門科目で構成されている。教養教育科目では、幅広い教養と豊かな人間性、科学的思考や、国際化に的確に対応できる能力を養い、問題解決能力を高めるため総合科目として教養ゼミナールを履修する。

専門基礎科目では、健康、疾病、病態を広く理解するため、人体の構造と機能を系統的に理解し、臨床検査についての専門知識、技術、医療チームの一員としての役割、ほかの医療スタッフとの連携を学習する。解剖学などの基礎的実習も行う。

専門科目は、臨床検査学主要科目の講義、学内実習を中心に、検査結果を総合的・多角的に判断分析、管理運営する基礎能力及び検査技術の修得をめざす。医療現場の施設で行う臨地実習や、そのための準備なども行う。また、医療の高度化や社会環境の変化に対応すべく、生殖補助医療技術論、医療経済学、リスクマネジメントなどの科目も履修できる。

こんな学科もある

医療検査学科

臨床検査学科と同内容の学科。北里大は、高度化する医療現場のニーズに応え、医療の基礎知識はもとより、臨床検査のベースとなるバイオサイエンスなどの専門知識を身につけた臨床検査技師の養成をめざしている。

医学検査学科

臨床検査学科と同内容の学科。国際医療福祉大は、最先端の臨床検査技術の習得と、国際的にも貢献するためのカリキュラムを整え、グローバルに活躍できる臨床検査技師の養成をめざす。

卒業後の進路

- 臨床検査技師
- 細胞検査士
- 病院・診療所
- 医療検査受託機関
- 製薬・医療機器メーカー

など

診療放射線学科

診療と治療をサポートする診療放射線技師を養成

診療放射線技師の仕事は、エックス線撮影装置を使ったレントゲン検査が主体となるが、最近は、機器も医療技術もめざましく進歩している。体内を輪切りに画像化するエックス線CTやMRI（磁気共鳴画像）、超音波診断などの最新医療機器も取り扱い、得られたデータを画像処理によって3次元像を構成し、医師に診断しやすい情報を伝える重要な役目を担っている。

診療放射線学科、**診療放射線技術学科**、**診療放射線技術科学科**などでは、高度化、専門化し、急速に進歩する放射線診療に対応できる診療放射線技師を養成するとともに、新しい医用画像機器の開発に携わる技術者の養成をめざしている。

教育課程は、順序立てて体系的に学べるようになっている。帝京大では、1年次に専門科目の基礎となる物理や化学実験を履修するとともに、医療人としてのコミュニケーション能力を養う。そのうえで専門科目への導入教育を行い、2年次へと備える。2年次では、講義や実験・実習を通して医療と放射線の基礎知識を修得し、最新の医療機器の操作や撮影技術を身につける。3年次からは医学部附属病院などで行われる臨床実習によって、実際の現場を経験。専門性の高い講義と実習によって、診療放射線技師として必要な高度な専門知識や技術を身につける。4年次は、集大成としてさらなる臨床実習に取り組み、これまでの学びを集約。医療人としての自覚を高め、総合的な演習と実習で実力を養成し、国家試験対策に取り組む。

こんな学科もある

放射線学科

臨床検査学科と同内容の学科。東京都立大は、放射線技術学の分野において確立された医療技術を理解し、それを安全かつ正確に遂行できる能力を持った診療放射線技師の育成をめざしている。

放射線技術科学科

放射線技術科学科と称する大学もあるが、内容は同じ。各大学とも、最先端放射線医療機器を駆使できる専門知識と放射線診療技術を修得した診療放射線技師の養成をめざしている。

卒業後の進路

- 診療放射線技師
- 病院・診療所
- 健診センター
- 医療機器関連メーカー
- 行政機関

など

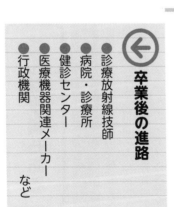

理学療法学科

運動能力の回復を図る理学療法士を養成

病気やケガ、高齢や障害などによって運動機能が低下し、日々の暮らしにおいて身体の不自由を感じている人が少なくない。こうした人々に対し、物理的エネルギーや補助器具の利用、日常動作の練習などで、関節の動き、筋力、身体機能の協調性などの回復に努め、運動の指導で座る、立つ、歩くといった、人の最も基本的な運動能力の回復をはかるのが理学療法士だ。

理学療法学科では、運動療法や物理療法を駆使することによって、身体機能の維持や改善、障害予防を目的とした健康教育を行う専門職を養成しており、生活習慣病に起因する脳や心臓の障害とその後遺症、低体重新生児の運動能力の発達の遅れ、高齢化に伴う骨や関節系の運動器障害など、需要がますます高まるわが国の現状を反映して、数多くの大学に設置されている。

教育内容は大学によって多少異なるが、国際医療福祉大（成田キャンパス）では、1年次でアドバイザー制度などきめ細かい学修支援のもと、充実した教養科目と理学療法に関連する基礎科目を学ぶ。2年次は、理学療法の基盤となる病態や障がい像を把握する専門基礎科目や理学療法の基本となる専門科目が始まり、ひとりの教員が10名程度の学生を指導する少人数ゼミもスタート。3年次になると、理学療法の専門科目を中心に学び、疾病・病態に適した理学療法的評価と治療について理解を深める。4年次は、理学療法の学びの集大成として「臨床を豊かにできる」理学療法士になるために、総合臨床実習などで理学療法の実践を学び、国家試験に向けて備える。

卒業後の進路

- 理学療法士
- 病院・診療所
- リハビリテーション施設
- 保健福祉施設

など

こんな学科もある

リハビリテーション学科

各大学とも専攻別の教育・研究を行っている。なかでも理学療法学専攻では、病気やケガによって身体に障害のある人たちを対象に、積極的に運動療法や、温熱及び寒冷療法、マッサージ、光線療法、電気刺激療法など物理的エネルギーを活用して身体機能の改善、日常生活動作の維持・回復などを図り、健康や生活の質の維持・増進や、生活習慣病予防などの社会要請にも呼応できる理学療法士の育成をめざす。

作業療法学科

自立した生活支援ができる作業療法士を養成

手工芸、絵画、生け花、パソコン、お菓子作り、園芸などの作業活動には、人の心身の諸機能を維持・回復させ、発達を促す効果がある。このような作業活動の持つ治療効果を体系化した医療技術が作業療法であり、リハビリテーションの一分野として位置づけられている。作業療法の対象は、病気や事故などによる身体や精神に障害のある人、心臓病や腎臓病などによる障害のある人、末期がん患者にまで及んでいる。こうした、心や体に病気や障害のある人が、病気や障害を抱えながらも少しでも自立した生活ができるように支援するのが作業療法士で、**作業療法学科**などを卒業すると作業療法士国家試験の受験資格が得られる。

札幌医科大では、対象者の疾患・生活・環境などに応じて適切な支援を行う作業療法士の特性に応じ、一般教養科目で人間・自然・社会に関する知見やコミュニケーション能力を高めるための科目を学ぶ。専門基礎科目では、基礎医学と臨床医学の基本的知識や人の成長発達や社会福祉システムといった専門科目の基盤となる知識を修める。

臨床実習では、医療の現場に出て人々との直接な関わりを通じて、作業療法に欠かせない知識・技術・態度を身につける。1年次から施設の見学実習があり、3・4年次には発達障害、身体障害、精神障害、高齢者のそれぞれの領域について実習体験を通じ実践力を強化する。

ほかに統合学習として、保健医療学部3学科と医学部の合同科目を設け、専門職としての基本的態度やチーム連携能力を身につける。

こんな学科もある

リハビリテーション学科

各大学とも専攻別の教育・研究を行っている。なかでも作業療法学専攻では、豊かな人間性や高い倫理観、鋭敏な感受性と多彩な表現力を基に、対象者の立場になって作業療法を提供できる態度や能力を身につけ、さらに人々の健康づくりを支援し、作業療法の臨床、教育、研究の発展に貢献できる作業療法士の育成をめざしている。

卒業後の進路

- 作業療法士
- 病院・診療所
- リハビリテーション施設
- 保健福祉施設　など

言語聴覚学科

言語聴覚士としての訓練や指導法を学ぶ

脳梗塞や脳腫瘍の後遺症で言葉が出てこない失語症や、喉頭がんで声帯を切除して発声訓練が必要な人、発音に障害があったり、難聴がある人……。言語聴覚士は、言葉によるコミュニケーションに問題を持つ人々に対し、機能の最大限の獲得や回復をはかり、生活におけるコミュニケーションの向上と、一人ひとりの状態に応じた社会参加を支援する医療職である。障害のある人に対して、検査と評価を実施し、その結果に基づいて、訓練や指導、各種の援助を行って自立を支えるほか、摂食や嚥下の問題にも専門的に対応している。そうした言語聴覚士の養成を担っているのが、**言語聴覚学科**や**言語聴覚療法学科**だ。

国際医療福祉大では、1年次で言語聴覚療法の基礎を学ぶとともに、総合教育科目で幅広い教養を得る。幅広い世代とコミュニケーションをとるための会話演習などもある。2年次では、言語聴覚障害の原因となる疾病や、言語・コミュニケーションの科学的基礎について学ぶ専門基礎科目を多く配置。また、専門科目で多種多様な言語聴覚障害の特徴や症状についても学習する。

3年次は、言語・コミュニケーション障害の診断・評価法を講義で学び、演習と実習で実践的な言語聴覚士としての技能を体得する。研究科目も開始され科学的視点も養う。4年次には、障害の診断・評価から訓練・指導・援助など一連の言語聴覚療法について長期間にわたる総合的な演習・実習を行い、さらに臨床実践力を高める。卒業研究と並行して国家試験への準備を行う。

こんな学科もある

言語聴覚療法学科

言語聴覚学科と同内容の学科。北海道医療大は、医療系総合大学である強みを生かし、全身医学の視点から言語聴覚士の専門分野を学べるよう、医科・歯科関連科目を多く開講している。

視機能療法学科

眼科医療従事者として、おもに視力や視野などの視機能検査、弱視や斜視の検査と訓練・治療に携わる視能訓練士の養成をめざした学科。検査手技の技量を磨くだけではなく、基礎的な波動光学や生理光学、光学理論について体系的に学ぶことのできるカリキュラムを編成している。

卒業後の進路

- 言語聴覚士
- 視能訓練士
- 病院・診療所
- リハビリテーション施設
- 保健福祉施設　など

柔道整復学科

柔道整復師やトレーナーを養成

柔道整復学科は、骨折、脱臼、打撲、捻挫などといった外傷に対して、投薬や外科手術によらずに回復させるための施術を行う柔道整復師の養成をめざしている。また、スポーツによるケガや障害の治療には柔道整復の知識や技術も必要となるため、アスレティックトレーナーの養成を併せて行っている大学が多い。各大学とも、施術を行うための知識や技術を教授するほか、現代の柔道整復師に求められるさまざまな社会的ニーズに応えるため、伝統的な柔道整復術を忠実に伝承しつつ、西洋医学を基礎分野や応用分野に生かした教育を行っている。

明治国際医療大では、1年次は人体の仕組みを知るための基礎医学や、大学生として必要な一般教養を学ぶ。現場で活躍するための基本技術である包帯や触診法なども体得する。

2年次は病気に関する知識を多く取り入れる。また骨折や脱臼、捻挫などの知識やケガに対する応急処置、患部の固定法などを学ぶ。多くの実習は小グループで行い複数の教員が指導に当たる。

3年次から病院やスポーツの現場での実習がスタート。スポーツ実習ではサッカーのリーグ戦やマラソン大会、スキー場などさまざまな場で応急処置やケア活動に取りかかる。3年次後期からは、自分の興味を追究する卒業研究も始まる。

4年次には自分の将来の道を想定して科目や分野を選択し、実技、講義、卒業研究などを通して柔道整復師にプラスαした「なりたい自分」を見極める。小グループによる国家試験へ向けてのサポートなどが充実している。

こんな学科もある

整復医療学科

日本体育大におかれている。現代医療に基づいて疾病や外傷を理解し、臨床現場で活躍できる知識、論理的思考、技術を身につけるとともに、柔道整復術を用いて幅広く国民の健康の維持増進、疾病からの回復に貢献するための正しい医療知識と技術を養う。

整復医療・トレーナー学科

了德寺大にあり、日本古来の伝承医療技術として多くの国民の健康に寄与してきた柔道整復師と、その資格をベースに、ボディケアのできる体育教諭やアスレティックトレーナーの養成をめざしている。

卒業後の進路

- 柔道整復師
- トレーナー
- 柔道整復施術所
- 整体治療院
- 病院・医院
- スポーツ関連施設　など

鍼灸学科

確かな技術を持つ はり師やきゅう師を養成

鍼灸学科は、古代中国から伝わる日本の伝統医療で、鍼と灸を使って身体に刺激を与え、人が持つ自然治癒力を高めるはり師・きゅう師の養成をめざしている。西洋医学が「病気を診る」のに対し、東洋医学は「病人を診る」といわれ、身体の変調を全体的に捉え、崩れたバランスを回復させることで、人間が本来持っている自然治癒力を高め、苦痛を軽減する。そして東洋医学的に病気の原因を取り除くことによって、病気になる前の段階で体調を回復させることにも力点をおいている。また、アスレティックトレーナーの養成を併せて行っている大学も多い。

鈴鹿医療科学大（**鍼灸サイエンス学科**）の教育課程は、基礎分野、専門基礎分野、専門分野の3分野に分かれ、幅広い東洋医学的知識の修得をめざすだけでなく、長い歴史を持つ中国や日本の伝統医学と現代医学とを有機的に関連づけて学べるように構成されている。専門基礎分野として、基礎鍼灸学で人体の構造や機能、疾病の成り立ち、医療の本質について学び、理論鍼灸学で東洋医学的な生理観、病理観、治療論について、その理論体系だけではなく、その歴史的な成り立ち、古典文献の読解をも含めて総合的に学んでいく。実習では、講義での内容を基礎にして実際の診断方法、治療方針の立て方、臨床を念頭においた基礎実技などを学ぶ。また、専門分野では、現代医学的な病態把握の理解を深めつつ、鍼灸医学の臨床実践面について徹底的にトレーニング。独立開業の方法についても総合的に指導している。

こんな学科もある

鍼灸スポーツ学科

鍼灸伝統医学とスポーツ医学を主体として、専門的で高度な知識や技術を身につける学科で、九州看護福祉大におかれている。2年次から、スポーツ教育、コミュニティスポーツ、トレーニング科学の3コースに沿った科目を履修できる。

はり灸・スポーツトレーナー学科

関西医療大にあり、東西両医療をバランスよく修得するとともに、鍼灸学の基礎から臨床技術までを網羅的に学び、さらにアスレティックトレーナー取得に向けた教育も行う。

卒業後の進路

- はり師・きゅう師
- トレーナー
- 施術施設
- 病院・医院
- スポーツ関連施設　など

臨床工学科

先進医療機器を扱う臨床工学技士を養成

医学や医療の進歩はめざましく、現代の医療には、呼吸機能を代行する人工呼吸器、心臓手術の際に停止させた心臓と肺の機能を代行する人工心肺装置、低下した腎臓の機能を支える人工透析装置など、高度な医療機器が必要不可欠である。人間の臓器の機能を代行し、生命を維持する装置を的確かつ安全に操作するためには、高度の医療と工学の知識と経験が要求され、生命維持管理装置の操作には、臨床工学技士の国家資格が必要とされている。そうした臨床工学技士の養成をめざしているのが**臨床工学科**で、**医療工学科**の中に臨床工学専攻をおく大学もある。

北海道科学大の教育課程をみると、1年次は、基本教育科目に加えて、医学概論、解剖生理学、医療工学概論といった臨床工学の専門基礎教育科目を履修する。2年次は、臨床工学の専門科目が開講され、臨床生理学、臨床薬理学、生体機能代行装置学、医用治療機器学などを学ぶ。生体機能代行装置学実習は、血液透析装置や人工呼吸装置、人工心肺装置、補助循環装置に関する実技実習で、各装置の意義や重要性について、関連する基礎知識の復習と合わせながら、保守管理技術を完全理解させ、習熟させる。

3年次は、臨床実習に備えた実践的な技術の修得、知識の整理、専門科目の蓄積などを経て、後期には指定病院で臨床実習が行われる。4年次には、臨床工学に関する実践技術の総仕上げと知識の整理を行い、卒業研究に取り組む。そして、国家試験受験に向けた知識と技能の整理・統合を行う。

こんな学科もある

医療工学科

臨床工学技士の養成に的を絞っている大学もあるが、北里大は臨床工学、診療放射線技術科学の2専攻をおいている。

救急救命学科

高度な専門知識と技術、優れた判断力を持った即戦力となる救急救命士の養成をめざしている。救急医療学科も同様。

口腔保健学科

歯科衛生士や歯科技工士などの養成をめざしている。ほかに口腔健康科学科、口腔生命福祉学科、口腔工学科などもある。

卒業後の進路

- 臨床工学技士
- 病院・医院
- 透析クリニック
- 医療機器メーカー
- 医薬品メーカー

など

栄養学科

医学に立脚した栄養学を教育・研究

人が健康を維持するうえで大切な食生活の科学を対象に、生命科学としての栄養学の研究に主眼をおいているのが**栄養学科**だ。管理栄養士の養成とともに、栄養学の基礎的研究や教育を担うための栄養学の研究者や技術者の養成をめざしている。

栄養学は、食物の摂取と健康との関係を、栄養素の体内における代謝を通して明らかにしていく学問。栄養の最も基礎となる細胞レベルの生命維持機構から個体レベルの健康維持、さらには国民や民族レベルの栄養の問題について幅広く学習できるようにカリキュラムが編成されている。

栄養学科は、家政・生活科学系統の学部におかれることが多いが、医学部や健康科学部、栄養学部、看護栄養学部などにもおかれている。

医学部に**医科栄養学科**をおく徳島大では、人体の仕組みについて人体構造機能学を学び、次いで生化学、微生物学や、臨床医学に関連したさまざまな応用科目などを学ぶ。栄養学は個々の人間だけでなく集団も対象としているので、栄養の社会的側面を理解するために食品衛生学、公衆栄養学、公衆衛生学なども履修する。また、栄養学のもう一つの重要な側面は、文化としての食の理解ということから、食生活を支える食品素材の化学、調理学、加工学、経済学などを学び、実習を通して、献立作成から給食管理に至る理論と実践を修得する。４年次には、保健所、学校、給食施設などの施設で実地研修を行うとともに、講座に配属されて卒業研究を行う。

こんな学科もある

医療栄養学科

医療や薬学の知識・技能を持った管理栄養士の養成をめざしている。城西大では、基本的な医療栄養学の知識に加え、医療人として専門知識と実践力、さらには倫理性を兼ね備えて社会に貢献できる人材の育成を目的としている。

保健栄養学科

女子栄養大は、栄養士、フードスペシャリスト、臨床検査技師などの養成をめざす栄養科学専攻と、養護教諭を養成する保健養護専攻をおいている。

卒業後の進路

- 管理栄養士
- 栄養教諭
- 病院・医院
- 社会福祉施設
- 食品メーカー

など

生命医科学科

医学に大きく踏み込んだ生命科学教育に特色

生命の時代といわれる現在、生命科学は最先端の学問であるとともに、ますます重要なものとなっている。

こうした生命科学の担い手を育成するには、理工系の知識と、実験技術を基盤とした明確な知識体系が必要である。そこで、早稲田大の**生命医科学科**では、生命医科学の基礎となる物理学、化学、生物学、工学と、基礎医学を系統立って学ぶことで、生命の成り立ちを科学的に理解できる確固たる知識基盤を習得させている。また、複雑な生命現象を、分子から個体レベルに至るまで、多面的にかつ正確に捉えることができる基礎的な実験手技を身につけるために、少人数制のきめ細かな指導を行っている。

立命館大では、「健康とはどのような状態か」、「病気の原因とメカニズムは？」など、生命と医療の根源的な問いにアプローチしている。基礎生物学や生物工学、基礎医学を重点的に学ぶことで、複雑精緻な生命現象を解明し、早期発見や疾病予防などの予防医学を中心に、生命システムの探求と医科学研究を展開している。

以上のように、生理学や薬理学、さらには解剖・組織学や臨床医学など、理工学系学部としては医学に大きく踏み込んだ教育を行っている点が大きな特色である。また、教育効果を高めるために、実験を中心においたカリキュラム構成となっていることも特色で、さらに、実学的な研究を通して、生命科学や生命工学、医科学、医工学などの領域で活躍できる人材の養成をめざしている。

こんな学科もある

生命医化学科

生命科学をベースに、分子レベルでの基礎医学教育・研究を推進し、ヒトの健康を支える革新技術の創出を目的とした学科で、関西学院大におかれている。研究対象をヒト、マウスなど哺乳動物に特化し、遺伝子やタンパク質の機能解析をはじめとする各種の研究に加え、実践と理論の両面から生命現象の原理の解明に取り組んでいる。次世代の医療・環境問題に向き合い、先端医療や製薬はもちろんのこと、化粧品、環境、食糧などヒトの健康に貢献する幅広い分野にも対応している。

卒業後の進路

- 化学メーカー
- 製薬メーカー
- バイオ・食品メーカー
- 医療機器メーカー
- IT・機械メーカー　など

教養・総合科学系統の学科

教養・総合科学

＊ここでは、教養・総合科学系統に含まれる主要な学科と、それを設置しているおもな大学を紹介しています。

教養学科

リベラルアーツを深く、広く学ぶ

教養学科は、主にリベラルアーツ教育を行う。リベラルアーツとは、理系文系問わずあらゆる分野について教養を身につけ、世の中のさまざまな問題に対し、しっかりと自分の意見を持つことのできる人材を育成する教育のこと。欧米由来の学問で、民主主義を健全に実行していく市民を育てるために成立した。

埼玉大は、専門性と幅広い知識を兼ね備えた人材の養成をめざしており、グローバル・ガバナンス、現代社会、哲学歴史、ヨーロッパ・アメリカ文化、日本・アジア文化の5専修課程に11の専攻がある。さまざまな基礎科目や外国語を履修した後、2年次から各自の関心や適性に沿って専修課程と専攻を選択。学生の専門性を深めるとともに、副専攻制度で幅広い分野を学べる。

グローバル・ガバナンス専修課程を例にとると、戦争と平和など地球規模での統治全般に関わる理論的・実証的理解に重点をおく国際関係論専攻と、途上国の貧困問題など地球規模での開発協力に関わる理論的・実証的理解に重点をおく国際開発論専攻に分かれる。専攻は2つに分かれているが、両者は密接な連携関係にあるので教育プログラムも一体となっている。国際法学入門などの入門科目や英語を中心とする語学の授業などで土台を作り、専門性を高める準備に当たる。

東京大は、超域文化科学分科に7コース、地域文化研究分科に9コース、総合社会科学分科に2コースがあり、特色あるカリキュラムを展開している。ほかに英語だけで履修が可能な国際日本研究コースをおいている。

こんな学科もある

現代教養学科

現代社会を教養という観点から捉え、社会に発信・表現する能力を磨く学科。昭和女子大は、ソーシャル（環境や都市、地域、社会など）、メディア（マスメディア、情報、文化、広告・PRなど）、グローバル（国際関係、国家・民族、移民、消費生活など）の3つの領域を柱として、社会科学分野を中心に学際的に学ぶ。一方で領域に捉われない自らの興味関心に従った柔軟な科目選択も可能。

卒業後の進路

- 金融・保険業
- 通信・マスコミ
- 観光系企業
- 国際機関
- 教育・学習支援業
- 公務員

など

国際教養学科

グローバル化を背景に真の国際人を養成

わが国では、グローバル化が急速に進展するなか、優れたコミュニケーション能力と異文化理解力を有し、地球規模で思考できる人材が求められている。そこで、高度な語学教育と実践的な国際教養を身につける科目を通じて、真の国際人として活躍できる人材の養成をめざす**国際教養学科**が、相次いで設置されるようになった。

多くの大学では、グローバルな視点を持って現代社会の問題に取り組む教育を行っているが、アプローチの仕方はまちまちだ。例えば、千葉商科大、早稲田大、順天堂大、南山大などは、実践的な外国語運用能力と思考力を培う科目、文化、社会、言語、思想、政治、経済、環境などについて深く追求する科目を提供し、グローバル社会で活躍できる人材を養成。千葉大は文理混合教育を行い、学問分野の境界を超えた知識や手法で国際社会に生起する課題の解決をめざしている。

また、福岡女子大は日本言語文化、欧米言語文化、東アジア地域研究、国際関係、国際経済・マネジメントの5コース、日本大は国際文化、国際コミュニケーション、グローバルスタディ、

こんな学科もある

グローバル教養学科

法政大は、現代世界の多様な文化的・社会的現象を、グローバル化のなかで世界が経験する変化、直面している課題として捉え、その分析と解決の道を探ることをめざしている。授業はすべて英語で行われ、海外の協定大学で4～10か月間、正規の学部授業を学ぶ留学プログラムもある。

世界教養学科

名古屋外国語大にあり、2年次から、世界の多元性・地域性に着目し世界の文化・文学・芸術などを総合的に学ぶワールドスタディーズコースか、地球規模の越境性に着目し人間・社会・文明などを総合的に学ぶグローバルスタディーズコースのいずれかに所属して学ぶ。

アーツ・サイエンス学科

国際基督教大におかれている。文系・理系の区別なく幅広い知識を身につけたのちに専門性を深めることで、豊富な知識に裏打ちされた創造的な発想を可能とするリベラルアーツ教育を行う。文学、歴史学、法学、経済学、国際関係学、社会学、心理学、生物学、数学、教育学、

グローバル観光の4コースをおいて専門分野を追究。上智大は幅広い国際教養教育の枠組みのなかで、比較文化、国際経営学・経済学、社会科学の専門分野から選択して履修できる。

講義は英語で行い海外留学が必修

早稲田大は、基礎的な教養を磨くとともに、多元的な視点、論理的思考を養うことに重点をおいたリベラルアーツ教育を展開。学部での共通言語は英語で、ほぼすべての講義は英語で行う。また、在学中に1年間の海外留学が必修となっている。英語や第二外国語はレベルに応じてクラスを編成し、講義型の授業は外国人留学生とともに受講し、英語を介しての議論の機会に配慮しているのも特色だ。

カリキュラムは、幅広い分野の基礎的な教養を磨くとともに、多元的な視点、論理的思考力、倫理観、国際感覚、優れた語学力を身につけられるよう編成されている。入学してから2年次前期までは、多彩な教養教育科目から興味ある分野を選び、自らの研究テーマを見出していく期間。徹底した語学教育と、学生の主体性を尊重する教育システムが特徴だ。

2年次後期からの1年間は、海外協定校に留学。現地での生活や学習を通して、語学力のアップと異文化に対する幅広い視野、理解力を身につける。留学先から帰国しての1年半は、海外での経験をもとに問題意識を高め、自らの研究テーマをさらに追究して深化させる。

学べる専門科目

- 国際教養学概論
- GLS English
- ICTリテラシー
- 民族学
- 多元文化論
- メディア論
- グローバル化と国際協力
- サステイナビリティと開発 など

参考［南山大学国際教養学科］

アメリカ研究、平和研究などなど31のメジャーがあり、2年次の終わりに専攻するメジャーを選択するが、2つのメジャーを組み合わせて履修することも可能だ。

リベラルアーツ学科

玉川大は、ヒューマン・スタディーズ、ジャパン・スタディーズ、グローバル・スタディーズなど4つの系で、多様な分野を複合的に学び、教養と専門的学問をバランスよく身につけ、実践力があり、リーダーシップを発揮できる人材を育成する。

卒業後の進路

- 国際機関
- 企業の国際部門
- NGO・NPO
- 観光・旅行業
- マスコミ
- 翻訳・通訳業
- 日本語教員

など

国際総合科学科

リベラルアーツに加え グローバルな視点を

国際舞台や地域社会の現場で、グローバルな視点での問題解決やイノベーションの実現に取り組む人材の育成をめざした学科。リベラルアーツ的な学びを履修したうえで、国際経済学や国際政治学などについても学び、企業や自治体、国際機関などで具体的に活躍することを想定した実践力を養うことに主眼をおく傾向が強いようだ。

山口大では、文理の枠を超えた幅広い知識とその活用能力を身につけるため、文理融合型教育を行っている。哲学、政治学、日本文化論、現代アジア論などの文系科目、知的財産と技術経営、データ科学と社会などの理系科目を学ぶ。

英語教育では、1年次の夏に1か月間のフィリピン短期語学研修を実施。2年次後期から3年次前期までの1年間は海外留学が全学生必修となる。帰国後は専門科目の講義を英語で受講することで、さらなる英語力の向上を図る。卒業要件としてCEFRB2レベル（英検準1級程度）の語学力を課しているのも特徴。

デザイン科学教育に力を入れている点も大きな特色。これは都市や地域社会などに新たな価値をもたらすグランドデザインを行う能力を育成するもので、デザイン科学に基づく課題解決能力を効果的に養成する。その集大成として、4年次のプロジェクト型課題解決研究において、企業や自治体と連携して実社会に潜む課題の解決に1年間をかけて取り組む。

以上のような教育を通じ、文理の枠を超えた知識と日本語・英語の高いコミュニケーション能力、デザイン科学による課題解決能力を併せ持つ、グローバル・スペシャリストを育成するのが目標。

こんな学科もある

学際科学科

東京大にあり、文理を問わず柔軟な思考と適切な方法論を用いて、新しい課題に総合的な視点を持って対処できる人材を育成。科学技術論、地理・空間、総合情報学、広域システムの4コースのいずれかを主専攻として履修する。

総合情報学科

情報学を中心に、人文科学、社会科学、自然科学の3分野を横断的に学ぶことができる文理総合型の学科。関西大は、メディア情報系、社会情報システム系、コンピューティング系のいずれかを履修の指針とする。また、東洋大はシステム情報、心理・スポーツ情報、メディア文化の3コースをおいている。

卒業後の進路

- 金融・保険業
- 国際機関
- 観光・旅行業
- 情報通信業
- 公務員

など

キャリアデザイン学科

自分らしく生きていく方策を追求する

キャリアデザインとは、人の生涯、経歴を設計・再設計していくこと。**キャリアデザイン学科**では、急激な変化のなかにある現代社会を見据えながら、自律的に学び、経験を重ねてさまざまな能力を高めつつ、人びとが自分らしく生きていく方策を追求していく。また、**キャリア形成学科**、**国際キャリア学科**などキャリアを冠した学科では、人文科学や社会科学の学際的な研究を通じて、高い職業意識と個性的な人生目標を持った自立的な人材、人々のキャリアデザインを支援する仕事に携わる人材の育成をめざしている。

法政大の**キャリアデザイン学科**は、個人の学びや発達に視点をおく発達・教育キャリア領域、産業社会のなかでの職業キャリアの展開に視点をおくビジネスキャリア領域、家族や地域を含めた人生のあらゆる場における人と社会のあり方に視点をおくライフキャリアの3領域を教育・研究の枠組みとして設定。学校、企業、自治体、政府、NPO、地域など、人々の生き方に関わるさまざまな場において、自己のキャリアを豊かに、主体的にデザインしていくとともに、他者のキャリアのデザインや再デザインに関与しつつ、その支援ができる専門的なスキルを学ぶ。

また、1年次春学期から基礎ゼミを必修科目として、その履修を前提とした少人数演習型のゼミを2年次秋学期から4年次にかけて設ける。さらに、必修科目の企業、学校、コミュニティ（同じ特徴を持つ人々の集まり）などにおける体験型授業で学生の実力を高める。

こんな学科もある

危機管理学科

現代社会のあらゆる場面で活躍できる危機管理のエキスパートを養成し、安心・安全な社会の実現に貢献することをめざしている。日本大は、災害マネジメント、パブリックセキュリティ、グローバルセキュリティ、情報セキュリティの4領域を開講。2年次から行政キャリア、企業キャリアに分かれて専門性を高める。

環境社会学科

文系、理系の枠組みを超えた総合的視点から環境を学ぶ学科。人類が地球環境と共生していくための具体的な取り組みについて、その目的と手段を学習し、現実に活用するための力を養う。

卒業後の進路

- 情報・通信業
- 警備業
- 化粧品系企業
- 金融・保険業
- ライフライン関連企業
- マスコミ

など

教育系統の学科

教育

＊ここでは、教育系統に含まれる主要な学科と、それを設置しているおもな大学を紹介しています。

教育学科

教育の本質と人間形成の仕組みを探る

教育学は、教員を養成するための学問ではなく、人間の生き方や社会のあり方を見つめ直し、示唆（ヒント）を与える学問である。**教育学科**では、人間と教育の本質や人間形成の仕組みを探るとともに、教育目的、教育制度、教育内容、教育指導、教育方法などを研究の対象としている。

人間の発達と成長を軸とした、総合的な人間科学の基本を形成しているのは、教育学と教育心理学である。そのため、九州大では2つの領域を総合的に学びつつ、学年進行に伴って専門性を深めていく方法をとっている。大きく教育学系と教育心理学系に分かれ、さらに教育学系には国際教育文化コースと教育社会計画コース、教育心理学系には人間行動コースと心理臨床コースをおいている。

私立大は専攻・コースに分けて教育しているケースが多い。例えば、立教大は教育学、初等教育の2専攻課程、関西学院大は幼児教育、初等教育、教育科学の3コースをおく。早稲田大は教育学、初等教育学の2専攻だが、前者はさらに教育学、生涯教育学、教育

教育学科の学びの柱

教育学	教育の思想、歴史、組織、制度などを学ぶ
教育心理学	主に子どもの発達、学習、人格、知能、集団、臨床（実際にやってみること）などについて学ぶ

教育心理学で学んだことは、実際に学校で子どもの教育を行う際に応用するんだ

こんな学科もある

教育科学科

学校教育はもちろん、家庭や社会での学び、子どもの発達や老いの問題、心の問題、障害を持つ人のことなど、「教育」という現象を広く捉え、さまざまな教育の問題や課題を研究の対象としている。東北大は教育学、教育心理学の2コース、京都大は現代教育基礎学系、教育心理学系、相関教育システム論系に分かれて専門性を高める。

現代教育学科

教育学研究のほか教員養成も行う。中部大は現代教育専攻と、中等教育国語数学専攻、畿央大は学校教育、英語教育、幼児教育、保健教育の4コースをおいている。

心理教育学科

心理学と教育学について学ぶ学科で、人間の心や行動の科学、さらに社会的関係のなかでの人間の成長やコミュニケーションの問題などを広く学んでいく。公認心理師の国家資格に対応している大学も。名古屋市立大は、心理学と教育学の学習を基本としながら、より関心の深い分野を重点的に学ぶために4つの履修モ

心理学の3専修に分かれている。

教育に関する諸問題を学際的に教育・研究

北海道大には、教育基礎論、教育社会科学、教育心理学、健康体育学の4つの専門分野がある。そして、教育基礎論分野では教育思想、教育史、教育行政学、教育方法学など、教育社会科学分野では教育社会学、社会教育、教育福祉論、青年期教育論など、教育心理学分野では発達心理学、教育臨床心理学、乳幼児発達論など、健康体育分野では体育方法、生活健康学、身体運動科学などが開講されている。

同大に入学すると、全学教育科目を履修し、2年次から専門科目が始まる。教育学概説で教育学の基礎を学んだのち、多様な講義や実験、実習を履修。これと並行して専門演習が始まる。3年次は専門演習が主体になり、並行して関心ある分野の講義や実習を受講する。4年次には集大成として、各自の問題関心を探求した卒業論文を作成する。

立教大は、教育哲学、教育心理学、教育社会学などの理論的分野の基礎のうえに、教育方法の原理や歴史、学校教育及び社会教育における教育方法、各教科の教育方法など、広い意味での教育方法に重点をおいたカリキュラムを編成している。3年次になると、各自の希望を基に、2つの専攻課程に分かれる。教育学専攻課程では、総合人間学の観点から教育に関する思考を深め、初等教育専攻課程では、深い人間理解に基づく鋭い見識を兼ね備えた小学校教師の養成が目標になっている。

学べる専門科目

- 教育学基礎論
- 日本教育史
- 教育心理学
- 教育人間学
- 教育内容論
- 教育行政論
- アメリカの教育
- 社会教育論　など

参考［日本大学教育学科］

デルを用意している。

教育文化学科

新しい教育の形を実践的に学び、幅広く教育に関わる人材の養成をめざしている。同志社大は、多文化共生社会における人間形成に着目し、学際的・体験的・技能的なアプローチを通じ、多様な文化のなかで生活する人々に的確な支援と指導ができる人材を育成する。

卒業後の進路

- 中学校・高校の教員
- 学習支援業
- 心理カウンセラー
- 金融・保険業
- 児童福祉施設
- 図書館司書
- 社会教育主事

など

児童教育学科

幼児期・児童期の教育が対象

人間形成の最も重要な時期とされる幼児期や児童期における教育の理論とノウハウを学ぶ学科。教育学、心理学や子どもの文化など、人間に関わる幅広い学問分野と領域から、幼児教育や小学校教育に関する教育と研究を行っている。幼稚園教諭と小学校教諭の免許が取得できるほか、大学によっては保育士の資格も取得できる。

家政学部や生活科学部におかれる**児童学科**と共通する面も多いが、**児童学科**では、小学校へ入学するまでの乳幼児期を主体とし、**児童教育学科**では、幼児から児童までを対象としているというのが一般的だ。近年は、情報科学を導入して、新しい視点から児童教育を捉え直そうとする動きもみられる。

取得免許に合わせた専攻・コースをおいている大学も多い。例えば名古屋女子大は、幼稚園教諭や小学校教諭などをめざす児童教育学専攻と、幼稚園教諭と保育士をめざす幼児保育学専攻に分かれて教育を行う。児童教育学専攻では、中学校教諭一種免許状（国語）と小学校教諭一種免許状の取得をめざす小中教育コース、小学校教諭一種免許状と幼稚園教諭一種免許状の取得をめざす初等教育コース、幼稚園教諭一種免許状と保育士資格の取得をめざす幼児教育コースに分かれる。幼児保育学専攻では、乳幼児教育と幼稚園教育をリンクしたカリキュラムを用意しており、コミュニティと福祉、心とからだ、保育と教育の理論と内容、保育と教育の実践の4領域を開講。豊かな人間性と高い力量を培い、学外の幼稚園などでの実習で実践的な知識や技能を修得する。

こんな学科もある

幼児教育学科

さまざまな角度から幼児教育を学ぶことで、子どもや保護者から信頼される幼稚園教諭と保育士を養成する。履修の仕方によって、保育士の資格は取得できないケースもある。

子ども教育学科

小学校教諭、幼稚園教諭、保育士などの養成をめざしている学科。神戸大は学校教育学と乳幼児教育学の2コース、平安女学院大は子ども教育、乳幼児保育の2コースをおいている。

こども教育学科

子ども教育学科と同内容。淑徳大は初等教育コースと幼児教育コースをおいている。

卒業後の進路

- 小学校教諭
- 幼稚園教諭
- 保育士
- 児童福祉施設

など

初等教育学科

小学校教諭や幼稚園教諭を養成

一般に小学校での教育を初等教育というが、子どもを取り巻く環境が変化しているなかにあって、幼児期や児童期の教育を担当する教員の果たすべき役割は重要になっている。

こうした時代を背景として、指導力と人間性の豊かな小学校教諭の養成をめざしているのが**初等教育学科**だが、大学によっては幼稚園教諭免許、保育士資格も取得できる。例えば、昭和女子大は、小学校教諭と幼稚園教諭の免許が取得できる児童教育コースと、幼稚園教諭免許と保育士資格が取得できる幼児教育コースをおいている。

カリキュラムは、教職に関する科目と教科に関する科目で構成されるが、帝京大は2コースに分かれる。初等教育コースは演習と理論的・専門的な科目を履修しながら附属の小学校での教育参加などを行い、教育実習は3年次からスタート。こども教育コースは1年次から帝京大学幼稚園や地域の保育所、福祉施設でのボランティア活動などに参加する。

また、國學院大は、幼児教育を視野に入れた小学校教諭の養成を主な目的としているが、幼稚園教諭や中学校・高校教諭、特別支援学校教諭の免許も取得できる。また、学生が自ら得意分野を発見し、その専門性を高めることを目的として展開科目を設けているのが特色。言語・古典類では伝統文化や国語の教育指導に卓越した小学校教諭、自然科学類では自然や環境に関する理解が深く、理科教育に卓越した小学校教諭、児童英語類では英語コミュニケーションの指導能力に秀でた外国語指導者の養成をめざしている。

こんな学科もある

初等芸術教育学科

大阪芸術大におかれている。初等教育の専門家に必要な知識とスキルを身につけて小学校と幼稚園の教員免許を取得するが、配慮の必要な幼児や児童に対する支援教育、福祉分野の現場でも試みられている芸術療法を学ぶのが特色である。

卒業後の進路

- 小学校教諭
- 幼稚園教諭
- 保育士
- 司書教諭

など

子ども発達学科

子どもの発達と教育を正面から捉える

乳幼児、児童、生徒を対象に、心や身体の発達、言語・音楽・造形表現の発達、数理認識の発達といった側面から総合的に学ぶ学科。子ども理解の基礎、子どもの認識や感情の発達について基本的な特徴を学ぶとともに、その発達的変化をもたらすメカニズムについて研究する。また、発達を理解する方法を修得し、発達支援のあり方について検討を進めていく。

取得資格は大学によって異なるが、保育士、幼稚園教諭、小学校教諭、中学校教諭、特別支援学校教諭などが取得できる。取得資格に対応した専攻・コースをおく大学も多く、例えば日本福祉大は、保育士資格と幼稚園教諭免許などが取得できる保育・幼児教育専修と学校教育専修を設置。学校教育専修はさらに、小学校教諭と中学校教諭などの免許が取得できる学校教育コースと、特別支援学校教諭と小学校教諭などの免許を取得できる特別支援教育コースに分かれる。

椙山女学園大は、長期的な視野と多様な視点で子どもたちを見守る教育者や保育者の育成をめざし、保育と幼児教育、幼児教育と小・中・高校教育の垣根を越えた複数の資格と免許を取得できる環境を整備しているのが特色。保育士、幼稚園教諭、小学校教諭、中学校・高校教諭（数学、音楽）の資格・免許を組み合わせた6つの履修コースを選択させ、入学直後から4年次まで多彩な実習や体験プログラムを用意。徹底した実践の学びで、教育者や保育者として必要な実践力を身につけさせている。

こんな学科もある

こども発達学科

子ども発達学科と同内容。関東学院大は、小学校教諭、幼稚園教諭、保育士を養成する科目に加え、心理学関係の科目を多く用意。教育、保育、心理、健康、福祉の領域から、人間発達のメカニズムをトータルに理解した、豊かな教養と人間性を備えた人を育成している。

子ども支援学科

幼稚園教諭と保育士をめざす学科。國學院大は、日本の伝統的な子ども・子育て文化を理解させる科目も開講している。

卒業後の進路

- 小学校教諭
- 幼稚園教諭
- 保育士
- 社会福祉施設

など

学校教育教員養成課程

実践的能力を備えた学校教員を養成

近年、学校教育の現場では、不登校やいじめなど、多くの課題を抱えている。さらには、国際化や情報化への対応という、新しい課題に対応できる実践的能力を備えた教員の養成が急務とされている。そこで、小学校や中学校といった枠を取り払い、幼児から小学生や中学生の青少年期までの発達過程を、統一的に理解できる教員の養成をめざして、国立大の教育学部におかれているのが**学校教育教員養成課程**だ。

このほか、小学校や中学校の教員を養成する課程には**学校教育課程**、**学校教員養成課程**などがあり、学校種別の**幼稚園教員養成課程**、**小学校教員養成課程**、**中学校教員養成課程**、**中等教育教員養成課程**、**特別支援学校教員養成課程**、**特別支援教育教員養成課程**や、保健の先生を養成する**養護教諭養成課程**などもおかれている。

学校種別か教科別に分かれて教育・研究

学校教育教員養成課程では、小学校、中学校、特別支援学校などの学校種別の専攻・コースに分けているケースと、国語教育、社会科教育、数学科教育など教科・分野別の専攻・コースに分けているケースなどがある。

例えば、静岡大には、発達教育学、初等学習開発学、養護教育、特別支援教育、教科教育学の5専攻があり、教科教育学専攻は国語教育、社会科教育、数学教育、英語教育など教科別に10専修に分かれている。また、京都教育大は、教育学、幼児教育、発達障害教育、

こんな学科もある

学校教育課程

学校教育教員養成課程とほぼ同内容。横浜国立大は、人間形成、教科教育、特別支援教育の3コース編成で、人間形成コースは教育基礎、心理発達、日本語教育の3領域、教科教育コースは国語、社会、数学、理科、英語など教科別の10領域に分かれて専門性を高める。

初等教育教員養成課程

小学校教諭と幼稚園教諭を養成する課程。専攻・コース別に教育するケースが多く、東京学芸大を例にとると、国語、社会、数学、理科、音楽、美術、保健体育、家庭、英語、学校教育、学校心理、国際教育、情報教育、環境教育、ものづくり技術、幼児教育の16選修をおいている。

なお、熊本大は小学校教員養成課程と称している。

中等教育教員養成課程

中学校教諭と高等学校教諭などを養成する課程。専攻・コース別に教育するケースが多く、愛知教育大を例にとると、教育科学、情報、国語・書道、社会、数学、理科、音楽、美術、保健体育、技術、

国語領域、社会領域、英語領域、数学領域、理科領域、技術領域、家庭領域、美術領域、音楽領域、体育領域の13専攻がおかれ、実践的な指導のできる学校教員の養成をめざしている。

岡山大は、小学校教育、中学校教育、特別支援教育、幼児教育の4コースに分かれ、小学校教育コースは教育学、教育心理学、国語教育、社会科教育、数学教育、音楽教育など14専修、中学校教育コースは国語教育、数学教育、理科教育、英語教育など11専修に分かれている。

教育実習で実践的な指導力を身につける

各大学とも、教員免許の取得を前提とするカリキュラム編成で、教職に関する科目と、教科に関する科目が必修となる。教職に関する科目には、教職一般（教職論、学校と教育、発達心理学、生徒指導、総合演習など）、教科教育法、教育実習といった専門科目があり、学校教育の理論的、実践的分野に関わる内容を学ぶ。

教育実習は、四年間をかけて積み重ねる方法が取られている。千葉大の学校教員養成課程・中学校コースを例にとると、1年次のスタート・アップ実習は附属小学校及び附属中学校で各1日実施し、授業を見る目を養う第一歩として、授業を見学し、授業見学の基礎を学ぶこととなる。2年次のプレ実習は、附属

教師に求められる資質
学習指導力
生徒指導力
マネジメント力
コーディネート力
学習指導、生徒指導だけでなく、生徒をまとめる力や、生徒の保護者に対応する力なども求められる

家庭、英語の12専攻をおいている。

なお、熊本大は中学校教員養成課程と称している。

特別支援教育教員養成課程

特別支援学校や特別支援学級で、特別な支援を必要とする児童や生徒の教育に携わる教員の養成をめざしている。東京学芸大では、聴覚障害教育、言語障害教育、発達障害教育、学習障害教育の4専攻のいずれかに所属して、軽度から重度まで、さまざまな発達の障害への対応の可能性と専門性を重視した内容の学習を行っている。特別支援学校教員養成課程と称する大学もある。

養護教諭養成課程

子どもの心や体の健康を支援するという専門的な役割を果たす養護教諭を養成する課程。学校保健だけでなく、基礎医学や臨床医学、看護学、栄養学など、さまざまな専門分野を段階的に学び、専門性を高める。東京学芸大は養護教育教員養成課程と称している。

教育支援課程

東京学芸大にあり、生涯学習、カウンセリング、ソーシャルワーク、多文化共生教育、情報教育、表現教育、生涯スポーツの7コースをおいている。愛知教育大は教育支援専門職養成課程とし、心理、福祉、教育ガバナンスの3コースをおい

中学校で2日間、さまざまな授業を見学し、生徒の学びや教員の役割、授業の実際について授業者の眼で見る力を養う。3年次には、コア実習を附属中学校で4週間行う。担当する授業はもちろん、休み時間や掃除の時間などを通して子どもたちと触れ合い、中学校教員としての実践力を養う。4年次のフォロー・アップ実習は実習校で1日行われ、3年生の実習授業の見学などを通して、教科の授業を評価的に見る目を養うとともに、学校についての理解を深める。

専攻・コース別に教科専門分野を学ぶ

教科に関する科目は専攻・専修の専門科目で、それぞれの分野での指導力を高め、自分の得意分野を確立し、教育実践、教育研究を進めていく能力と態度を培っていく。京都教育大の例でみると、社会領域専攻では、子どもたちに、自分たちの生きていく社会に関心を持ち、そのあり方や背景を理解させ、自分なりの判断と考えで社会に向けて働きかける力を養うことを目的に、初等社会科教育、中等社会科教育、日本史概論、外国史概論、倫理学概論、経済学概論、法律学概論といった科目を学ぶ。

英語領域専攻は、学校で英語を教えるために、「読む、聞く、書く、話す」という英語の4技能の運用能力を高めるとともに、英語の教授法や背景にある文化を学ぶ。英語教育、英語学、英米文学、小学校英語、欧米文化を中心として、英語教師に必要な視野と知識、教養を身につけるほか、学校で英語を教えるときに必要な知識やスキルも重点的に学ぶ。

学べる専門科目

- 教職概論
- 各教科の指導法（授業研究）
- 教育法規
- 教育相談・進路指導
- 教育方法学
- 教育メディア論
- 生徒指導概論
- 教育実習　など

参考［山口大学学校教育教員養成課程］

ている。

教育協働学科

大阪教育大にあり、教育心理科学、健康安全科学、理数情報、グローバル教育、芸術表現、スポーツ科学の6専攻編成。豊かな教養に加え、教育への理解と専門能力を身につけ、学校や地域と協働して新しい時代の教育活動を創生できる人材を養成する。

卒業後の進路

- 幼稚園教諭
- 小学校教諭
- 中学校教諭
- 高校教諭
- 司書教諭
- 教育・学習支援業　など

体育学科

学校体育や社会体育の指導者を養成

体育学科の教育目的は、競技スポーツ選手の育成や、選手育成のための指導者を育てることにある。また、学校教育においては、指導的立場に立てる優れた保健体育教師の養成も担っている。最近は、人々の健康への関心が高まっていることから、社会体育の分野で指導的役割を担う人材を養成するのも目的の一つになっている。

カリキュラムをみると、理論科目ではスポーツ理論、トレーニング、コーチング、スポーツマネジメント、傷害の予防や処置に関する理論と実習を学ぶ。実技科目では、自身の実技能力を高めるだけでなく、教える相手がスキルアップできるようになるための知識や技術を修得する。専攻やコース別に教育する大学も多く、東京女子体育大はコーチング学、体育学、スポーツ健康学の3専攻コース、国士舘大は学校体育、アスリート、スポーツトレーナーの3コースをおいている。

また、日本体育大は、青少年の健全育成とスポーツの競技力向上に必要な能力を養う2領域を開講している。スポーツ教育領域は、主に学校体育の指導者の養成を目的としたカリキュラムで、青少年の健全育成に資するための高度な実践力と専門的知識を修得。競技スポーツ領域は、トップアスリートやコーチングスタッフ、アスレティックトレーナーなどの養成を目的としたカリキュラムで、より高い競技力を獲得するために必要な科学的トレーニングやコーチング、さらにはコンディショニング管理に関する高度な実践力と専門的知識を修得させる。

こんな学科もある

スポーツ科学科

スポーツを通じて社会に貢献できる人材を養成する学科。順天堂大はスポーツ医科学、コーチング科学の2コース編成。早稲田大は、2年次からスポーツ医科学、健康スポーツ、トレーナー、スポーツコーチングなど7コースに分かれる。

スポーツ教育学科

スポーツを科学的な視点で分析する的確な実践理論や指導法を修得し、スポーツの発展に寄与する指導者を育成する。

武道学科

柔道、剣道といった武道の研究や実習を行い、武道の指導を通じて地域社会に貢献する人材を育成する。

卒業後の進路

- 中学校・高校の教員
- 社会体育指導者
- 健康運動実践指導者
- スポーツ関連産業
- 公務員

など

スポーツ健康学科、スポーツ健康科学科

適切な健康指導ができる人材を養成

近年は、人々の健康志向が高まり、科学的な根拠に基づいて適切な運動指導のできるスペシャリストが求められている。こうした背景もあって、人々の健康づくりを指導できる人材の養成をめざした学科が設置されている。

法政大の**スポーツ健康学科**は、３コースで編成されている。ヘルスデザインコースでは、主に身体機能に関する学問分野を中心に学習し、さらに身体活動やエクササイズを対象とした学問分野を学ぶことを通して、健康増進や疾病予防の概念の理解を深める。スポーツビジネスコースは、スポーツ健康学の基礎となる学問領域を体系的に理解し、スポーツ関連事業において質の高いサービスを提供できる人材を養成。

また、スポーツコーチングコースでは、科学的なトレーニング方法や生徒・児童が運動不足に陥らないための方策、運動習慣を身につけるための指導法を教育・研究の対象としている。

立命館大の**スポーツ健康科学科**は、4コースをおいている。スポーツ科学コースは、競技力向上に効果が高いトレーニング法や、選手の心理状態が競技パフォーマンスに与える影響、運動

こんな学科もある

健康学科

健康を基軸に据え、真に豊かな健康福祉社会を切り拓くために、保健、医療、教育、福祉の連携、総合化を図り、健康な社会をリードする指導者の育成をめざしている。日本体育大は、ヘルスプロモーション、ソーシャルサポートの2領域で、高度な実践力と知識を修得させる。

健康スポーツ学科

身体活動を通じて、子どもから高齢者、障害者など、幅広く人々の健康づくりを指導できる人材の育成をめざしている。東洋大はスポーツサイエンス、ヘルスプロモーション、グローバルスポーツ、ユニバーサルスポーツ、アスリートサポートの5コース編成。健康スポーツ科学科と称する大学もある。

健康体育学科

科学的な根拠に基づいて、適切な運動処方と実技指導ができる運動指導者や、適切な健康教育ができる指導者を養成。國學院大はスポーツコーチング、スポーツマネジメント、ヘルスプロモーション、スポーツ伝統と身体文化という4つの専門分野を開講している。

のメカニズムを生理学、力学などから科学的に理解する。健康運動科学コースは健康を維持・増進するため、運動が健康にどのような役割を果たすかを理解し、健康に関わる具体的なプログラムを考える。また、スポーツ教育学コースは、保健体育教員、競技スポーツや健康教育指導者に関わる指導スキルを学び、スポーツマネジメントコースは、スポーツ関連組織の運営を効果的に行う方法を学ぶ。

スポーツと健康の現代的課題に挑戦

同志社大では、医学や栄養学など健康と予防医学に関連する科目をスポーツや身体活動と関連づけて学ぶ健康科学、運動生理学やスポーツ心理学など競技力向上や生涯スポーツに関連する科目を学ぶトレーニング科学、スポーツ社会学、障害者スポーツ論などスポーツを社会的な視点から捉え、スポーツと社会との関係を学ぶスポーツ・マネジメントの3つの履修モデルを提示している。いずれも、スポーツ健康科学を体系的に理解するために必要な基本的知識を修得したのち、健康とスポーツの社会的発展に関する課題を解決するために必要な応用的、専門的知識を修得する科目、スポーツ健康科学の実践的な運用能力を修得する科目、健康の増進とスポーツの社会的発展に関する課題を発見し、解決方策を探る科目などを修得する。そして、4年次には、知識、態度、技能を統合する創造的思考能力を修得するために卒業研究を行う。

学べる専門科目

- アスレティックトレーナー概論
- トレーナー事例研究
- スポーツ医学
- 運動器の機能解剖学
- 健康診断演習
- 運動・スポーツ生理学
- アスレティックリハビリテーション論
- アスレティックトレーナー実習など

参考［中京大学スポーツ健康科学科］

人間健康学科

関西大は、人間の誕生から高齢までのライフステージを対象として、「こころ」と「からだ」と「くらし」を総合的な視点から捉え、人間の幸福を実現するための健康に関わる諸問題の解決方法を探究している。愛知東邦大は、スポーツトレーナー、スポーツ指導者、地域防災、心理、保健体育教員の5コース編成。

卒業後の進路

- 健康運動指導士
- 健康運動実践指導者
- 健康増進施設
- フィットネスクラブ
- スポーツ関連産業
- 中学校・高校の教員
- 公務員

など

家政・生活科学系統の学科

家政・生活科学

＊ここでは、家政・生活科学系統に含まれる主要な学科と、それを設置しているおもな大学を紹介しています。

家政学科

衣・食・住など生活全般を研究

家政学は、「衣・食・住」全般にわたる分野を科学的に研究し、生活の向上に役立てようとする学問。**家政学科**では、人間の営みとしての生活を総体的、全体的に捉え、よりよい生活を存続させていく理論や方法を考える生活科学の視点で教育を行っている。

家政学の研究分野は幅広く、大別して被服学、食物学、住居学、児童学、家庭経営学があげられるが、各大学ともこれらの分野別にいくつかの専攻・コースに分けて教育を行っている。東北生活文化大は服飾文化、健康栄養学の2専攻、神戸女子大は被服デザイン科学、住空間、生活プロデュースの3コースをおき、専門的な学びを深めている。それぞれの専攻・コースなどは独立した学科と大差がない。また、「家政学部家政学科」という形式ではなく、家政学部の下に直接、学科を設置する大学も少なくない。例えば共立女子大では家政学部に家政学科は存在せず、被服学科、食物栄養学科、建築・デザイン学科、児童学科をおいている。

東北生活文化大の服飾文化専攻は、家政学に基づいた専門性の高い教育とファッション産業と連動した実験・実習・研修などを通じて、ファッション業界や家庭科教員として活躍できる人材を養成、健康栄養学専攻では家政学の科学的考察と実践教育を通じて、現代社会において食生活の面から人の健康的な生活を支援する専門職などの人材を育成する。

家政学科は多くの女子大におかれていたが、幅広い学問領域を対象とするようになったことから、**人間生活学科**などに改組する大学が増加した。

こんな学科もある

現代家政学科

東京家政学院大は、食生活、ハウジング、ファッション、総合家政という4領域をおき、現代社会が抱えているさまざまな課題を発見し、それらを解決する実践力を身につける。京都華頂大は児童学、生活学の2専攻で編成。

生活文化学科

「衣・食・住」を含む生活文化を学際的、実践的、グローバルに学ぶ学科。実践女子大は、生活心理、幼児保育の2専攻をおいている。

卒業後の進路

- 中学校・高校の教員
- 保育士・幼稚園教員
- 食品系企業
- ファッション関連産業
- 住居関連産業

など

人間生活学科

豊かな人間生活の実現をめざす

人間生活学科は、人間らしい豊かで健康な生活を送るためにはどうすればよいのかを考える学科といえる。しかし、人間生活という幅広い領域を対象としているため、大学によって教育内容が多少異なっている。

お茶の水女子大は、人の心とその発達、人と人との関係、それらを取り巻く文化や社会に焦点を当て、人文科学と社会科学領域の多様な理論と方法論で解明することを目標にしている。通常の大学のコースや専修などに当たる「講座」を設置していて、生活社会科学講座と生活文化学講座で構成されている。生活社会科学講座は、法学、政治学、経済学、社会学という社会科学の考え方を学び、さまざまな社会現象のメカニズムを理解することに焦点を当てる科目を開講。生活文化学講座は、日常生活に関わるさまざまな文化現象の解明を基礎におき、比較文化論、民俗学、服飾史などの領域にわたる科目を開講している。

同志社女子大は、真に豊かな生活を実現するために必要な知識、技術、感性を養うとともに、時代が求めるライフスタイルを提案できる人材の養成をめざしている。「衣・食・住」に加え、経済、児童、倫理、こころ、福祉、環境問題の分野を柱として、生活にアプローチして、各分野の科学的、文化的側面を幅広く追求、自由度の高いカリキュラムが特色となっている。

また、藤女子大は、現代家政、社会福祉、プロジェクトマネジメントの3専修で学ぶ。他者を支援し社会に貢献する人材の育成をめざしている。

こんな学科もある

生活環境学科

私たちが快適に暮らすための身近な環境について考える学科。名古屋女子大は、人間生活と環境との関係を科学的に追究し、「衣・食・住」や「ビジネス・情報」、「教育」の分野で活躍する専門家を養成。実践女子大は、アパレル・ファッション、プロダクト・インテリア、住環境デザインの3つの分野がある。

生活デザイン学科

滋賀県立大は、住居、道具、服飾のデザインを学び、新しい生活の創造をめざしている。東京家政学院大は、「衣・食・住」を中心に生活者のニーズをみつめ、ものづくりによってそれに応える力を身につける。

卒業後の進路

- 中学校・高校の教員
- 食品系企業
- ファッション関連産業
- インテリア関連産業
- 公務員

など

食物栄養学科

食品・栄養・調理の3つが研究の柱

最近は、食物アレルギーを持つ人が多く、食べられる食品が制限されるケースが少なくない。また、遺伝子組換え食品、生活習慣病、過剰なダイエットなど、食にまつわる社会問題が注目され、「食の安心・安全」が、声高かに叫ばれるようになった。

わが国では、高齢化が進み、成人病やアレルギー予防、食品の安全性の確保など、単に栄養を満たせばよいという時代ではなくなった。また、一般生活でも、生涯を通じての食生活を考え、対応していく姿勢が必要で、栄養や食品に対する正しい知識や、科学的な見方が要求されている。この必要性に対応するために、食物学と栄養学の二面をフィードバックさせた科学的かつ総合的な研究を行い、さらに調理学を加えて、よりよい食環境の実現方法を学ぶのが**食物栄養学科**だ。

食品学、栄養学、調理学がカリキュラムの柱で、食品学の分野では、食品の成分や加工、貯蔵による変化、添加物などの教育を行い、栄養学の分野では口から入った食物がどのようにエネルギーや体の成分となるかなど、人間

食物栄養学科の学びの柱
食品学
食品の加工、貯蔵法、腐敗など衛生面の知識、添加物など食品全般について学ぶ
栄養学
栄養素の種類、口から入った食物がどう身体に吸収され、何に役立つかなどを学ぶ
調理学
調理法やおいしく感じる要因、調理と食品の成分の関係などについて学ぶ

こんな学科もある

食物学科

食と健康に関する科学的な専門知識や技術を学ぶ学科で、大妻女子大は、食に関わる企画、開発のための創造的思考を培い、食の専門家として社会に貢献できる人材を育成する。大妻女子大と日本女子大は食物学、管理栄養士の2専攻をおいている。

食品栄養学科

宮城学院女子大は、食と健康のスペシャリストである管理栄養士や栄養教諭の養成をめざしており、実験や実習を多く取り入れながら、生命科学としての栄養学、応用・臨床科学としての栄養学を学ぶ。大阪市立大は食品栄養科学科と称し、健康で真に豊かな食生活の創造をめざして、人々の食と栄養に関わる複合領域を学際的に教育している。

食生活科学科

実践女子大にあり、管理栄養士、食物科学、健康栄養の3専攻をおいている。社会で必要とされる健康と栄養、食と暮らしのスペシャリストの育成をめざしており、管理栄養士のほか、栄養教諭やフードスペシャリストなどの免許や資格も

の体と健康との関係を学ぶ。また、調理学の分野は、おいしいと感じる要因、調理と食品成分との関係など、食物をおいしくする原理なども研究する。

専攻・コースに分かれるケースも多く、例えば共立女子大は、食物学専攻と管理栄養士専攻を設置。食物学専攻は、食品学や栄養学など自然科学分野を中心に学びながらその実践的能力を養い、管理栄養士専攻は、ライフサイクルに応じた食生活指導や、病人の食事療法などの栄養指導能力を養う。

実験と実習で専門知識を深める

教育課程を見ると、化学に関する授業がかなり多く、豊富な実験や実習が組み込まれているのが特色。調理科学実験のほか、栄養士に欠かせない実務経験として、学校や事業所で給食実務を体験する給食管理実習などがある。

お茶の水女子大は、1年次で専門科目を学ぶために必要な基本的な知識と技術、一般教養を身につけるため語学や情報処理などのコア科目を中心に履修する。2年次になると、食物栄養学に関わる専門科目も増え、基礎的な実験も加わる。そして、実験や実習を通して論理的思考やレポートの書き方などを学ぶ。3年次になると、専門の講義科目に加えて、実験・実習科目が増えてくる。これは、4年次に行われる管理栄養士のための臨地実習に向けて重要な科目で、講義で学んだことを実践し、専門性をさらに高める。4年次では、病院など実際に管理栄養士が働いている現場で、業務を実地に体験する。

学べる専門科目

- 食品微生物学
- 食品化学
- 代謝栄養学
- 給食マネジメント論
- 食品機能論
- 食品衛生学
- 臨床栄養療法学
- 公衆栄養学　など

参考［お茶の水女子大学食物栄養学科］

取得できる。

食文化栄養学科

栄養をはじめ、調理や衛生、食文化など食全体の基礎や専門知識をベースに実社会で役立つ実践力を養う学科で、女子栄養大におかれている。3年次から、将来の進路を見据えた5コースに分かれ、専門性を高める多彩な専門科目とフィールド学習で総合力を養成する。

卒業後の進路

- 管理栄養士
- 栄養士
- 栄養教諭
- 給食関連施設
- 食品・飲料系企業
- 試験・検査機関
- 公務員

など

管理栄養学科

管理栄養士や栄養士の養成が目的

管理栄養学科は、管理栄養士の養成を前面に押し出しており、大学によっては**管理栄養士養成課程**としている。

昭和女子大は、入学すると、教養科目や、専門科目を学ぶうえで必要になる基礎科目を中心に基礎力を高める。2年次からは、栄養士免許に必要な専門的な科目が中心となり、応用栄養学、栄養教育論、食品衛生学、臨床栄養学総論、公衆栄養学総論、給食管理論などを履修。実習や実験も行われる。

3年次は、カウンセリング論、臨床栄養学各論、公衆栄養学各論、給食経営管理論などを講義と実習で履修。保健所、病院、老人福祉施設などで臨地実習を行い、管理栄養士の現場を体験する。4年次には卒業研究とともに、応用演習で国家試験対策に取り組む。

文教大はコース別の教育を行っている。栄養教諭コースは、肥満、偏食、食物アレルギーなど、児童や生徒に対する個別指導をできる栄養教諭を育成。健康栄養コースは、スポーツ栄養学や五感で感じる食品開発などを学習して健康栄養の専門家を育成。臨床栄養コースでは、病院や福祉施設など、総合医療の現場で活躍できる管理栄養士を育成する。また、相模女子大は、3年次までに基礎から応用まで学んだのち、4年次にコースに分かれる。臨床栄養コースは病院で患者の栄養食事療法をサポートする専門家、地域保健食育コースは健康で楽しい食を地域社会に浸透させる専門家、フードシステムコースでは社会のニーズに応じた食品開発、給食施設における栄養管理を行う専門家を育成する。

こんな学科もある

栄養科学科

管理栄養学科と同内容の学科。高度な栄養科学の知識や技術を修得し、総合的管理能力はもとより、幅広い視野と高い倫理観や使命感を備えた管理栄養士の養成をめざしている。

人間栄養学科

聖徳大は、食と健康を常に意識した人間性豊かな管理栄養士を育成。中国学園大は、豊かな人間性を養いながら、人間の心と身体を理解し、多方面で活躍できる管理栄養士を育成する。

卒業後の進路

- 管理栄養士
- 栄養士
- 栄養教諭
- 食品系企業
- 学校給食施設
- 医療・福祉施設
- フードサービス　など

被服学科

衣服を科学的・文化的視点から解明

被服や生活に関わる身の回りの製品を対象に、その素材の開発、加工から、製品のデザイン、造形、評価、マーケティングまでを、環境との関わり、文化と歴史を含めて学ぶ学科。時代に即した衣服のあり方を総合的に追究するとともに、繊維やファッション業界などで、広く活躍できる人材の養成をめざしている。単なる被服構成に関する知識や技術の修得だけでなく、情報、環境、造形の観点から被服を捉え、物理学、化学、生物学などを基礎とした科学的な講義と実験を行い、被服と人間や社会、環境との関係を理解する。

カリキュラムは、被服材料学、被服整理学、被服意匠学、被服構成学の四本柱で構成され、これに被服衛生学を加える大学もある。被服材料学は繊維の物理的性質や化学構造、製造方法などを消費者の立場から研究を進める。

被服整理学は、被服の洗浄や保管に関する問題を科学的に考察し、被服意匠学は、色彩学、服装文化史など被服の審美面を追究する。被服構成学では、被服製作の理論とともに実際の製作技術を履修する。被服構成、被服科学、デザインなど多彩な実験・実習を通して実践的な能力を養成するのも、この学科の特色といえる。

共立女子大は、基礎を学んだのち、3年次から、被服について全般的に学ぶ被服科学コース、歴史的に価値のある染織品などの保存・修復について学ぶ染織文化財コース、主にデザインに焦点を当てたファッションクリエイションコース、ファッション産業について学ぶファッションビジネスコースに分かれる。

こんな学科もある

服飾学科

杉野服飾大にあり、2年次からテキスタイルデザイン、モードクリエーション、ファッションプロダクトデザイン、インダストリアルパターン、ファッションビジネス・マネジメント、ファッションビジネス・流通イノベーションの6コースに分かれて専門力を高める。

服飾美術学科

東京家政大におかれている。服飾を科学とファッションの両面から捉え、服飾文化、服飾造形、生活科学などの全分野に対する基礎学力を備えた人材の育成をめざしている。

卒業後の進路

- 衣料管理士
- デザイナー
- スタイリスト
- パタンナー
- アパレル産業

など

住居学科

住生活全般の諸課題について学術的に探究

住居学科では、住宅、インテリアから大規模な都市、地域開発まで、住まいや住環境が抱えるさまざまな課題を解決し、人びとが快適、健康に暮らすための環境を総合的に考え、創造するための理論と技術を学ぶ。**建築学科**との違いは、生活者の視点を重視して建築やインテリアの課題に取り組むことだ。そのため、豊かで健全な住生活のあり方を考える家政学の側面と、生活環境の設計や建設を研究する建築学の二面を持っているところに特色がある。卒業すると建築士やインテリアプランナーの受験資格が得られる。

カリキュラムのなかで、住生活論、住居管理学など、住居と生活の関係を研究する住生活学が、**建築学科**には見られない独自の分野だ。ほかに、住空間創造の表現能力を養う住居意匠学と、住宅建設の工学的な面を学ぶ住居機構学が重要な専門科目となっている。住居と生活環境を考える分野では、社会の実情を的確に捉える社会調査などが欠かせない。また、建築学の分野では、住居から都市までのさまざまな形態の生活空間についての設計・製図の実習が豊富に盛り込まれている。

日本女子大は専攻に分かれ、将来進みたい分野を専門的に学ぶ。居住環境デザイン専攻は、住環境の総合的な理解力と表現力を養い、居住環境の改善、創造に貢献できる専門家を育成。建築デザイン専攻は、住居から都市までの物理的な生活空間の工学的、芸術的側面を専門的に学び、多様な設計課題に取り組み、建築設計者、建築技術者、プランナーなどを育成する。

こんな学科もある

居住環境学科

大阪市立大は、人間生活に係わるものと空間を環境という視点から総合的に研究し、理想的な住環境作りをめざして空間の計画や設計、維持管理に関する知識や技術を学ぶ。

住環境学科

奈良女子大におかれ、身近なインテリアや住宅から、近隣環境、地域コミュニティ、都市にいたる広範な領域を対象に、これらを生活との関係から、どのように計画、設計、整備、管理していけばよいかを考える教育を行っている。

卒業後の進路

- 建築士
- 総合建設系企業
- 住宅メーカー
- 住宅設備機器メーカー
- 住宅リフォーム系企業
- コンサルタント
- 公務員

など

児童学科

子どもを取り巻く領域を研究

幼児や児童の心身の発達と、児童を取り巻く環境を研究し、健全な人間形成をはかる方法や、条件などを研究するのが児童学である。**児童学科**では、子どもの生活の場とそこに生じる課題を、子どもの視点に立って解決する方法を探究し、登校拒否やいじめ、幼児虐待や児童虐待、無気力や無関心など、現代の子どもが抱えるさまざまな問題に取り組んでいる。卒業すると幼稚園教諭と保育士の資格が取得でき、大学によっては小学校教諭の免許も取得できる。教育系統にある児童教育学科などと共通する内容も多いが、児童学科では小学校入学までの乳幼児期にウエートをおくのが一般的だ。

幼児や児童の成長、発達のプロセスは、医学・保健的領域、教育学的領域、心理学的領域から研究され、それぞれ児童保健学、保育児童教育学、児童心理学としてカリキュラムの土台となっている。それに、児童の生活を豊かに取り巻く文化を扱う児童文化学を加えた4領域が教育課程の柱になる。ほかに創造性を育む絵画、音楽など芸術的な科目も学び、表現力を身につける。

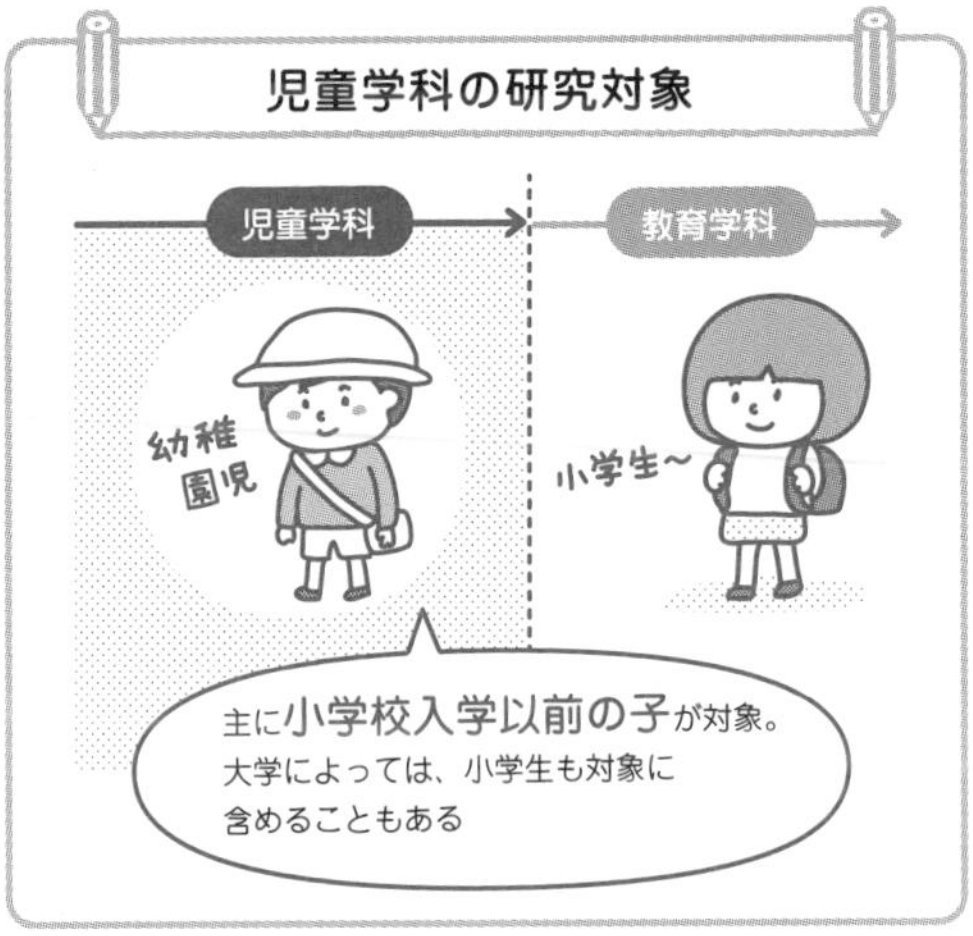
児童学科の研究対象
児童学科
教育学科
幼稚園児
小学生～
主に小学校入学以前の子が対象。
大学によっては、小学生も対象に含めることもある

こんな学科もある

保育学科

保育士と幼稚園教諭を養成する学科。子どもの発達を理解し、社会で問題になっていることを考え、実際に子どもと触れ合うプログラムが用意されている。常葉大は保育心理学、子育て・療育支援、感性教育の3分野で専門性を高める。

子ども学科

専門性と実践力を発揮できる感性豊かな質の高い保育士や幼稚園教諭の育成をめざしている。活水女子大は幼児教育コースと養護教諭コースをおいており、養護教諭の免許も取得できる。

こども教育学科

子ども学科と同内容で、保育士と幼稚園教諭の養成をめざしている。梅花女子大は、こども教育コースと児童文学・絵本コースをおいている。

総合子ども学科

子ども、家庭、地域を包括的に支援することのできる保育者や教育者の養成をめざしている。甲南女子大にあり、小学校教諭、幼稚園教諭、保育士資格などが取得できる。

理論と実践を統合した学びで実践力を育む

共立女子大では、教育と保育、発達と臨床、生活と文化、福祉と共生という4つの柱から、基礎から発展までバランスよく体系的に学ぶ。

教育と保育では、就学前教育と保育の基本的理念、目標、方法を学び、時代の変化とともに多様化する子どもの教育や保育ニーズを見通したうえで、子どもの発達に応じた教育、保育者の関わり方、子どもの身の回りの環境についての専門的知識と実践力を身につける。発達と臨床では、乳幼児の発達の仕組みや道筋を、子どもの遊びや表現活動などの具体的な事象とともに学ぶほか、家族への発達相談や子育て支援の方法を体系的に学ぶ。また、生活と文化では、子どもの具体的な活動から、子どもを取り巻く人とものとの関わりを理論的に学び、生活に組み込まれている遊び、食生活、健康、表現、文化の本質に迫る。福祉と共生では、文化や生活、発達ニーズの異なる人々の多様性を認め合う人間観を養い、子ども、家庭、地域がともに「育つ、育てる、育ち合う」社会のあり方と、教育・保育の方法を学ぶ。

フィールドワークでは、児童学基礎演習、保育インターンシップ、総合演習、教育・保育実習などの現場体験を通して保育の実践力を育む。それらの科目では、学生が自ら学ぶ姿勢や課題を分析、検討する力を養うとともに、少人数でのグループ討論や発表を通して、プレゼンテーション能力やコミュニケーション能力も身につける。

学べる専門科目

- 初等教科教育法
- 発達心理学
- 身体表現
- 子どもの食と栄養
- 教育方法論
- 音楽基礎
- 児童英語
- 子ども家庭支援論　など

参考［共立女子大学児童学科］

卒業後の進路

- 幼稚園教諭
- 保育士
- 児童養護施設
- 施設・児童館
- 児童図書館員
- 公務員

など

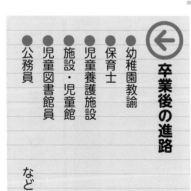

芸術系統の学科

芸術

＊ここでは、芸術系統に含まれる主要な学科と、それを設置しているおもな大学を紹介しています。

美術科、美術学科

創作実技を中心に技法と感性を磨く

美術科や美術学科は、純粋芸術の専門的な教育を行い、芸術の創造者としての感性を養い、豊かな創造力を育み、美術分野の専門家として活躍できる人材をめざしている。専攻やコースをおく大学が多く、実際に作品を作る創作を主体とした教育を行っている。

女子美術大は、洋画専攻で平面絵画を中心に油彩画、版画、ミクストメディア、映像表現、インスタレーションなど幅広い表現を学ぶ。また、美術全般の基礎的技術や素材、さらに実践に即した美術理論を横断的に学び、美術に対する視野を広げる。日本画専攻では、日本画に欠かせない描写力、構成力を高めながら、和紙、岩絵具、筆、箔などの伝統的な材料を使いこなし、現代的で豊かな感性に根差した日本画を追究する。立体アート専攻では、さまざまな素材による立体の造形を学び、粘土、紙、木、石、金属などの素材の扱い方と表現方法を学ぶ。また、創造の原点となる自分の想いを無限に広げて独自の表現を探して形にしていく。そのほか、教員を養成する美術教育専攻、世界の芸術・文化を学ぶ芸術文化

日本画や洋画だけじゃない

POINT 絵を描くだけではなく、彫刻やコンテンポラリーアートなどと呼ばれる近代美術に挑む学生もいる

こんな学科もある

造形学科

美術学科とほぼ同内容の学科で、京都精華大を例に取ると洋画、日本画、立体造形、陶芸、テキスタイル、版画、映像の7専攻をおいている。名古屋造形大は美術表現、情報表現、映像文学、空間作法、地域社会圏の5領域をおいている。

絵画科、絵画学科

絵画科は東京藝術大におかれ、日本画、油画、版画、壁画、油画技法・材料の5専攻をおいている。油画専攻を例に取ると、多様化した表現を統合する新しい絵画の概念を構築するとともに、伝統的技術から先端技術につながるさまざまな表現媒体を駆使して表現していく芸術家や研究者の育成をめざしている。絵画学科は多摩美術大におかれ、日本画、油画、版画の3専攻をおいている。また、武蔵野美術大は日本画学科、油絵学科として独立させている。

彫刻科、彫刻学科

彫刻科は東京藝術大におかれている。幅広い造形の研究に重点をおき、過去の美術の歴史や日本美術の伝統を踏まえながら世界に視野を広げ将来の美術を展望

専攻をおいている。

4年次には集大成として卒業制作を行う

愛知県立芸術大の日本画専攻では、日本画表現における基礎的な技法を習得するため、動物、植物、風景などの制作課題を通して、にかわ、絵具、紙、筆などの材料研究を行う。また、古典衣装や模写を通して日本画の伝統的な色彩や線描表現、技法を学ぶ。3年次には、それまでに習得した基礎技法を踏まえて、より応用的な制作に入るが、個人の発想や取材をより必要とした課題が多くなる。絵具、紙、墨の製造現場を訪ねて材料研究を深め、また仏閣などを訪ねて、障壁画にみられる伝統的な絵画表現の研究を行う。4年次には、集大成としての卒業制作に着手。大画面の制作を行うことで、各自が作品発表の指針を模索するとともに、より専門的な日本画表現をめざすことになる。

油画専攻では、絵画を起点にした新たな造形表現を探究するため、表現の持つ多面的要素を重視し、選択科目を中心に履修する。2年次までは、技法材料、壁画研究、空間表現など基礎的な実技を学ぶ。並行して油彩画の技法、材料や、版画などの技術的な基礎実習も行う。また、3年次には学生各自の創作活動を始め作品の講評を行う講評週間などもある。5～6週間のサイクルで学生が教員を指名し、指導を受けながら表現の輪を広げていく。学年のまとめとして展示形式の講評会を開催し、4年次には批評会が定期的に行われ、総まとめとして卒業制作展を行う。

学べる専門科目

- 美術史概論
- 素材研究
- 美的構成研究
- 美術作品研究
- デッサン
- 彫塑
- 解剖学
- 版画基礎　など

参考［日本大学美術学科］

できるような豊かな感性を持つ人材を養成する。また、彫刻学科は多摩美術大と武蔵野美術大におかれている。

卒業後の進路

- 画家・版画家
- 中学校・高校の教員
- 美術系企業
- 印刷系企業
- 博物館学芸員

など

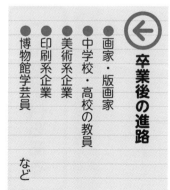

デザイン科、デザイン学科

デザイン制作に生かせる造形力を育む

私たちの周りには、さまざまなデザインがあふれている。そうしたデザインを研究対象としたのが**デザイン学科**や**デザイン科**で、社会的な実用性への対応と、アートとしての表現を調和させながら、あらゆるデザインを創り出すクリエーターの養成をめざしている。

デザインのジャンルは従来の枠を超えて複雑化しており、グラフィック、インダストリアル、クラフト、インテリアといった分類に収まらないジャンルが生み出されてきた。コンピュータ・グラフィックスをはじめ、さまざまな電子メディアを駆使した表現領域の拡大に伴い、学ぶ内容もいっそう拡大していく傾向にある。

京都市立芸術大を例に取ると、ビジュアル・デザイン専攻は、グラフィック、広告、ゲーム、テキスタイル、ファッションなどの平面表現を基本に造形力を養うが、パッケージやディスプレイといった立体、あるいは写真や映像など、表現する領域は多岐にわたっている。環境デザイン専攻は、自然、都市、庭園、道路、建築、内装、家具などの意匠が対象で、あらゆる空間の

デザインのジャンル

POINT パソコンでCGをデザインすることも多い

こんな学科もある

グラフィックデザイン学科

多摩美術大は、3年次から、アートディレクション、クリエーション、グラフィックデザインの3コースから構成され、複数のコースを組み合わせて履修する。

ビジュアルデザイン学科

京都精華大は、グラフィックデザイン、デジタルクリエイションの2コース、神戸芸術工科大はグラフィックデザイン、イラストレーション・絵本創作など4コース、九州産業大はグラフィックデザイン、イラストレーションデザインの2専攻をおいている。

プロダクトデザイン学科

暮らしに直結するモノのデザインに取り組む学科。京都精華大はプロダクトコミュニケーション、ライフクリエイション、ファッションの3コースをおいている。

造形デザイン学科

よりよい生活を追求するために創造力、技術力、総合造形力を身につけ、豊かな人間性を兼ね備えた人材を育成。岡山県立大はビジュアルデザイン領域と造形デ

デザイン設計が可能な領域を学習し、体得する。また、プロダクト・デザイン専攻は、車両、乗用車、家庭電化製品、照明器具、音響・映像機器、スポーツ用具、レジャー用品、家具、ファッション関連など、さまざまな分野の製品がデザインの対象である。

学部での集大成として卒業制作を行う

東京藝術大は、1年次でデッサンと塑造の基礎実技、デザイン基礎実技、デザイン技法の制作指導が行われる。教育指針は観察と表現で、人間や自然物などのモチーフを観照しながらデザインの基礎として必要な表現力、造形力、観察力を育む。2年次はデザイン実技が指導される。課題の教育指針は発想と表現で、生活に関わる衣、食、住、遊を主題とし、発想力、計画力、造形力、伝達力を育む。また、プログラミングやデジタルモデリング、アニメーションなどの専門科目もある。

3年次にはデザイン実技が指導される。課題の教育指針は構想と意味で、問題点発見から概念構築のプロセスを造形体験することで、構想力、プレゼンテーション力、計画力を育む。学生が進路を具体的に絞れるように、選択必修の専門科目が設けられ、授業の一環として古美術研究旅行が行われる。

4年次は、学生の主体性に基づくデザインテーマによって、専門性を重ねながら総合力を身につける。卒業制作は学部教育の集大成と位置づけられ、作品の大型化や作業外注など、デザインプロジェクトとして制作されるものも多く見られる。

学べる専門科目

- 形態演習
- 描出演習
- 色彩演習
- 材料学演習
- 立体図法
- 形態論
- 印刷演習
- 画像処理演習　など

参考［金沢美術工芸大学デザイン科］（視覚デザイン専攻）

ザイン領域を開講している。

空間演出デザイン学科

店舗デザインや販売、流通などに関するデザインを学ぶ学科。武蔵野美術大はセノグラフィ、インテリアデザイン、環境計画、ファッションデザインの4コースをおいている。

卒業後の進路

- 広告代理店
- デザイン事務所
- 広告制作系企業
- 出版・印刷系企業
- 各種メーカー
- 建築・設計事務所

など

音楽科、音楽学科

個人レッスン主体に技能や感性を伸ばす

総合芸術という幅広い視点から音楽を捉え、深い専門知識や技能と豊かな人間性を身につけた音楽人の養成を目的とした学科。ひと口に音楽といっても、対象とする範囲はきわめて広い。そこで、学ぶジャンルごとに専攻・コースを設け、実技を主体とした教育を行っている。

京都市立芸術大の声楽専攻では、声楽の基礎となる発声の技術を修得し、ヨーロッパの音楽を中心とした古典から現代までの歌曲やオペラ、アリア、日本歌曲など、さまざまな声楽曲を個人レッスンの形式で学ぶ。また、オペラ実習では演技についても学び舞台表現者としての基礎も固める。

ピアノ専攻は、ソロ演奏の個人レッスンに加えピアノデュオ、伴奏、室内楽の実践的な指導も行い、ピアノ演奏のあらゆる可能性を身につけられるよう多元的な教育を行う。弦楽専攻では、個人レッスンで演奏の基礎テクニックと表現法を修得し、室内楽、弦楽合奏、オーケストラの授業では合奏能力を身につける。オーケストラの定期演奏会が年2回開催され、学内外で多数の演奏会を行う。

こんな学科もある

音楽総合学科

武蔵野音楽大は、作曲、音楽学、音楽教育、アートマネジメントの4コースをおき、すべての基礎的内容を学んだのち、2年次からコースを選択して専門的な学習に取り組む。聖徳大は音楽教育、音楽療法、音楽表現、プロ・アーティストの4メジャーをおいている。

なお、東京藝術大は、作曲科、楽理科、指揮科、音楽環境創造科を独立させている。

演奏学科

学生の能力や個性に合わせた密度の濃い個人レッスンによって、高度な技量と音楽性を身につけさせている。武蔵野音楽大は器楽、声楽、ヴィルトゥオーゾの3コースで、例えば器楽コースは、有鍵楽器（ピアノ、オルガン）、管楽器、打楽器、弦楽器の各専修に分かれて専門性を高める。大阪芸術大はピアノ、声楽、管弦打、ポピュラー音楽の4コースをおいている。

なお、東京藝術大は、声楽科、器楽科、邦楽科を独立させている。

演奏・創作学科

奏会に出演する。管・打楽専攻ではフルート、オーボエ、クラリネット、ファゴット、サクソフォン、トランペット、ホルン、トロンボーン、チューバ、打楽器から一つの楽器を履修する。

作曲専攻では、ピアノソロ作品から管弦楽作品まで、作曲する創作活動を行い、指揮専攻では、指揮法の技術を修得するとともに、ピアノ、スコアリーディング、楽曲分析、音楽理論など指揮実技と専門理論を並行して学ぶ。音楽学専攻は、現代音楽論、西洋音楽史、民族音楽学、音響・音楽心理学を軸とした指導を行っている。

学内リサイタルや卒業演奏旅行も行う

一般に、声楽や器楽の専攻・コースでは、1年次から演奏に必要なテクニック、表現力、合奏能力などを身につけるため、優れた教授陣による個人レッスンを重ねて、演奏技術を磨く。そして、数多く設けられた演奏発表会や研修旅行などの経験を積み重ねて、豊かな演奏技能や音楽的感性を育む。

学年が進むにつれ、試験によって実力がチェックされる。東京藝術大の器学科ピアノ専攻では、2年次の学年末に行われる試験で20分程度のプログラムを2種類演奏。また、3年次には奏楽堂で、一般に公開して行われる学内演奏会があり、学年末には藝大フィルハーモニアとモーニングコンサートで共演するための協奏曲オーディションがある。4年次の卒業試験では、奏楽堂での一般公開試験で30分程度、学内公開のレパートリー試験で30分以上のプログラムを演奏する。

学べる専門科目

- 音楽理論
- ソルフェージュ
- 音楽史概説
- 音楽理論概論
- 合唱
- 演奏解釈
- ピアノ演奏法
- 専攻実技（ピアノ）　など

参考［桐朋学園大学音楽学科ピアノ専攻］

国立音楽大におかれている。声楽、鍵盤楽器、弦管打楽器、ジャズ、作曲、コンピュータ音楽の6専修がある。

音楽芸術学科

フェリス女学院大は、パフォーミング・アーツ科目として、学生個々のニーズに応じて自由に受講できる実技レッスンを設けている。金城学院大は、ピアノ、声楽、管楽器の3コースをおいてコース別の教育を行っている。

卒業後の進路

- 音楽活動
- 演奏団体
- 音楽教室講師
- 中学校・高校の教員
- 音楽療法士

など

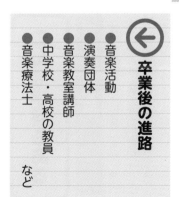

芸術学科

芸術作品を深く理解し教養を身につける

芸術系統の多くは**美術学科**、**デザイン学科**、**音楽学科**などに代表される実技系だが、そのなかにあって「芸術とは何か」「美とは何か」など芸術の本質を追究する**芸術学科**は異色の存在だ。

芸術とそれを取り巻く社会や歴史についての理解を深め、芸術についての高度な教養や、アートマネジメントの基礎を身につけさせるが、現代芸術は、美術、デザイン、文学、映像、音楽、演劇、建築、ファッションなど広範な分野にわたるため、それぞれの分野で豊富な知識を持ち、総合的な視野に立てる人材の養成が目標になっている。

芸術学科は、文学部など人文科学系統の学部におかれるケースと、美術学部や芸術学部など、芸術系統の学部におかれるケースがあるが、総じて前者は広範な分野が対象、後者は美術分野に的を絞っているケースが多い。多摩美術大では、実技を通して表現技法や素材への関心や認識を深め、美術・デザイン史、芸術学などの講義で、美術や芸術の多種多様な表現がどのように構築されているかを理論的、実践的に学ぶ。そして、展覧会や多様なメディアによる企画制作を通して、美術や芸術を社会に発信していくために必要なスキルを身につける。一方、明治学院大は、音楽学、映像芸術学、美術史学、芸術メディア論、演劇身体表現の専門コースをおき、実際の芸術作品や芸術現象から遊離することのない思考や知識を学ぶ。また、東海大は、音楽学、美術学、デザイン学の3課程に分かれ、それぞれが独立した学科と同様な教育を行っている。

こんな学科もある

芸術専門学群

筑波大にあり、芸術学、美術、構成、デザインの4主専攻をおいている。それぞれの主専攻分野に特色を持たせながら、相互の関連を図るよう配慮している。

総合芸術学科

京都市立芸術大にあり、広義の芸術を対象として教育・研究を行っている。

芸術文化学科

富山大は、美術・工芸、デザイン、建築デザイン、地域キュレーションの4コースをおいている。武蔵野美術大は現代社会をアートとデザインの視点から見つめ直す。

卒業後の進路

- 中学校・高校の教員
- 博物館学芸員
- 美術系企業
- 印刷系企業
- 広告代理店

など

工芸科、工芸学科

さまざまな材料による表現の可能性を探る

工芸科や工芸学科は、さまざまな素材や伝統的技法を用いて、時代に即した造形的表現へ柔軟に対応できる工芸家の養成をめざしている。

東京藝術大は、1年次から工芸領域に関わる基礎的な表現や造形感覚を養う。そして彫金、鍛金、鋳金、漆芸、陶芸、染織の6専攻に分かれ、専門技術の修得を通して自己の工芸表現を確立する。

彫金は、彫金技法とジュエリーの分野を設け、彫り、打ち出し、象嵌、接合、七宝などの技法を通じて創作表現のあり方を研究。鍛金は、基本技術に加えて溶接技術や機械加工技術を身につけ、金属工芸の高い専門性と幅広い創造力を養う。鋳金は、鋳型、合金の溶解、仕上加工など一貫した鋳金の工程を修得し、鋳金造形の技法と素材を通して高度な知識と技術を修得させる。

漆芸は、演習などを通じて漆素材と向き合い、作品を作り上げ、漆芸作家としての素地を身につける。陶芸は、さまざまな角度から陶芸表現の知識と技能を修得し、創造的な陶芸家になるための指導を行う。染織は、さまざまな染技法を修得し、染織造形分野で活躍できる人材を養成する。

また、京都市立芸術大は陶磁器、漆工、染織の3専攻、大阪芸術大は金属工芸、陶芸、ガラス工芸、テキスタイル・染織の4コースに分かれて素材の研究と技術をより深める。金沢美術工芸大は陶磁、漆・木工、染織、金工の4コースに分かれ、多摩美術大は陶、ガラス、金属の3つのプログラムを開講している。

こんな学科もある

アニメーション学科

アニメーションの原点である動きを考察し、手で描く力とデジタルの理論と技法、企画の立て方から音響の使い方まで学ぶ。東京工芸大の教育分野は、作画、美術背景、シナリオ、演出、立体アニメーション、3Dコンピューター・グラフィックス、Webデザイン、映像編集など幅広い分野にわたる。

マンガ学科

マンガに関する幅広い教養や、高度な知識と技術を育む教育を行い、漫画家、原作者、編集者をはじめ、イラストレーター、キャラクターデザイナー、評論家、プロデューサーなど新しい文化や価値を発信できる人材を養成する。

卒業後の進路

- 造形作家
- デザイナー
- 工芸教室講師
- デザイン・印刷系企業
- 博物館学芸員

など

映像学科、映画学科

映像表現の理論と実践を教育・研究

映画、テレビ、ビデオ、コンピューター・グラフィックス、メディア・アート、インタラクティブ・アートなど多岐にわたる映像は、現代社会において最も重要ともいえる表現・芸術ジャンルを形成している。

映像学科は、そうした映像文化をさまざまな視点で捉え、映画やテレビなど多様な分野で高度な専門知識と技術を発揮できる映像のプロフェッショナルの養成をめざしている。武蔵野美術大は、写真表現、映像表現の2コースをおいている。また、立命館大は映画芸術、ゲーム・エンターテインメント、クリエイティブテクノロジー、映像マネジメント、社会映像の5つの学びのゾーンを軸に、多様な映像分野を開拓し、高度な制作指導を行っている。

映像学科のほかに、**映像メディア学科**、**映像身体学科**などもある。

映像文化を探求し、映画の専門家を育成

映画学科も、映像文化を対象とした学科で、芸術創造と情報文化の両面から進化し続ける映像文化を探求し、映画・映像界のスペシャリストの養成をめざしている。日本大では、映像表現・理論、監督、撮影・録音、演技の4コースに分かれて専門知識と技術を身につけさせている。

日本映画大は、映画の制作や研究に必要な基礎知識と技術を身につけた後、2年次以降から脚本、演出、撮影照明、録音、編集、ドキュメンタリー、文芸、身体表現・俳優の8コースに分かれて専門性を深めていく。

こんな学科もある

写真学科

基礎的な写真技術を修得するほか、幅広い芸術的素養と知識を武器に時代のニーズに応える写真家を養成する。

舞台芸術学科

大阪芸術大は、演技演出、ミュージカル、舞踊、舞台美術、舞台音響効果、舞台照明、ポピュラーダンスの7コースで専門教育を行う。

演劇学科

日本大にあり、舞台構想、演技、舞台美術、舞踊の4コースに分かれて専門教育を行う。

卒業後の進路

- ゲーム関連企業
- アニメーション制作系企業
- テレビ番組制作系企業
- 映像プロダクション
- 広告代理店
- CGクリエーター　など

ふ

ほ

ま

み

め

や

よ

り

れ

ろ

※さくいんはP.299からご利用ください。

す

せ

そ

く

け

こ

さ

し

学科 50音順さくいん 検索

[　制作　]
デザイン　　：山口秀昭〔Studio Flavor〕
本文イラスト：ミヤワキキヨミ（第１章）
　　　　　　　関谷由香理（第２章）
編集　　　　：株式会社エフジー武蔵（特集）
　　　　　　　二本木昭（第１・２章）
　　　　　　　宮下豊秀（第１・２章）
編集協力　　：宮澤孝子、佐藤玲子、高木直子
ＤＴＰ　　　：有限会社マウスワークス